若者は本当にお金がないのか？

統計データが語る意外な真実

光文社新書

目次

第5章　若者の不安……171

第6章　若者は結婚したくないのか？……179

はじめに

「今の若者はお金がない」、「お金がないから使わない」

世間ではこう言われ、**「クルマ離れ」**や**「高級ブランド品離れ」**、**「海外旅行離れ」**など、今の若者が高額消費をしなくなった理由にされている。しかし、それは本当だろうか？

今の若者は、ひと昔前の若者より随分おしゃれだし、スマホも持っている。一人暮らしの部屋はキレイなマンションで、当然エアコンもついているし、液晶テレビもある。昔の苦学生のように、お金がなくて悲壮感が漂うような様子ではない。むしろ、なんだかゆったりと楽しそうに見える。サラリーマンのお父さんたちの方がよっぽど悲壮感が漂っている。**若者はお金がないというのは本当だろうか？**

お金と直結した話ではないが、若者に対する世間の見方と実態とのギャップについて述べた論考では、『絶望の国の幸福な若者たち』（古市憲寿、講談社、２０１１）が有名だ。今の若者は格差社会のもとで不幸なようだが、実は生活満足度が高いという指摘は、当時、大きな話題となった。高い生活満足度の背景には成熟した消費社会があり、冒頭にあげた著者の疑問にも通じる。

本書では、改めて多くの「統計データ」を使って、お金をはじめとする今の若者の実態について、世間でなんとなく言われていることが本当かどうかを検証するとともに、若者についての理解を深めることを目的としている。

著者は民間シンクタンクに勤務し、日頃から様々な「統計データ」を使って世の中の動向を分析している。政府統計について審議する内閣府統計委員会の専門委員[*1]も務めさせていただいている。日常的に「統計データ」に触れていると、世間ではなんとなく事実のように言われていることと、数字から読み取れる結果が異なることも多い。特に若者については、すでに古市氏によって指摘されていることもあるが、改めて「統計データ」を使って読み解いていくことで、さらに新たな真実が見えてくるだろう。

翻って日本では、統計ブームが起こっている。昨今『統計学が最強の学問である』(西内啓、ダイヤモンド社、2013)をはじめとする統計本が売れている。ビッグデータ時代の到来もさけばれ、企業におけるデータの利活用も本格化している。ツイッターなどでつぶやかれた商品の感想をテキストマイニングで分析し、新商品の開発やクレーム対応に活用している企業も増えている。また、政府の統計でも、各府省で抱えるデータベースの統合や統計データのAPI提供(プログラムによるデータ取得を容易にする機能)も進められ、データ活用の利便性が向上している。昔から日本は、欧米と比べて「統計データ」にもとづく判断や戦略策定などに弱い印象がある。統計ブームは良い風潮だろう。

しかし、データ活用が話題になるときに、いつも気になることがある。一部でデータの取り扱いは高度化しているものの、世の中一般では、まだまだ基本的な「統計データ」すら、きちんと読み解けていないのではないだろうか。

例えば、「今の若者は留学が減って内向き志向だ」などと耳にするが、簡単な「統計データ」を見るだけで、事実とは異なることが分かる。

詳しくは第４章で述べるが、留学者「数」が減っているのは少子化の影響である。「数」ではなく「率」で見ると、今の若者の留学者「率」は、40～50代の学生時代と比べて３倍近くにもなる（図表１）。今の40～50代が「最近の若者は留学が減って……」などと言うのは間違いだ。

なお、留学者率は２００８年から低下しているが、この背景にはリーマン・ショックがあり、留学者本人である若者の意思よりも、留学費用を捻出する親の懐事情が影響している。

留学生の例は単純なものだが、このように「統計データ」をきちんと読み解くだけで、世間でまことしやかに語られていることが事実と異なることに気づくこともある。また、新たな真実も見えてくる。

図表1　日本人の留学者数と留学者率の推移

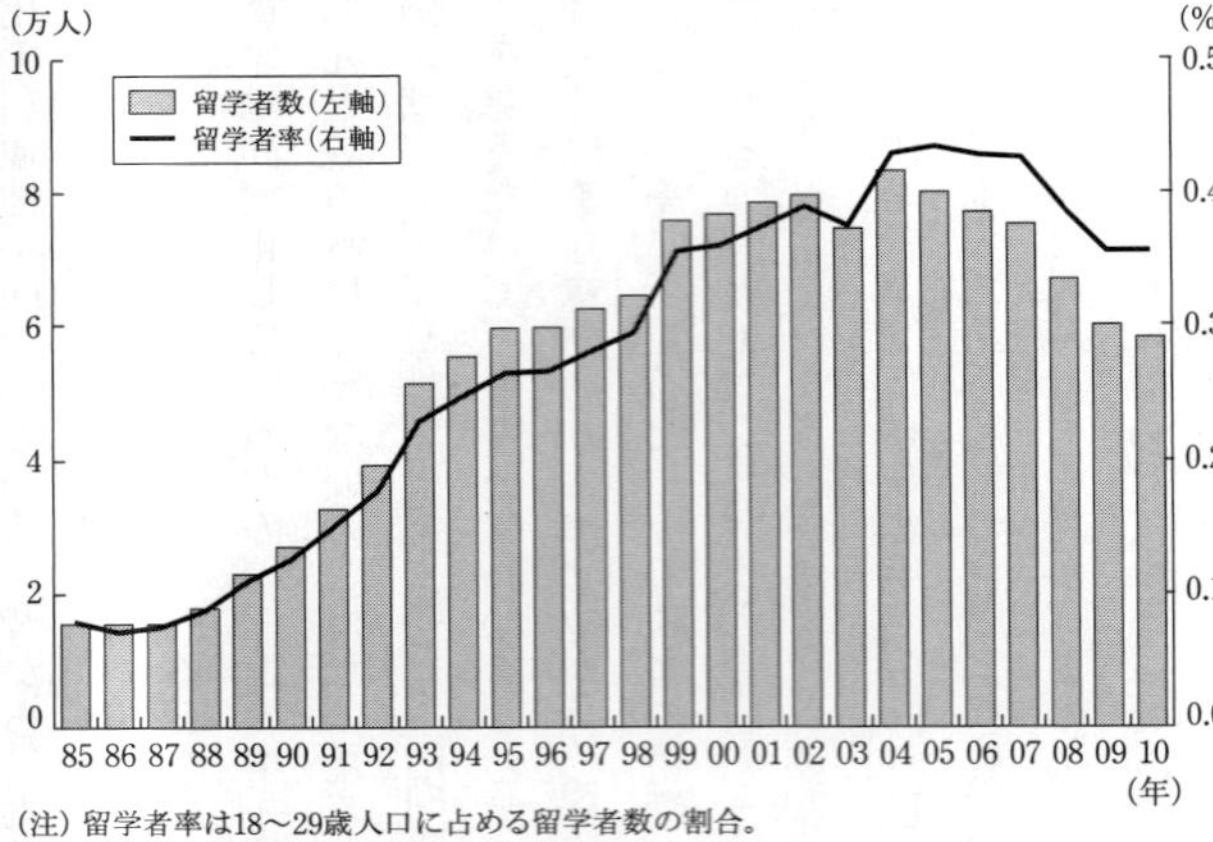

(注) 留学者率は18～29歳人口に占める留学者数の割合。
(資料) 文部科学省「日本人の海外留学状況」および総務省「人口推計」より筆者作成

本書では、「統計データ」を使って、今の若者の所得や消費、結婚、働き方などの実態を見ていく。なお、本書でいう「若者」とは、**おおむね20～34歳を指している。**しかし、得られるデータの制約上、**20代になったり、20～30代になったりもしている。**年齢幅にバラつきはあるが、一つの事象を時系列で追ったり、バブル世代との対比をすることで、今の若者の特徴をとらえるように努力したつもりだ。

本書の構成は、以下のようになっている。

第1章では、若者の話に入る前に、「統計データ」を読み解くポイントについて簡単に触れる。本書の目的は、「統計データ」を使って若者の実態を読み解くことである。そのために必要な、調査のサンプルサイズの考え方をはじめ、良い「統計データ」の探し方、かなり主観的にはなるが、「統計データ」を使って事象を分析する流れも解説する。

第2章では、近年の経済環境の悪化や少子・高齢化による世代間格差の現状など、今の若者の恵まれない状況を振り返るとともに、改めて生活満足度が高いことを確認する。

第3章では、「今の若者はお金がない」という世間の見方について、今の若者とバブル世代の若者、今の若者と中高年の可処分所得や貯蓄額を比べて検証する。

第4章では、一人暮らしの若者世帯の消費支出に着目し、若者の「アルコール離れ」、「クルマ離れ」、「海外旅行離れ」などの実態を見る。

第5章では、今の若者は生活満足度が高い一方で、将来に対する不安感が強いことに触れる。また、第5章までの注目対象は若者の「今の独りの生活」だが、第6章以降は若者の「将来の生活」に移っていく。

第6章では、未婚化・晩婚化、少子化の現状と今の若者の結婚に対する考え方、恋愛の状況、そして、雇用形態が結婚・恋愛へ及ぼす影響などの実態をとらえる。

最後に、第7章では、将来設計に大きな影響を与える若者の働き方についての意識を見る。

本書では、著者の力が及ばず、若者の実態の全てをとらえているわけではない。しかし、所得や消費の状況など、企業における若者マーケティングに使いやすい統計データや、プライベートでのちょっとしたネタにもなる統計データがいくつかあると思う（30歳前後の若い男性の6割に異性の交際相手がいない、など）。また、統計的に十分な条件を満たしていない調査も用いているが、第1章でお伝えするように、ある条件で行われた調査ではそういった解釈もできる、という視点でご覧いただきたい。

本書で紹介する「統計データ」を眺めて、「あれ？ 今まで思っていた若者像と違う」、「なんとなくそう思っていたけど、本当にそうだったんだ！」など、何らかの気づきが少しでもあれば幸いだ。

＊1　特定事項の議論を担当する委員。

第1章　統計データを読み解くポイント

良い統計データを得るには

「統計データ」という言葉を使っているが、実は「統計」と「データ」にはそれぞれ違う意味がある。「データ」は「統計」を計算するためのもとになる数字の集まりで、「統計」は「データ」から計算された数値だ。[*1]

例えば、収入の調査を行ったとき、一人ひとりの収入額は「データ」であり、そこから算出した平均収入は「統計」である。

本書では、政府の統計をたくさん用いている。政府統計では、何らかの調査から得られた「データ」を集計・加工した数値を「統計データ」としているため、[*2]本書でもそれにならっている。

今、日本では統計ブームによって、統計データでものごとを見る意識が高まっている。しかし、注目する統計データを誤ると、ものごとを正確にとらえることはできない。
良い統計データを見つけるための主なポイントは、

① **調査対象は偏っていないか**
② **サンプルサイズは十分か**
③ **調査方法や設問によって回答にバイアスがかかりやすくなっていないか**

を確認することだ。

一般的に、調査対象や調査方法などの情報は、調査報告書に「調査概要」として記載されている。統計データを読み解く前に、必ず「調査概要」に目を通すべきだ。

＊1　総務省統計局「統計学習の指導のために（先生向け）—補助教材『統計とは？』」http://www.stat.go.jp/teacher/c2tokei.htm
＊2　政府統計の総合窓口「e-Ｓｔａｔ」https://www.e-stat.go.jp/SG1/estat/eStatTopPortal.do など。

調査対象は偏っていないか

調査概要では、まず、**その調査がどんな人を対象に行われたものかを確認する。**

例えば、内閣府「国民生活に関する世論調査」では、国民の現在の生活や今後の生活についての意識を調べているが、その調査概要を見ると、調査対象には「全国20歳以上の日本国籍を有する者」と記載されている。

政府の統計だけでなく、民間の調査会社でも自社モニターを使った調査結果をインターネット上に公開している。そこにも、「全国の20～69歳の男女」や「首都圏に住む20～35歳の男女（学生を除く）」といった記載がある。

調査概要では、その調査対象が、自分が知りたいことに対して偏っていないかを確認する。逆に、偏りがあることを認識した上で解釈を工夫する、という使い方もある。つまり、ある限定的な調査対象を調べると、このような傾向が見られるという読み取り方をするのだ。

本書でも、例えば第7章「若者の働くことに対する意識」では、公益財団法人日本生産性本部の新入社員を対象とした調査を参照させていただいている。そこでの調査対象は、その年に同法人が運営する新入社員研修施設に入所した者である。よって、必ずしも調査のために全国から広く集められた新入社員が対象というわけではない。しかし、同調査は40年余りの歴史があるため、時系列変化にあらわれる傾向を読み取ることは非常に有益だ。

調査対象の抽出方法

さて、調査概要で調査対象を確認すると、調査対象の抽出方法も記載されていることが多い。先の内閣府「国民生活に関する世論調査」では、抽出方法に「**層化二段無作為抽出**」とある。これは要するに、しかるべき統計処理に従って、調査対象を偏りなく集めているということだが、ここで標本抽出の基本的な考え方をお伝えしたい。

調査を行うとき、調査目的に該当する全ての人（母集団）を対象とした「**全数調査**」を行うことができれば正確な結果が得られる。しかし、コスト面から難しいことが多いため、母集団の一部（標本）を対象とした「**標本調査**」を行うことになる。

政府の調査でも、他の統計に基準値を提供する「国勢調査」などは「全数調査」で実施されているが、[*3]多くの調査は「標本調査」である。

「標本調査」では、母集団から標本を抽出して調査を実施するわけだが、その際、母集団の特徴をよくあらわすように標本を抽出する必要がある。国民の生活意識を知るのに、東京都民だけを調査対象としては正確ではないし、全国からまんべんなく調査対象が得られたとしても、男性が多すぎたり60代が多すぎたりしては正確ではない。

調査対象が偏って集まらないように、調査では「**有意抽出**」や「**無作為抽出**」といった統計的手法が用いられる。

「有意抽出」とは、母集団の特徴を代表的、あるいは典型的にあらわすような標本集団を抽出する方法である。適切に実施されれば問題はないが、抽出者の主観が入る可能性もある。よって、抽出者の主観が影響しない「無作為抽出」がよく用いられる。

「無作為抽出」とは、母集団を構成する全員のリストをもとに、そこからランダムに調査対象を選ぶ方法である。しかし、あらかじめ全員のリストを用意するのは難しいことが多いため、あわせて「**集落抽出法**」や「**二段抽出法**」といった方法が取られる。

「集落抽出法」とは、調査を行う地域を、地域リストにもとづいて無作為に選び、その地域に含まれる者を全て調査する方法である。

一方、「二段抽出法」とは、母集団をいくつかの構成単位（地域など）に分け、まず、構成単位を無作為に選んだ後、その中から、さらに調査対象を選ぶ方法である。一段目に構成単位、二段目に調査対象を選ぶため、「二段抽出法」と呼ばれる。[*4]

なお、先の「層化二段無作為抽出」では、「二段抽出法」に「**層化抽出法**」が組みあわされている。「層」とは母集団を分けることが可能な下位集団のことである。例えば、全国を対象とした調査の場合、都道府県や市町村などが「層」にあたる。つまり、「層化二段無作為抽出」では、一段目で母集団を構成する下位集団を無作為に選び、二段目に下位集団の中から調査対象を選んでいる。

さて、「集団抽出法」にしろ、「二段抽出法」にしろ、何らかの母集団のリストが必要である。政府の公的な調査であれば、住民基本台帳を利用することができる。しかし、住民基本台帳には閲覧制限があり、公的業務や公益性が高い統計調査や世論調査、学術研究、公共団体が行う公益性の高い事業など以外は閲覧できない。[*5]

よって、民間の調査会社では、自社の調査モニターから回答者を募って調査をすることが多いが、このように集めたモニターでは実際の母集団の構造とあわない可能性がある。しかし、例えば、世論調査を行う場合は「国勢調査」と性年齢の分布があうように回答者を集めたり、足りない地域は提携先パネルを使うなど、調査目的にあわせて母集団を再現するように工夫されている。

調査会社では、アンケートに答えたモニターに対して、ポイントを付与するなど何らかの謝礼をしていることが多い。しかし、謝礼が目的で、調査の設問をあまり読まずに回答するようなモニターがいると、調査結果に偏りが生じる可能性がある。そうならないよう、調査会社では、謝礼目的の不正登録や属性矛盾のある登録などを定期的に確認することで、モニターの品質管理につとめている。

調査会社のモニターについては、性年齢や職業、居住地域などの基本属性のほか、職業の業種、居住形態（持ち家・賃貸など）、自動車の保有状況、趣味などの様々な属性が把握されていることが多く、対象を限定して調査をしたい場合などに非常に有益である。

＊3　「国勢調査」では国民の人口や性年齢、配偶関係、就業状況、世帯構成などが把握されており、将来の人口推計や国民経済計算、消費者物価指数などの「加工統計」（調査対象を直接調べる統計を加工した統計）のもとになっている。

＊4　以上は総務省統計局「統計学習の指導のために（先生向け）―補助教材」http://www.stat.go.jp/teacher/

c2learn.htm や、「なるほど統計学園」http://www.stat.go.jp/naruhodo/index.htm を参考にした。
＊５　日本住民票振興会「住民票ガイド」http://xn--pqqy41ezej.com/

サンプルサイズは十分か

「サンプルサイズ（標本の大きさ）」は「サンプル数（標本数）」と混同されることが多い。しかし、実はこの２つの意味は異なる。**サンプルサイズは標本の大きさ、すなわち調査対象の数をあらわすが、サンプル数は母集団から抽出した標本数をあらわす。**つまり、１万人の母集団から100の調査対象を抽出する標本調査を１度行う場合、サンプルサイズは100で、サンプル数は１になる。同じ条件の調査を２度行う場合、サンプル数は２になる。調査会社のホームページなどでも、サンプルサイズをサンプル数と記載していることもあるが、厳密には誤りだ。

サンプルサイズは小さければ悪い、大きければ良いというものではない。それは、標本調査の誤差を、どの程度までに抑えたいのかで決まる。そう言われても戸惑ってしまうだろうから、順番に説明していきたい。目安としては、母集団が１億人規模でも、サンプルサイズが１５００もあれば、おおよそ確からしい結果が得られる。

専門的な解説は省くが、母集団と標本集団の回答比率の誤差に注目すると、サンプルサイズは以下の数式で求められる。[*6]

$$n \geqq N / \{[E / k]2 \times [(N-1) / P(1-P)] + 1\}$$

n：サンプルサイズ、N：母集団の大きさ、E：要求精度、k：信頼度係数、P：回答比率

nは求めるサンプルサイズの大きさ、Nは母集団の大きさである。

Eの要求精度は、仮に母集団に対して調査を実施した場合に得られるであろう結果と、標本集団から得られる結果のズレであり、許容できる誤差をあらわす。例えば、誤差を±2.5％以内に抑えたい場合は、Eには0・025を入れる。

k（信頼度係数）は、その調査結果が、どれくらいの確からしさ（信頼水準）を持つかをあらわす値である。信頼水準は、政府の調査をはじめとして、95％とする場合が多い。その場合、信頼度係数は、正規分布の性質から1・96という値が与えられる（90％なら1・65、99％なら2・58）。

P（回答比率）は、設問に対する回答割合である。例えば、内閣支持率を調査するとき、支持率を60％程度と想定するのなら、Pには0.6が入る。しかし、一般的に、調査前に回答割

合を想定することは難しい。数式から、サンプルサイズｎは、Ｐの値が0.5のときに最も大きくなることが分かる。よって、Ｐに0.5を入れて計算すると、安全なサンプルサイズを求められる。

図表2は、この数式を用いて、いくつかの母集団に対して、95％の確からしさで誤差を±2.5％以内に抑えたい場合に必要なサンプルサイズを計算したものだ。

母集団が100人の場合、サンプルサイズは94以上必要で、１０００人の場合は606以上必要であることが分かる。母集団が10万人以上になると、必要なサンプルサイズは１５００程度で大きく変わらなくなる。つまり、内閣支持率など、**母集団が1億人規模になる場合でも、サンプルサイズが１５００程度あれば、ある程度確からしい結果が得られる。**

逆に、これより高い精度を求める必要がないのに、サンプルサイズを大きくすると、無駄なコストが生じる。新聞などの世論調査のサンプルサイズが１５００程度である背景には、実はこのような計算がある。

ちなみに、このような設計の標本調査で内閣支持率が60％という結果が出た場合、真の内閣支持率（母集団を全数調査した場合の内閣支持率）は、95％の確率で、60％±2.5％以内にあると読み取る。

サンプルサイズを決めるには、自分の知りたいことの調査対象となる母集団の大きさはど

図表2　母集団の大きさとサンプルサイズの関係

（k=1.96：95%信頼水準、E＝0.025の場合）

母集団の大きさ	サンプルサイズ
10	10
100	94
1,000	606
10,000	1332
100,000	1513
1,000,000	1534
10,000,000	1536
100,000,000	1537

れくらいか、信頼水準や誤差をどの程度にするかで判断するとよい。

とはいえ、信頼水準と誤差をどの程度にするかと言われても、ピンとこない方も多いだろう。

サンプルサイズの決め方は、数式で決める方法もあるが、経験則にもとづいて決める方法もある。実は著者も、一応数式を理解しながらも、実際に調査を実施する際には経験則で決めることも多い。

経験則にもとづいてサンプルサイズを決める方法は、『図解 アンケート調査と統計解析がわかる本（新版）』（酒井隆、日本能率協会マネジメントセンター、２０１２）によると、

① 地域や施設ごとにいろいろな分析をするためには、各地域・施設ごとに500必要（3地域の比較なら合計１５００）

② クロス集計（２つの設問をかけあわせた集計）をするためには、１グループあたり最低30必要（男女それぞれ10〜60歳以上の６区分とする場合、１グループ30で合計360とな

るが、実際の年齢構成にあわせて高齢層を増やすと合計500程度）

③　多変量解析（複数の変数に関するデータを統計的に扱う手法）を行う場合は、変数の数の10倍程度が必要（50変数なら500）

とのことだ。

つまり、何かを比較している統計データなら、サンプルサイズがそれぞれ500以上あるかどうか、クロス集計表であれば、1グループ30以上あるかどうかを参考にするとよい。

また、学術研究でない限りは、サンプルサイズが不十分な統計データしか入手できなくても、そのことを念頭に置いて議論を進めていくという方向で事足りるケースも多いだろう（企業のマーケティングなど）。

＊6　永田靖（2003）『サンプルサイズの決め方（統計ライブラリー）』朝倉書店や土屋隆裕（2009）『概説　標本調査法（統計ライブラリー）』朝倉書店を参考にした。

調査方法や設問によって回答にバイアスがかかりやすくなっていないか

調査対象やサンプルサイズが適切であっても、調査方法や設問によって結果に偏りが生じるケースもある。

調査方法とは、郵送調査やインターネット調査、調査員による聞き取り調査など、調査を行う手段のことである。調査方法の選択によって、調査対象に偏りが出ることもある。

例えば、調査会社のネット調査用のモニターを用いて、20〜70代の世論調査を行う場合、標本集団の性別・年齢などの分布を「国勢調査」とあわせたとしても、高年齢層では偏りが出る可能性が高い。

現在、ネット社会化が進行しているとはいえ、ネット利用率は年齢とともに低下し、70代では半数弱である。[*7] しかも、その中でネット調査のモニターとして登録している70代となると、かなりＩＴ利用に積極的な層だろう。２０１４年現在では、ネット調査用のモニターを用いて高年齢層を調査すると、偏った層が抽出される懸念がある。高年齢層を対象とした調査は、郵送調査などを利用した方が賢明だろう。

また、設問文や設問の配置によっても回答にバイアスがかかることがある。

設問文にも良いものと悪いものがある。

良い設問文とは、

① 分かりやすい表現（簡潔な表現、専門用語や流行語ではなく誰でも理解できる言葉、意味・範囲が明確）

② 誘導的でない（設問文の表現、設問の配置など）

③　一つの設問で複数のことを聞かない（「美容と健康に良い」、「面白くて役に立つ」など）

といったことをクリアしているものである。[*8]

そうではない場合、回答者の理解にバイアスがかかりやすい。

このほか、設問設計に関しては、設問が多すぎる、調査票・ネット調査の画面が見にくい、などもクリアすべき問題だ。

自ら設問設計に関わることができる場合は、これらの問題を念頭に置いて設計をすればよいが、外部で実施され公表された統計データを利用する場合は、調査票で設問のニュアンスを確認しながら分析する必要がある。

＊７　総務省「平成24年通信利用動向調査」
＊８　以上は、酒井隆（２０１２）『図解 アンケート調査と統計解析がわかる本〔新版〕』日本能率協会マネジメントセンターを参考にした。

本書で利用している主な統計データとその入手方法

本書では、主に政府の統計データを利用している。政府の統計データは、調査概要の記載が詳しく、統計処理も適切であるため信頼性が高い。政府の統計データは、専用サイト「政府統計の総合窓口　e-Ｓｔａｔ」[*9]のほか、各府省の統計ページから、誰でも入手できる。

本書では民間企業の統計データも用いているが、いずれもネット上に公開されているものだ。一部、著者が日頃の業務で得たデータもあり、それらは調査結果として公表はしていないが、該当部の脚注に記したレポートにて分析結果を公開している。

統計データを探す際は、今はネット上に数多くのものが公開されているため、まずは知りたい事象に関するキーワードを、検索エンジンや「e-Stat」で検索するとよい。

また、論文検索サイトを利用することも、知りたい事象についての知識を深める上で有効だ。日本の論文を探したい場合は、国立情報学研究所の「CiNii」[*10]というサイトがある。関連する論文を読み、論文の中で用いられている統計データを探すという方法もある。

なお、「CiNii」では全国の大学図書館の蔵書を検索することもできる。現在、ネットを介した図書館の蔵書検索は、国会図書館をはじめ全国の様々な図書館で可能だ。全国の図書館については、日本図書館協会のサイト[*11]にリンクが張られている。また、「カーリル」[*12]という図書館を横断して検索できるサイトもある。

＊9　https://www.e-stat.go.jp/SG1/estat/eStatTopPortal.do
＊10　大学共同利用機関法人 情報・システム研究機構国立情報学研究所 http://ci.nii.ac.jp/
＊11　公益社団法人日本図書館協会 http://www.jla.or.jp/
＊12　株式会社カーリル「カーリル」http://calil.jp/

統計データを読み解くコツ

自分の知りたいことについて適切な統計データが得られたら、次は分析作業である。基本的な数字の読み方は専門書におまかせするとして、ここでは、かなり主観的になるが、著者が日頃、様々なデータを分析する際に注目しているポイントについて、お伝えしたい。

例えば、「女性の就業率」の実態を見るケースを考えたい。

13年から、政府の成長戦略で女性の活躍促進がうたわれているが、その中で、出産・育児を機に退職する女性の多さが指摘されている。[*13] では、「女性の就業率」は現在、どれくらいなのだろうか。

やや煩雑にはなるが、ファイルの入手方法の流れもあわせて、統計データの読み解き方を見ていきたい。

＊13　内閣府男女共同参画局「わが国の若者・女性の活躍推進のための提言の概要」(平成25年5月19日)

統計データの探し方

前述の「e-Stat」で、「就業率」というキーワードを検索すると、結果一覧には、「退職公務員生活状況調査」、「社会・人口統計体系」、「労働力調査」、「年金制度基礎調査」の4つの調査があがる（14年3月現在)。この中から、目的に最も合致しているであろう

「労働力調査」を選択する。[*14]そして、何回かのクリックを繰り返すと、[*15]「就業状態・従業上の地位・雇用形態（雇用者については従業者規模）・農林業・非農林業別15歳以上人口」という長い名前のエクセルファイルにたどりつき、ここで就業率を確認できる。

「労働力調査」に限らず、政府統計を初めて利用する際は、どのファイルに何が記載されているか分からないだろう。政府の統計データは、基本的にはファイル名で中身を判断できるような作りになっている（よって、長い）。しかし、初心者には意味をとらえにくいものも多い。先ほどの長いファイル名についても、そもそも、「就業状態」が何を示すのか理解できないかもしれない。

そのような場合は、調査のホームページにある「用語の解説」を確認するとよい。「労働力調査」であれば、総務省統計局のホームページに「労働力調査」のページがあり、その中で「用語の解説」を確認できる。「用語の解説」によると、「就業状態」とは、図表3のように区分される活動状態のことである。

さて、先ほどの長いファイル名のエクセルファイルに戻って就業率を確認すると、最新の値は、男性が67・0％、女性が46・7％（14年1月）である。

＊14　この判断が難しいという声もあるのだが、例えば「就業率」という、働く人全体についての統計データを探しているときには「退職公務員」や「年金」など、調査対象に何らかの限定が入るものは選ばない、とい

図表3　総務省「労働力調査」における「就業状態」の定義

- 15歳以上人口
  - 労働力人口
    - 就業者
      - 従業者
        - おもに仕事
        - 通学のかたわらに仕事
        - 家事などのかたわらに仕事
      - 休業者
    - 完全失業者
  - 非労働力人口
    - 通学
    - 家事
    - その他（高齢者など）

（資料）総務省「労働力調査」

うように判断をするとよい。

＊15　総務省「労働力調査」→「基本集計　全都道府県」→「結果原表」→「全国」→「就業状態・従業上の地位・雇用形態（雇用者については従業者規模）・農林業・非農林業別15歳以上人口」を順にクリック。

性別の違いを見る、時系列の変化を見る

さて、現在の女性の就業率が分かったが、これをどう理解すればよいのだろうか。

筆者は何らかの事象をとらえる際、入手できるのであれば、必ず時系列で変化を確認する。また、その際、性別・年齢といった基本的な属性を対比させながら変化を追うと、状況を把握しやすい。

就業率の時系列データを得るには、「労働力調査」の「長期時系列データ」をクリックし、「【年平均結果—全国】 就業状態別15歳以上人口（労働力人口、就業者数、完全失業者数、非労働力人口、労働力人口比率、

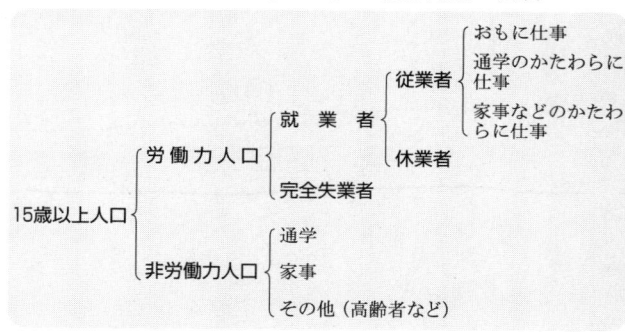

図表4　就業率の推移

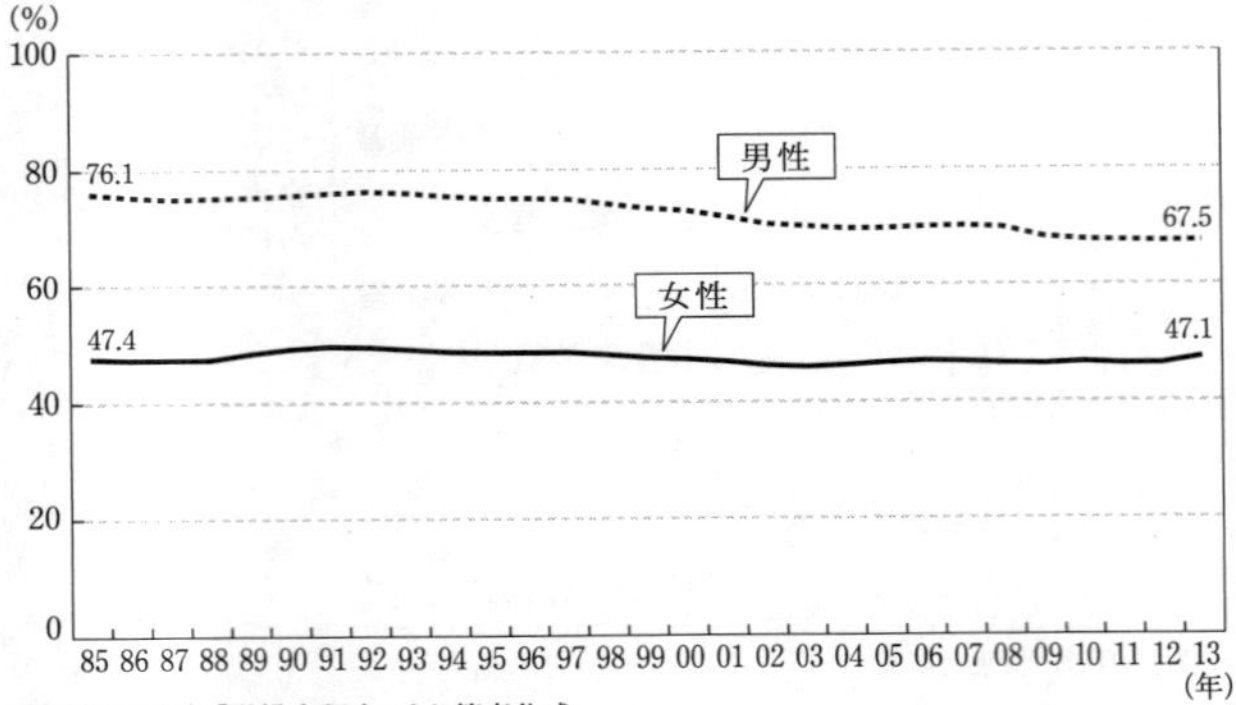

(資料) 総務省「労働力調査」より筆者作成

就業率、完全失業率など)」を開けばよい。

比較的長く続いている政府統計では、主だった統計データは長期時系列で用意してあることが多い。

長期時系列データを用いて、85年からの男女の就業率の推移を示すと、図表4のようになる。男女ともやや低下しており、男性の方が女性より低下幅が大きい。

詳しい分析の流れは省略するが、この背景には高齢化がある。近年、非労働力人口の割合が上昇しており、その中でも特に「その他(高齢者など)」が上昇している。また、男性の方が女性より「その他(高齢者など)」の上昇幅が大きい。高齢化の進行によって非労働力人口が増え、労働力人口が減ったために就業率が低下している。また、この変化は男性の方が女性よりも大きいために、男性の方が就業率の低下幅が大きい。

複数の統計データを並べて時系列の変化を見る際、何らかの差異があると、その背景には興味深い事実が眠っていることが多い。例えば、一つだけ異なる傾向を示す、変化の傾向をいくつかに分類することができる、あるいは、ある時点で連続性がなくなる、ある時点から急にグラフの傾きが大きくなる、などの様子が見られるときは、何らかの発見がある可能性が高い。

年齢の違いを見る

年齢は、性別と同様に早い段階でとらえておくべき基本属性である。

特に女性の就業率については、日本では結婚・出産で働き方を変える女性も多いため、年齢によって違いが出ることは容易に想像がつくだろう。

女性の年代別就業率は、総務省「労働力調査」の「【年平均結果―全国】年齢階級（5歳階級）別就業者数及び就業率」というファイルを開くと、68年から5歳階級別に確認することができる。

10年前と現在の女性の年代別就業率をグラフにすると、どちらも30歳前後でへこみのあるM字カーブとなる（図表5）。日本では、結婚・出産を機に仕事を離れる女性が多く、このグラフがM字カーブを描くことが長年の課題である。しかし、10年前と比べてM字の底は上

図表5　女性の就業率の変化

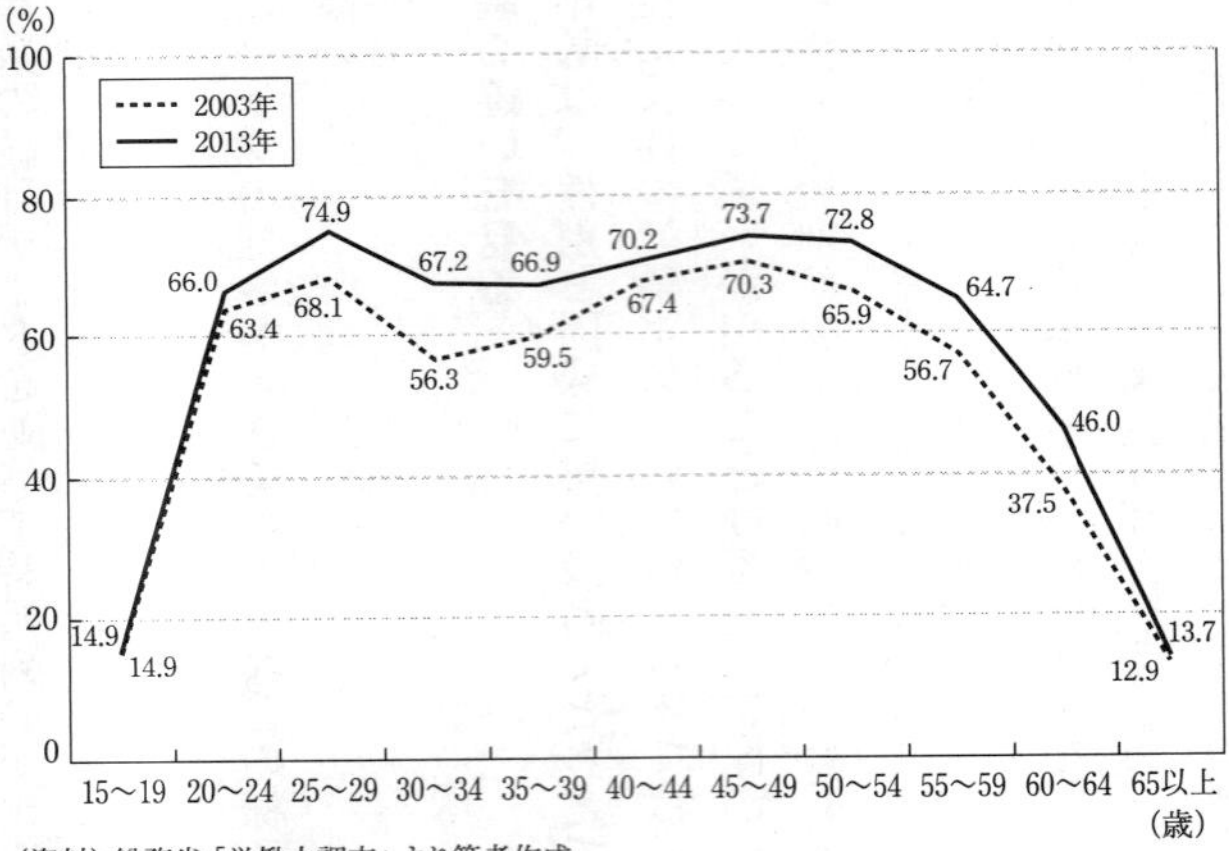

（資料）総務省「労働力調査」より筆者作成

がっており状況は変わってきている。

その統計データ特有の属性の違いを見る

女性の働き方は年齢によって異なるが、この背景には、結婚・出産というライフステージの変化がある。

それでは、女性の就業率を配偶関係別（結婚しているかどうか）に見ると、どのような違いがあるだろうか。

性別・年齢などの基本属性を把握した上で、さらに理解を深めるには、その事象特有の事情をあらわすような属性に注目するとよい。

女性の就業率を配偶関係別に見ると[*16]、30歳前後の就業率は、未婚者では以前から高く大きな変化はないが、有配偶者では1割程度上昇している（図表6）。30歳前後の女性の就

図表６　配偶関係別に見た女性の就業率の変化

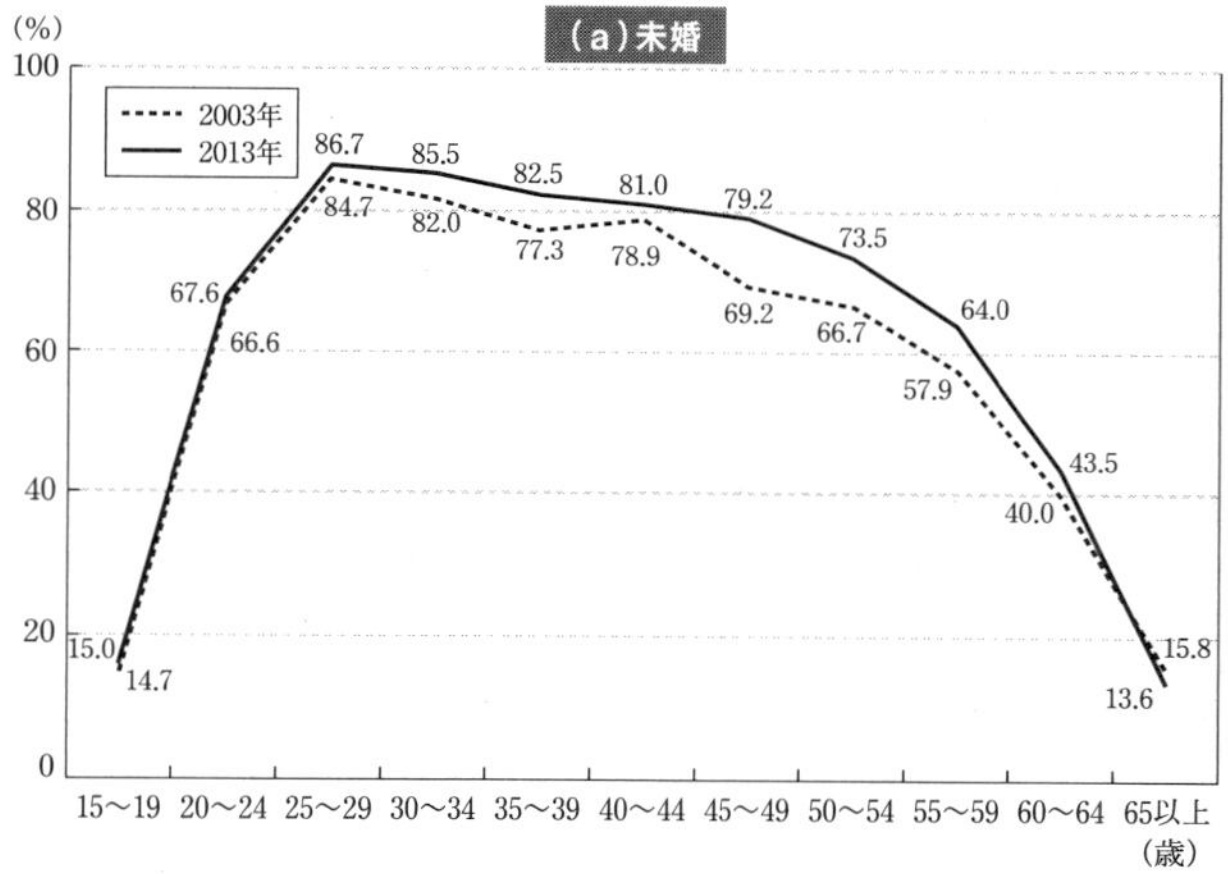

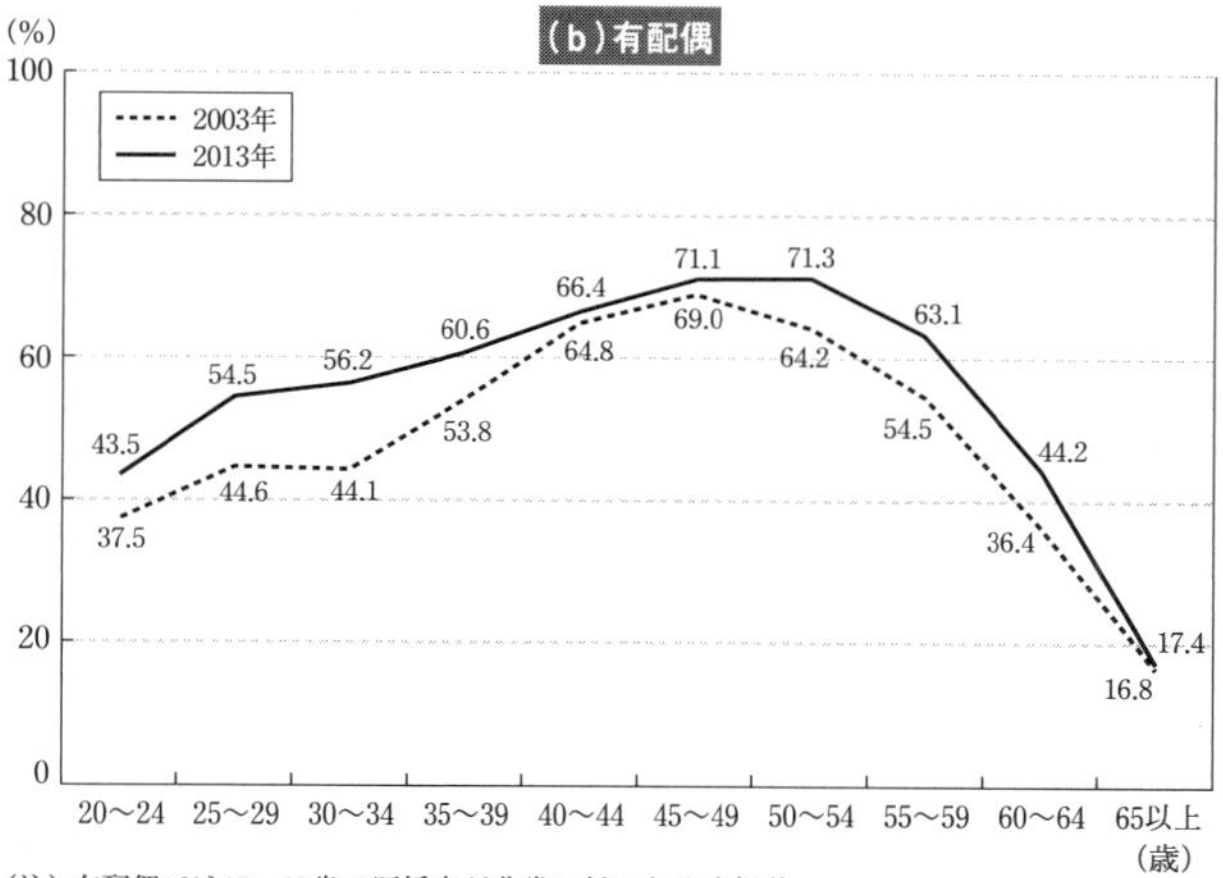

(注) 有配偶では15～19歳の既婚率が非常に低いため未掲載。
(資料) 総務省「労働力調査」より筆者作成

業率が上昇し、M字の底が上がっている背景には、未婚化の進行で未婚女性が増え、女性全体への影響が大きくなったこと、[*17] また、結婚後も仕事を続ける女性が増えたことがある。しかし、依然として、第1子出生後の就業継続率は4割弱[*18]であり、出産後は離職する女性が多い。

統計データを時系列でとらえるとともに、性年齢や様々な属性で分解すると、知りたかった事象を深く理解することができる。

なお、本書では、統計データを分解するだけでなく、直接的には関係のない（同じ調査にもとづいたものではない）統計データを組みあわせた考察なども行っている。しかし、ここにはコツというほどのものはなく、地道な作業しかない。ひたすら多くの統計データを目にし、様々な角度で分析し、仮説検証を繰り返すだけだ。分析中に、ふと関係ありそうな統計データを思い出せるように、頭の中の統計データベースを地道に拡充していくことに尽きる。

本来であれば、数字を見る基本として、尺度や平均、分散、相関などの概念も記したいところだが、本書で扱っている統計データの大半は、個票（調査対象一人ひとりの生のデータ）を得て自ら計算したものではなく、集計・加工されているものである。よって、データ処理に関わる部分については言及しない。

＊16　総務省「労働力調査」にて03年の「就業状態、農林業・非農林業、従業上の地位（非農林業雇用者については従業者規模）、配偶関係、年齢階級別女性の15歳以上人口」、13年の「[15歳以上人口] 就業状態・従業上の地位・雇用形態（非農林業雇用者については従業者規模）・農林業・非農林業、配偶関係・年齢階級別15歳以上人口」による。

＊17　未婚化の状況は第6章で詳しく述べる。

＊18　内閣府「平成25年版　男女共同参画白書」

第2章　若者はかわいそう？

バブル世代から見た今の若者

２０１２年末の安倍政権発足以降、日本経済は活気づいている。20年の五輪招致も決まり、今後の経済状況については明るい見通しも多い。しかし、現在のところ、バブル崩壊後に続いた景気低迷によって、若年層は依然として厳しい経済状況にある。

雇用情勢を見ると、就職内定率はリーマン・ショック前の水準に戻っていない。多くの企業で内定式を執り行う10月1日時点の大学生の就職内定率は6割程度で、残り4割は就職先が決まっていない。[*1] もはや「就職留年」もめずらしい言葉ではないだろう。

また、就職先が見つかったとしても、非正規雇用者として不安定な立場で働く若者も増えている。

雇用者のうち非正規雇用者が占める割合は、90年代後半から著しく増加している。[*2] 非正規雇用者は正規雇用者より年収水準が低く、同世代間で経済格差も生まれる。正規雇用者と非正規雇用者の年収差は年齢とともに広がり、男性の40代ともなると、正規雇用者の年収は非正規雇用者の2倍程度になる。

経済環境が整わないことには家庭も持ちにくい。現在、未婚率は上昇の一途をたどっている。ひと昔前は、30歳も過ぎると多くが結婚していたが、現在は30代後半でも、男性の3人に1人、女性の4人に1人は未婚である。[*3] 生涯未婚率も上昇しており、現在、日本は男性の5人に1人、女性の10人に1人は生涯未婚[*4]という世の中である。

景気低迷によって世の中のムードが弱まる中で、「草食系男子」なども登場している。結婚相談所のオーネットによると、今は「草食系男子（恋愛にガツガツせず心優しいが女性が苦手）」だけでなく、「絶食系男子（恋愛に興味がなく女性がいなくても人生を楽しめる）」なるものも存在するそうだ。[*5]

このような中で若者の消費も変化しているようだ。マスメディアの報道では、今の若者は「アルコール離れ」や「クルマ離れ」、「高級ブランド品離れ」、「海外旅行離れ」などをしていると言われ、かつての若者が欲したものを欲しがらなくなっているようだ。

友人や恋人とのコミュニケーションのあり方も変わっている。インターネットやスマホの普及で、ＳＮＳを介したコミュニケーションが活発になり、顔と顔をあわせたリアルなコミュニケーションを避ける若者も増えているようだ。

今の若者をあらわすキーワードは、とかく消極的でネガティブなものが多い。若いときにバブル景気を謳歌した世代は、今の若者を哀れんでいる、あるいは少々情けないなどと思っているのかもしれない。

バブルの頃を少し振り返ると、例えば、就職活動は今のように厳しくなかった。急激な経済成長による業務拡大で、人手不足が深刻な企業も多く、激しい学生獲得競争が繰り広げられていた。１人の学生に複数の内定が出ることはごく当たり前で、就職が決まらない学生はめずらしかった。学生を他社に取られまいと、研修と称して学生を国内旅行や海外旅行へ行かせ、他社と連絡が取れないように拘束している、とまで噂された企業もあった。

雇用形態は、当然、正規雇用であり、収入は、誰しも年齢とともに右肩上がりで伸びていくと思っていた。新入社員でも将来の収入をあてにして、ローンを組んで新車を購入することもめずらしくはなかった。

また、多くが20代で結婚をして、子どもを持っていた。そして、家庭を持ったら住宅ローンを組んで家を買うという、同じようなコースをたどっていた。

バブル期の若者は将来を上向きにとらえ、ある年齢になったら、皆、苦労なく同じような

図表7　日経平均株価の推移

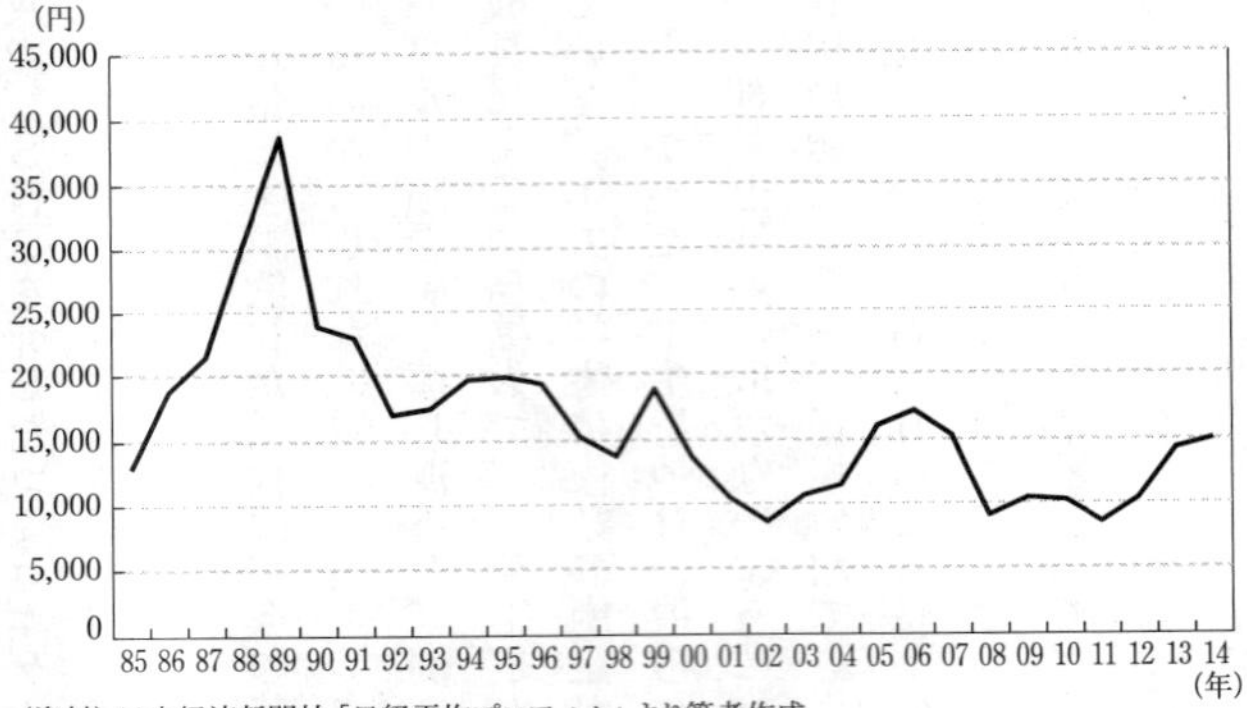

(資料) 日本経済新聞社「日経平均プロフィル」より筆者作成

ことをするという、ある種、横並びの価値観で動いていた。

しかし、バブルは崩壊し、日本経済は長期的な低迷に陥った。

日経平均株価は、89年12月29日の東証大納会で3万8957円44銭の史上最高値を記録した後、翌年1月4日の大発会から大幅下落が始まった(図表7)。

バブル崩壊によって、多額の不良債権を抱え、資金難に陥る金融機関が増えていった。97年の北海道拓殖銀行や山一證券の経営破綻は象徴的な出来事だ。

日本経済は成長し続けていくという成長神話が崩れるとともに、大企業なら倒産しないという大企業神話や終身雇用神話など、これまで当然のように信じられてきた様々な価値観が崩れていった。

このような中、今の若者は生まれ育ってきた。

例えば、90年生まれの24歳を思い浮かべると、物心ついた頃から経済は右肩下がり、大学時代にはリーマン・ショックも体験している。

２０００年代の流行語を振り返ると、「年収３００万円」（03年）、「格差社会」（06年）、「ネットカフェ難民」（07年）、「婚活」（08年）、「派遣切り」・「草食男子」（09年）[*6]など、バブル世代[*7]が若かりし頃には想像もしなかったキーワードが並ぶ。

バブル世代の大人からすると、今の若者は将来に希望が持てず、買いたいものも買えない、同世代間の経済格差も存在する、かわいそうな世代なのかもしれない。

＊１　文部科学省「平成25年度大学等卒業予定者の就職内定状況調査（10月１日現在）」にて、大学・短大・高専をあわせた就職内定率は61・８％（前年より＋0.5％）。なお、個別に見ると大学は64・３％（＋1.2％）、短大は23・６％（△3.8％）、高専は95・７％（△0.5％）。大学生については緩やかに上昇傾向。

＊２　本書では「非正規雇用者」は正社員・正職員以外の雇用者、「正規雇用者」は正社員・正職員の雇用者とする。非正規雇用者の状況については第６章で詳しく述べる。

＊３　国立社会保障・人口問題研究所「人口統計資料集（２０１４）」

＊４　生涯未婚率は、正確には一生涯未婚者の割合ではなく50歳時点での未婚率。50歳時点での未婚者は生涯未婚である確率が高いとの仮定のもとで、生涯未婚者を推計する際に用いられる人口統計指標。

＊５　株式会社オーネット「独身男性の交際経験と結婚願望に関する意識調査」（12／10／19）

＊６　自由国民社「ユーキャン新語・流行語大賞」

＊７　バブル期に20代などの若い時代を謳歌した世代。

図表8　日本の将来推計人口

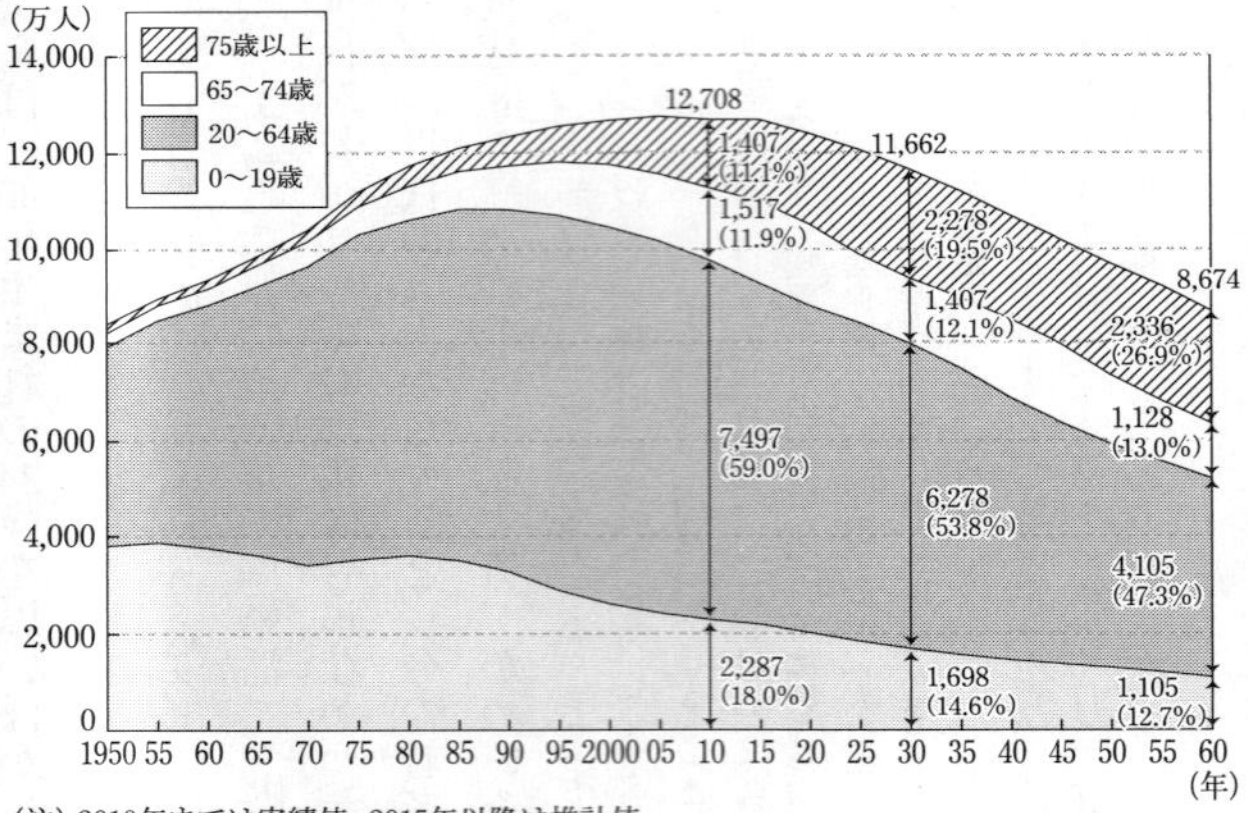

（注）2010年までは実績値、2015年以降は推計値。
（資料）国立社会保障・人口問題研究所「人口統計資料集（2014）」より筆者作成

少子化、高齢化の進行

さらに、少子化、高齢化の進行も、若者を取り巻く環境を厳しくする。

周知の通り、日本では少子化、高齢化が進行している。

現在でも総人口のほぼ４人に１人を高齢者が占める、十分に高齢化が進行した社会だが、将来的にはさらに人口の多くを高齢者が占めるようになる。若者は少数派となり、様々な面で不利、負担が増していく。

ここで、日本の状況をしっかりと、おさえておきたい。

まず、少子化の状況だが、20歳未満の子どもの人口は、２０１０年から２０６０年にかけて、２０００万人から１０００万人へと半減する（図表８）。子どもの人口が総人口に占める割合は、10年でも2割に満たないが、60年には1割強にまで低下する。

一方、高齢化の状況について、65歳以上の高齢者の人口は、10年から60年にかけて、約3000万人から、さらに500万人増える。高齢者の人口が総人口に占める割合は、10年でも約4分の1と多いが、30年には3割、60年には4割へと上昇する。

また、20～64歳の現役世代の人口は、10年から60年にかけて、7500万人から4000万人へと減少し、約半分になる。現役世代の人口が総人口に占める割合は、10年では6割であり、かろうじてマジョリティーを保っているが、60年には5割を切り、マジョリティーとは言えなくなる。

政治に反映されにくい若者の声

人口動態の変化は政治に大きな影響を及ぼす。

2060年に現役世代が総人口に占める割合は47・3％、65歳以上の高齢者が占める割合は39・9％である。

選挙の投票率がどちらも100％の場合、現役世代の人口の方が高齢者より多いため、投票結果には高齢者の声より現役世代の声の方がやや強く反映される。しかし、高齢者の投票率は100％のままで、現役世代の投票率が84％を切ると、現役世代の声より高齢者の声の方が強く

図表9　衆議院議員総選挙の投票率の推移

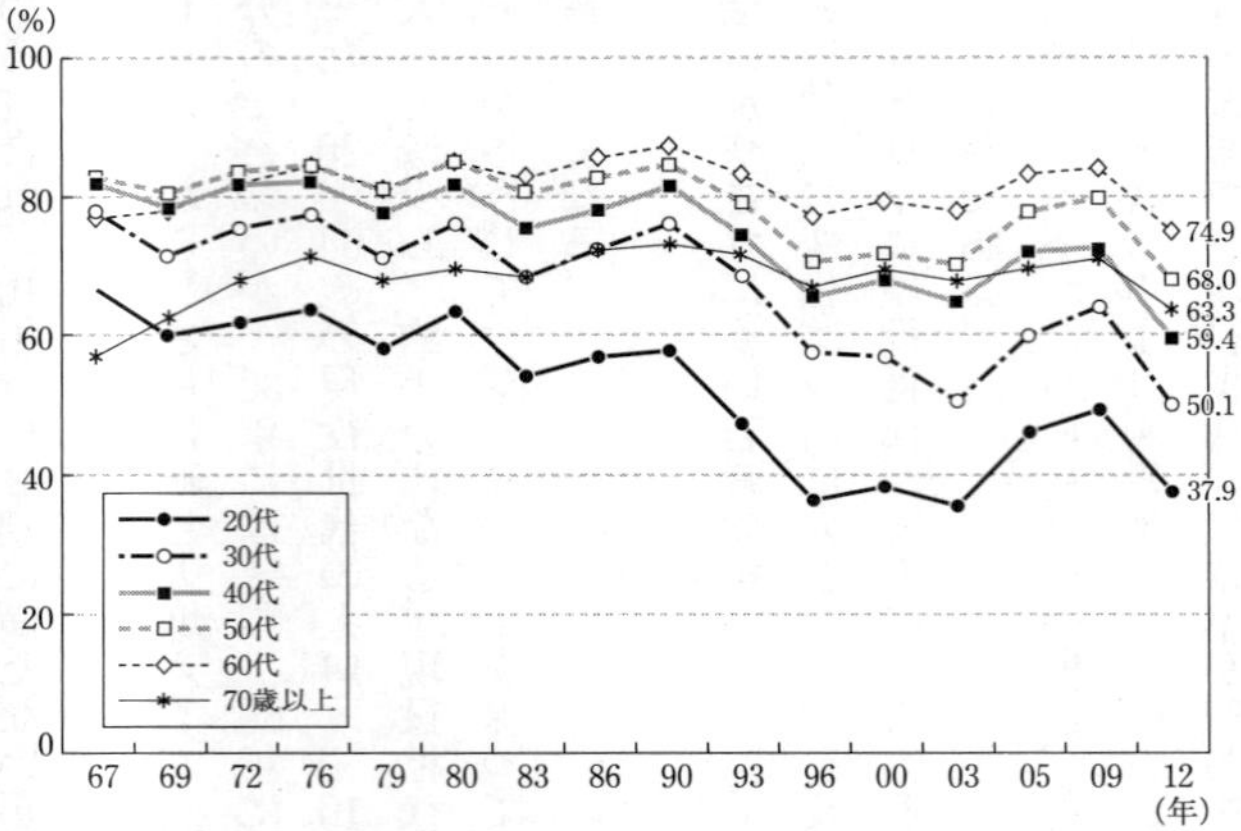

（資料）公益財団法人明るい選挙推進協会「衆議院議員総選挙年代別投票率の推移」より筆者作成

反映されるようになる。つまり、投票率の差によっては、高齢者の声の方が政治に強く反映されるようになるのだ。

なお、過去40年間の投票率の推移を見ると、日本では若年層より高齢層の投票率の方が高い傾向がある。[*8] また、近年、政治への不信感からか、投票率は全体的に低下しており、特に20〜30代の低下が著しい（図表9）。このような傾向が続くと、ただでさえ、高齢化の進行によって若年層や現役世代の声が反映されにくくなるのにもかかわらず、その状況に加速がかかる。

ちなみに、12年11月に実施された第46回衆議院議員総選挙では、20〜34歳の投票率は半数に満たない（図表10）。しかし、60〜70代の投票率は7割を超える。20〜34歳の投票率

図表10　第46回衆議院議員総選挙の投票率

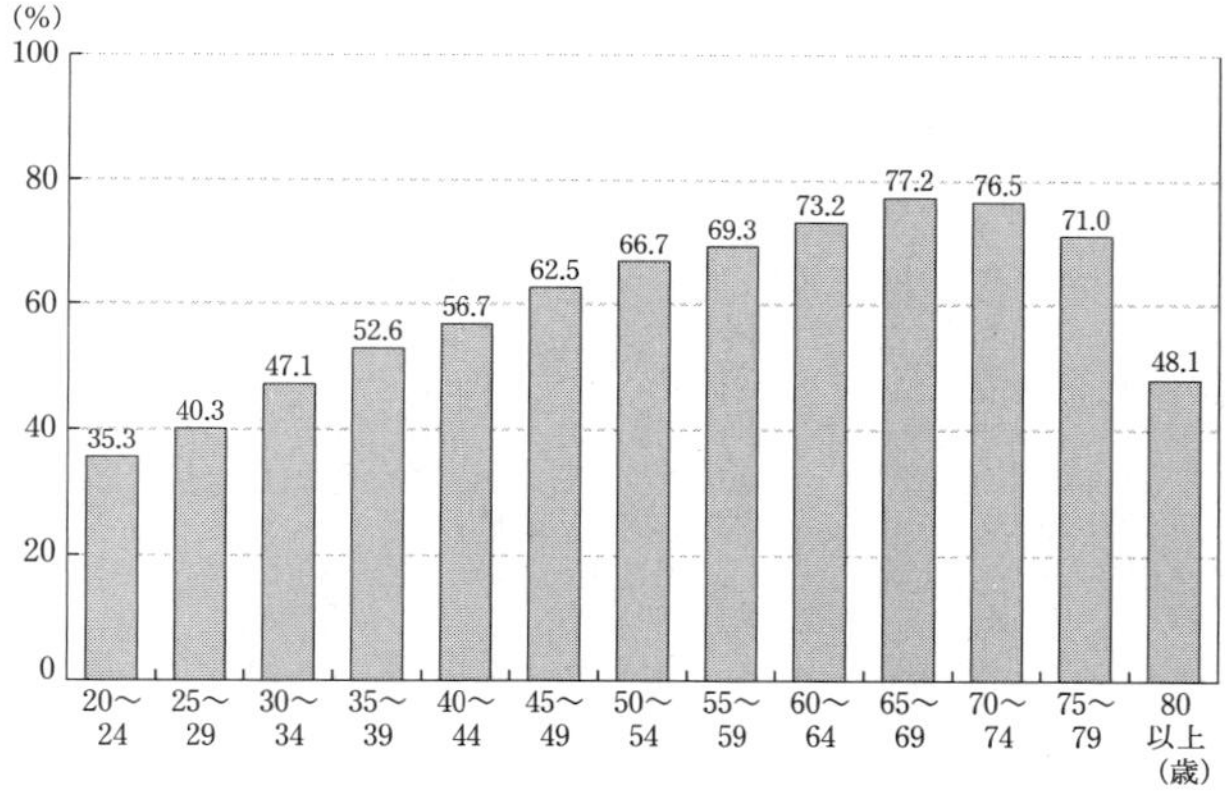

（資料）公益財団法人明るい選挙推進協会「第46回衆議院議員総選挙における年齢別投票率」より筆者作成

は、一般に、健康問題などによって自由に出歩きにくい80歳以上の投票率（48・1％）にも満たない。

＊8　公益財団法人明るい選挙推進協会「衆議院議員総選挙年代別投票率の推移」

社会保障の世代間格差

人口動態の変化が影響を及ぼすのは政治面だけではない。すでに様々なところで議論されているように、日本は深刻な社会保障問題を抱えている。

社会保障負担を考えると、現在は３人の現役世代で１人の高齢者を支える「騎馬戦型」の社会だが、２０３０年には２人で１人を支えるようになり、２０６０年には1.5人で１人を支える「肩車型」の社会となる。ちなみに、

1950年頃は10人で1人を支える「胴上げ型」、あるいは「おみこし型」の社会であった。

将来の高齢社会は、高齢者の「量」が増えるだけでなく、「質」も変わっていく。

現在の高齢者の内訳を見ると、75歳以上の後期高齢者より65〜74歳の前期高齢者の方が若干多い。しかし、2020年頃に逆転し、2060年には後期高齢者は前期高齢者の2倍となり、高齢者全体の7割を占めるようになる。

前期高齢者と後期高齢者では生活状況が大きく異なる。

前期高齢者の大半は、介護や支援の手を借りずに比較的元気に日常生活を送っている。要介護・要支援の認定を受けている割合を見ると、70〜74歳では5%に満たない。[*9] しかし、75〜79歳になると、その割合は1割を超え、80〜84歳になると2割、85歳以上になると半数を超える。つまり、**後期高齢者になると、5歳年を重ねるごとに要介護・要支援認定者の割合は倍増していく。**

現在の高齢社会は比較的元気な高齢者の多い高齢社会だが、将来の高齢社会は介護という色合いの強い高齢社会となり、現役世代の負担はさらに重くなる。

なお、内閣府経済社会総合研究所の試算によると、年金・医療・介護の社会保障3分野における受益と負担のバランスは、1955年生まれ以降は負担の方が大きくなり、生まれ年が若いほど負担額が増していく（図表11）。例えば、55年生まれでは、生涯支払保険料に対

図表11　生まれ年別に見た社会保障制度の給付と負担の関係
（生涯サービス受給額から生涯保険料を差し引いたもの）

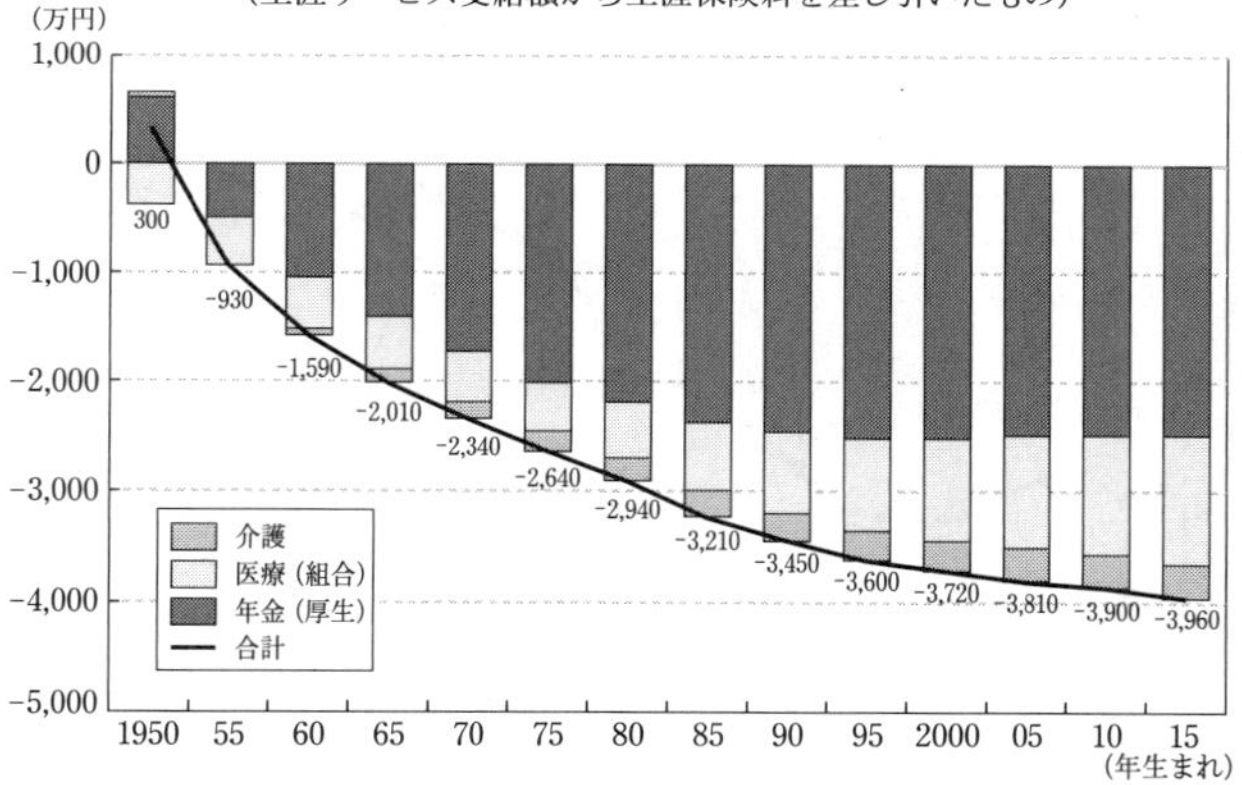

（注）資料中の年金・医療・介護における生涯純受給率を用いて生涯収入を3億円として試算。
（資料）内閣府経済社会総合研究所「社会保障を通じた世代別の受益と負担」（2012年1月）より筆者作成

する生涯サービス受給額は△930万円である。しかし、55年生まれの子ども世代である80年生まれ前後では△3000万円にもなる。子世代は親世代の3倍以上の負担を強いられるようになるのだ。

＊9　厚生労働省「介護給付費実態調査月報（平成26年1月審査分）」における要支援・要介護認定者数、および総務省「人口推計月報（平成26年1月報―平成26年1月概算値）」から、要支援・要介護認定者の割合を推計すると、65～69歳で1.0％、70～74歳で4.6％、75～79歳で10・6％、80～84歳で23・3％、85歳以上で51・3％となる。

高年齢者雇用安定法の若年層の雇用への影響

年金受給開始年齢の引き上げに伴う高年齢者雇用安定法（高年齢者等の雇用の安定等に関する法律）の整備などによって、高齢者が

図表12　完全失業率の推移

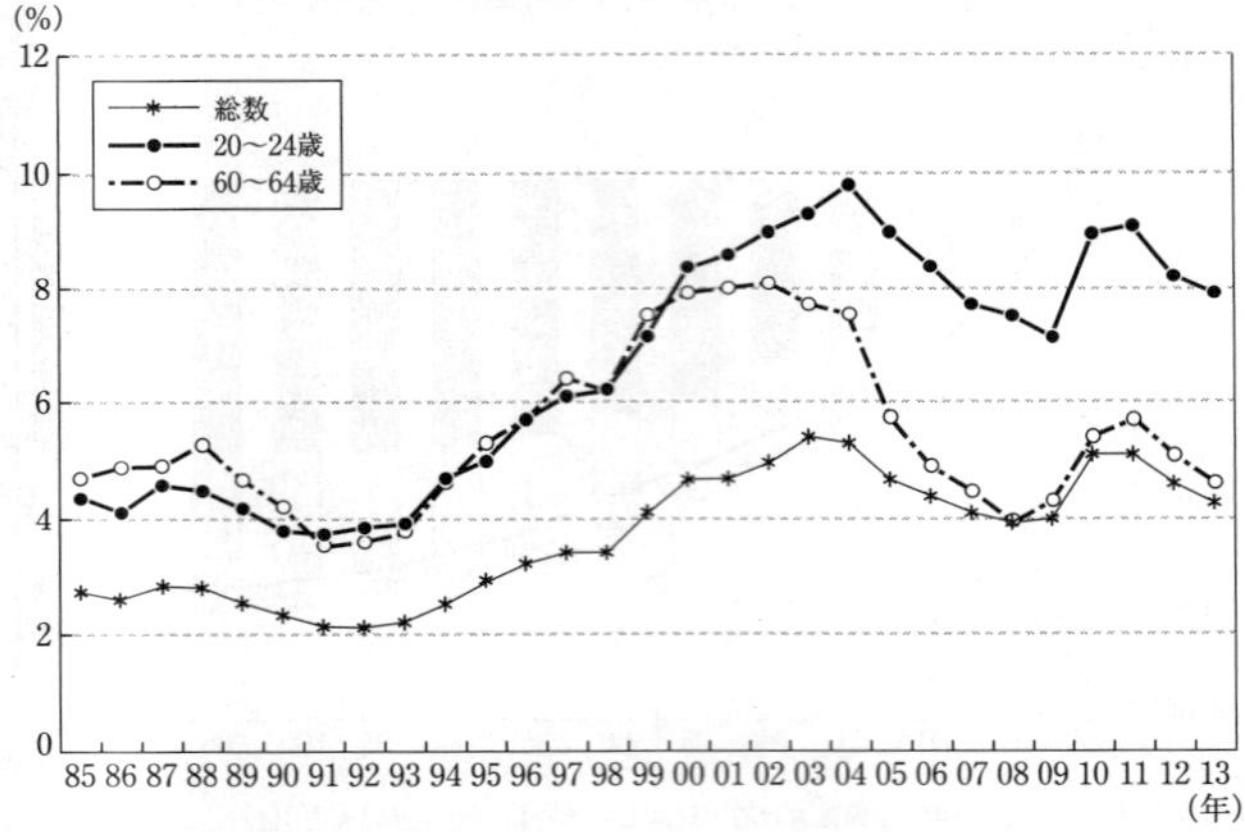

（資料）総務省「労働力調査」より筆者作成

若者から雇用機会を奪っているのではないかという懸念もある。

２０００年頃までは、20代前半と60代前半の失業率は全体平均をともに上回っていた(図表12)。しかし、２０００年代に入ってから両者の動向は分かれている。60代前半は全体平均に近づいて低下する一方、20代前半は全体平均との差を広げて、より高水準で推移している。20代前半の失業率は、２０００年以前では全体平均＋１～２％程度だったが、２０００年頃から＋４％前後で推移している。

この背景には、厚生年金の定額部分の支給開始年齢が段階的に引き上げられたことと、高年齢者雇用安定法の整備があるようだ。[*10]

厚生年金の支給開始年齢は、01年から段階的に、60歳から65歳へと引き上げられている。

定額部分の支給開始年齢は、男性は01年から、女性は06年から、３年に１歳ずつ引き上げられている。[*11] 定額部分の支給開始年齢の引き上げが終了すると、報酬比例部分の支給開始年齢の引き上げも行われる。男性は13年から、女性は18年から、定額部分と同様に、３年に１歳ずつ引き上げられる。その結果、男性は25年、女性は30年から、報酬比例部分の支給開始年齢は65歳からとなる。

多くの企業では定年は60歳であり、年金支給開始年齢が65歳となると、定年後に年金を受け取るまでに空白期間が生じてしまう。高年齢者雇用安定法は、その隙間を埋めるために改正された。[*12]

高年齢者雇用安定法は86年に施行され、94年の改正では60歳定年が法定義務となった。また２０００年には、厚生年金支給開始年齢の引き上げに対応して、定年後の継続雇用も含む65歳までの雇用確保措置（定年の引き上げや継続雇用制度の導入、定年制の廃止）が努力義務化され、06年に義務化された。

なお、06年の改正までは、企業が高年齢者の雇用確保措置として継続雇用制度を導入する際、労使協定で基準を定めて対象者を限定することができたが、12年の改正では、原則として希望者全員を対象としなければならなくなった。

20代前半と60代前半の失業率の乖離《かいり》は、これらの改正があった２０００年頃からはじまっており、最近では20代前半の失業率の全体からの乖離幅が大きい。失業率の推移と厚生年金や高年齢者雇用安定法の改正の状況をあわせると、高年齢者の雇用が企業の限りある人件費の一部を占めることで、若年層の雇用を奪っているようにも見える。

若年層の失業率には、08年のリーマン・ショックによって新卒採用を絞り込んだ企業が多かったことも影響しているだろう。しかし、10～11年の失業率は、60代前半も全体平均も同様に上がっている。採用を絞り込まれたのは若年層だけではないようだ。

高年齢者が若年層の雇用を奪っている可能性があるという見方ができる一方で、厚生労働省「今後の高年齢者雇用に関する研究会」の報告書[*13]では異なる見解が示されている。

同報告書には、企業への聞き取り調査から、専門的技能・経験を有する高年齢者と基本的に経験を有しない若年者とでは、労働力として質的に異なるという意見や、新卒採用の数は高年齢者の雇用とのバランスではなく、景気の変動による事業の拡大・縮小などの見通しにより決定しているという意見が出ている。さらに欧州諸国では、過去に若年層の失業解消のために高年齢者の早期退職を促進する政策などが進められたが、若年層の失業解消には効果が見られず、かえって社会的コストを高めたという認識も示されている。

よって、同報告書の結論は、高年齢者の早期退職を促進しても必ずしも若年層の雇用増加にはつながらない、とまとめられている。また、若年層の雇用問題を解決するには、求人と求職のミスマッチを解消すべきだとも指摘している。新卒労働市場では未就職者が発生している一方、若年層の確保に苦慮している中小企業もあるからだ。

このように、厚生労働省の報告では、高年齢者の雇用は若年層の雇用に直接的な影響は与えていないことになっている。しかし、新卒採用数は景気の変動にあわせて企業が判断する一方、高年齢者の雇用は法制度で守られている。また、景気低迷で企業に余裕がなくなると、経験が少なく教育が必要な若年層よりも、即戦力になる高年齢者が求められるという側面もある。不況下では、やはり若年層は不利なのではないだろうか。

＊10　櫨浩一「改正高年齢者雇用安定法の施行と若年失業」ニッセイ基礎研究所、エコノミストの眼（13／2／22）
＊11　厚生労働省　社会保障審議会　年金部会「第4回社会保障審議会年金部会資料――資料1支給開始年齢について（平成23年10月11日）」
＊12　厚生労働省「高年齢者雇用安定法の改正～『継続雇用制度』の対象者を労使協定で限定できる仕組みの廃止～」
＊13　厚生労働省今後の高年齢者雇用に関する研究会「今後の高年齢者雇用に関する研究会報告書～生涯現役社会の実現に向けて～（平成23年6月）」

生活に満足し幸せな若者たち

これまで見てきたように、バブル崩壊後の日本経済の低迷、少子化、高齢化の進行により、

図表13　現在の生活に対する満足度

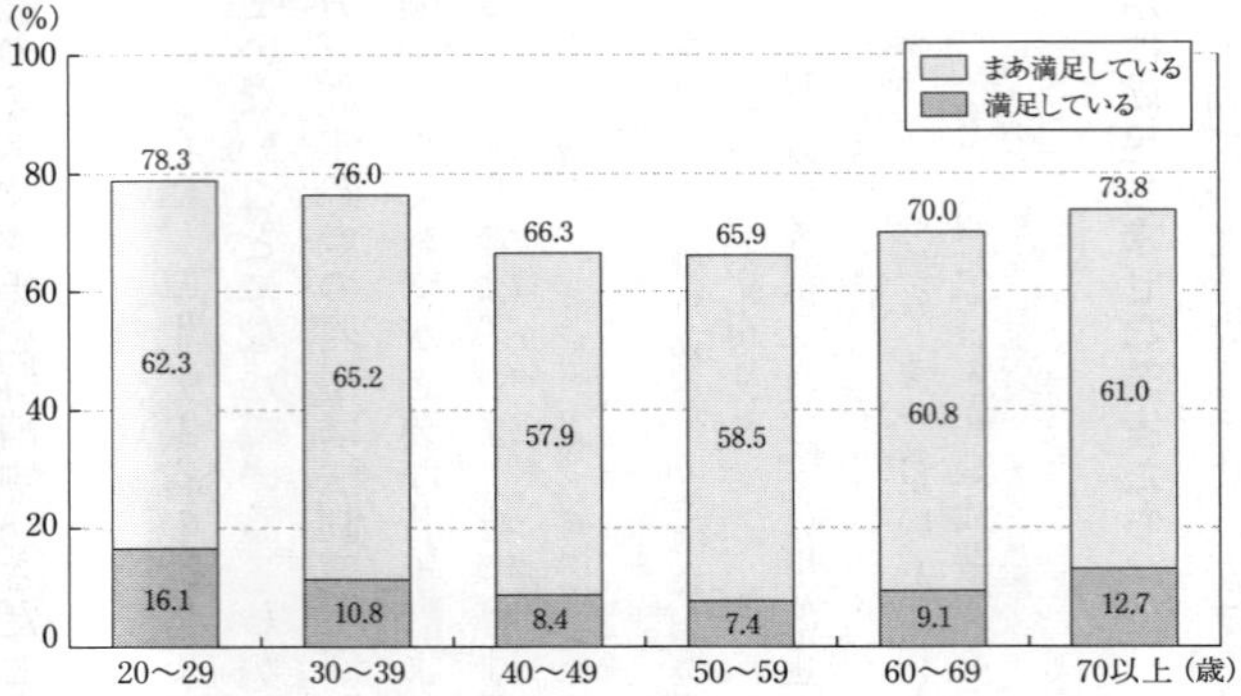

（注）生活満足度は現在の生活に対する満足度を「満足」、「まあ満足」、「どちらともいえない」、「やや不満」、「不満」、「わからない」の6段階でたずねて得た結果について上位2つを合計した数値。

（資料）内閣府「平成25年国民生活に関する世論調査」より筆者作成

若者を取り巻く環境は厳しい。また、現在が厳しいだけでなく、将来的にも不利、負担は増していく。このような状況では、今の若者は将来に対して明るい見通しを持ちにくいはずだ。

しかし、**生活満足度は20代が最も高い。**

内閣府「平成25年国民生活に関する世論調査」によると、現在の生活に対する満足度（「満足」と「まあ満足」の合計）は、20代では78・3％にものぼり、全ての年代で最も高い（図表13）。次いで高いのは30代、70歳以上で、いずれも7割を超える。

一方、満足度が最も低いのは50代（65・9％）であり、次に40代（66・3％）が続く。

なお、**今の20代の生活満足度は、過去の20代と比べても高い。**20代の生活満足度は、60

図表14　現在の生活に対する充実感

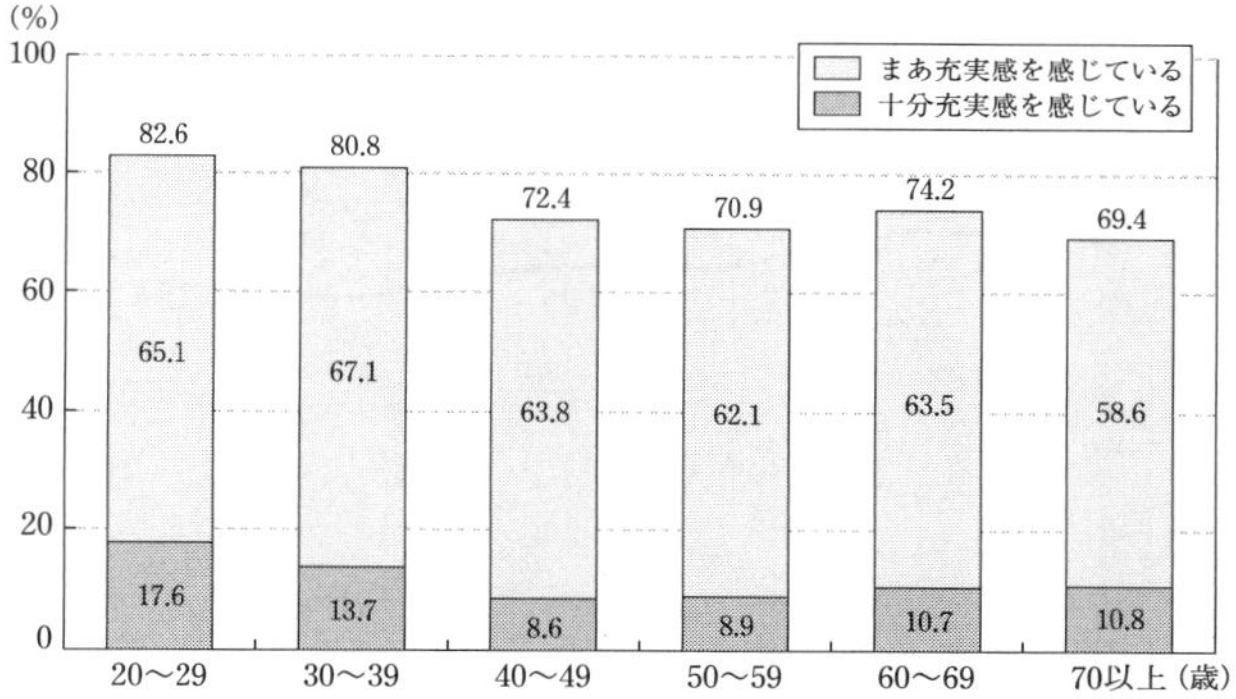

（注）生活満足度は現在の生活に対する満足度を「十分充実感を感じている」、「まあ充実感を感じている」、「あまり充実感を感じていない」、「ほとんど（全く）充実感を感じていない」、「どちらともいえない」、「わからない」の6段階でたずねて得た結果について上位2つを合計した数値。
（資料）内閣府「平成25年国民生活に関する世論調査」より筆者作成

年代後半は60％程度、70年代には50％程度に低下した年もあるが、90年代後半から70％前後に上昇している。

つまり、若者の生活満足度は、現在、全ての年代で最も高いだけでなく、バブル期の若者よりも高いのだ。

ちなみに、**生活に対する充実感や幸福感などを見ても、20代が高いという傾向は変わらない。**

充実感については、20代が8割を超えて最も高く、次いで30代が高い（図表14）。生活満足度で3位だった70歳以上は最も低い。高年齢者は人生の終盤を迎えており、今の生活には満足しているが、若かりし頃と比べると、生活の充実感は低下しているということなのだろう。

図表15　現在の幸福感

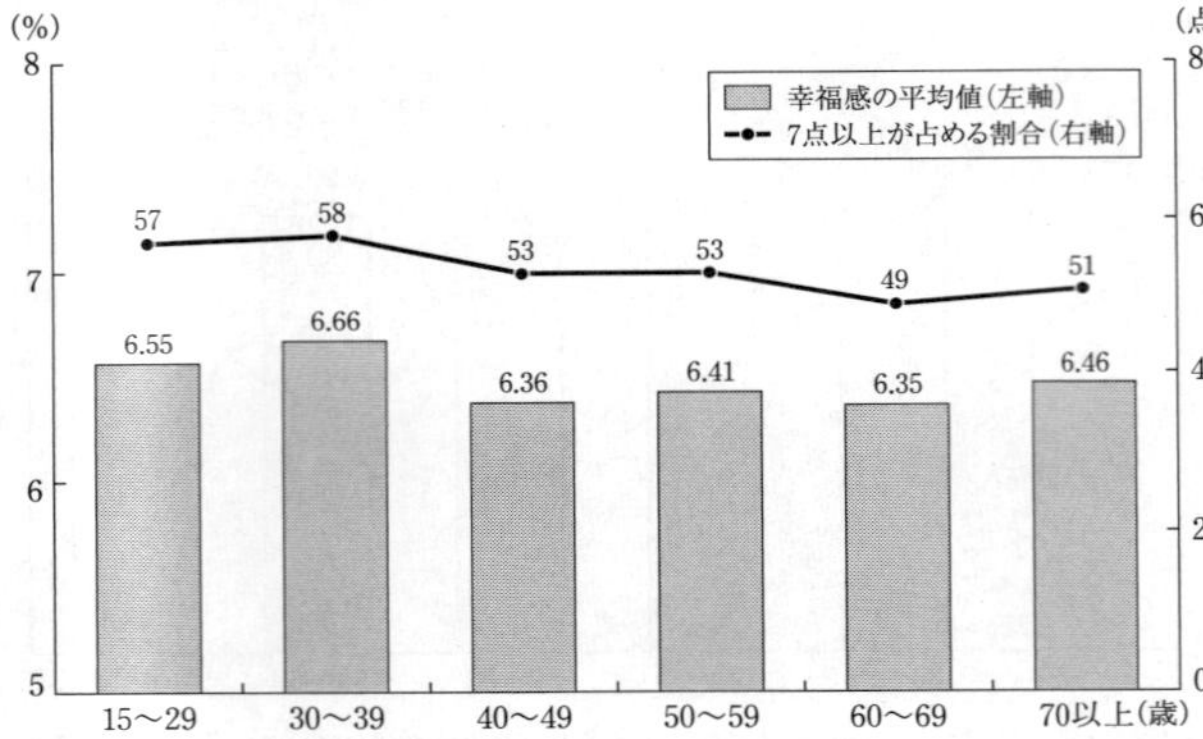

（注）設問は「現在、あなたはどの程度幸せですか。『とても幸せ』を10点、『とても不幸』を０点とすると、何点くらいになると思いますか」。
（資料）内閣府「平成22年国民生活選好度調査」より筆者作成

内閣府「平成22年度国民生活選好度調査」では、幸福感を10点満点でたずねている。15〜29歳の平均値は6・55であり、30代（6・66）に次いで高い（図表15）。また、15〜29歳では、幸福感の高い7点以上の割合が約6割を占めている。一方、幸福感が最も低いのは60代（6・35）で、幸福感の高い7点以上も最も少ない。

生活満足度と充実感、幸福感のグラフの形状を見ると、生活満足度と幸福感は若年層と70歳以上の高齢層で高く、この2つには相関があるようだ。現在の生活に満足している人は満足していない人に比べて幸福度が高いという報告もある。[*14] 一方、生活満足度と充実感には必ずしも相関はないようだ。

＊14　小谷みどり「どんな人が幸せなのか―幸福に

図表16　現在の生活各面における満足度

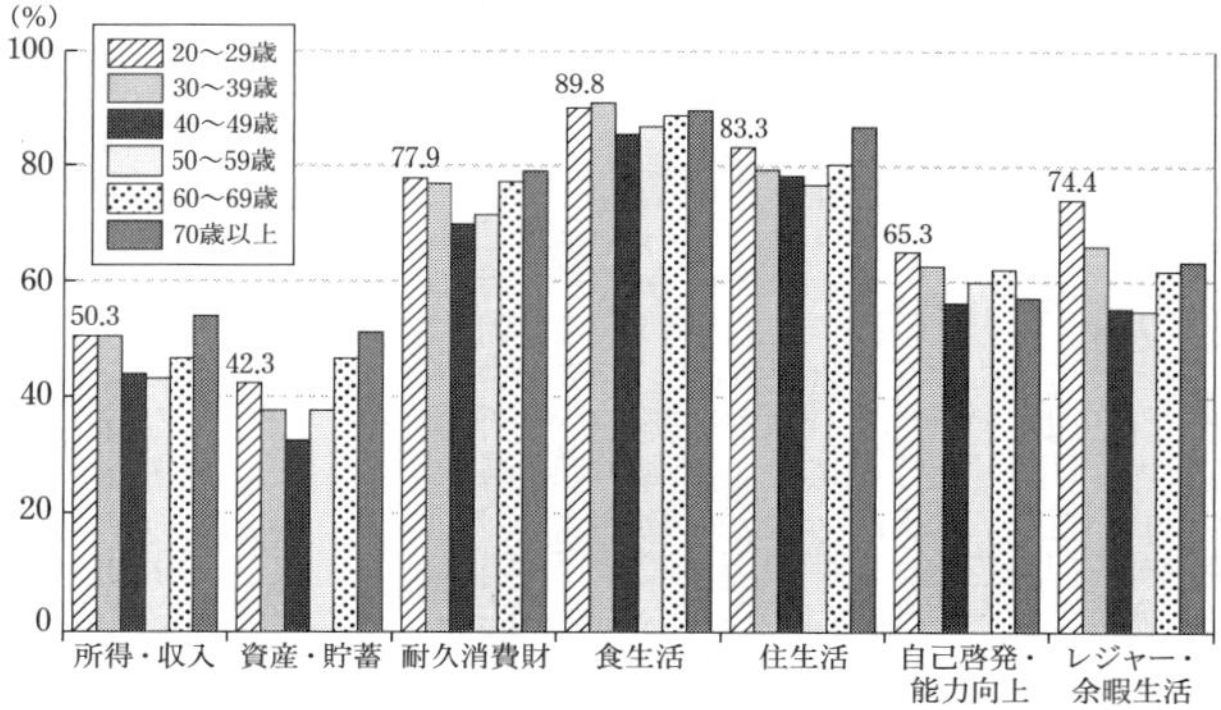

（注）満足度は現在の生活各面に対する満足度を「満足」、「まあ満足」、「どちらともいえない」、「やや不満」、「不満」、「わからない」の6段階でたずねて得た結果について上位２つを合計した数値。

（資料）内閣府「平成25年国民生活に関する世論調査」より筆者作成

対する価値観との関連から（２０１２）」第一生命経済研究所、ライフデザインレポート（12／7）より。現在の生活に満足していなくても、中間値より不幸せに近い４点以下だった人は半数を下回ることから、必ずしも生活に満足していない人が不幸せであるとは言えないとのこと。

生活各面で高い満足度

内閣府「平成25年国民生活に関する世論調査」では、「所得・収入」や「食生活」、「レジャー・余暇生活」などの生活各面についての満足度も調べている。

生活各面においても、やはり20代の満足度は高い傾向がある（図表16）。20代で満足度が最も高い項目は「レジャー・余暇生活」と「自己啓発・能力向上」であり、特に「レジャー・余暇生活」は他年代との開きが大きく、満足度の低い40～50代とは20％もの差がある。
また、若者は厳しい経済環境にあるはずだが、20代では「所得・収入」や「資産・貯蓄」の満足度も高い。一方、40～50代では正規雇用者が多く所得も多いはずだが、満足度は低い。

不況や高齢化の進行によって厳しい環境にある若者の生活満足度が高い背景には、一体、何があるのだろうか。

未婚者が多く、時間や所得の自由度を気にする若者

20代のうち学生については、生活満足度が高いことは容易に想像がつく。学生なら時間に余裕があるだろうし、経済的にも親がかりの者が多いだろう。ただし、20代に占める学生の割合は2割程度でしかない。現在、各年代の半数程度は大学へ進学し[*15]、現役で合格していれば22歳で卒業する。20代の大半は就業者だ。

就業者でも生活満足度が高い理由を考えると、現在の20代は未婚者が多く、既婚者より時間や所得を自由に使いやすいことがあるだろう。なお現在、20代前半では、男女とも9割程度が未婚、20代後半では男性は7割、女性は6割が未婚である[*16]。

国立社会保障・人口問題研究所「第14回出生動向基本調査」によると、未婚者が結婚を考えたときに気になることの上位には、男女とも「自分の生活リズムや生活スタイルを保てる

か」や「余暇や遊びの時間を自由に取れるか」、「お金を自由に使えるか」があがる。

未婚者は時間やお金の自由度を気にしており、逆に現在の生活では自由度が高い様子がうかがえる。

つまり、**未婚者の多い若年層の生活満足度が高い背景には、「時間」や「お金」が自由に使えることがあるの**ではないだろうか。では、若年層は「時間」や「お金」をどのように使っているのだろうか。

＊15　文部科学省「平成25年度学校基本調査」より、過年度高卒者等を含む大学進学率は49・9％、大学院等への進学率は11・3％。

＊16　国立社会保障・人口問題研究所「人口統計資料集（２０１４）」

時間にゆとりのある20代

内閣府「平成25年国民生活に関する世論調査」によると、20代の7割近くが日常生活で時間のゆとりを感じている（「かなりゆとりがある」と「ある程度ゆとりがある」の合計。図表17）。なお、リタイア生活者の多い60代以上では、20代より、さらに時間のゆとりを感じている。「かなりゆとりがある」も目立って多い。一方、時間のゆとりがないのは30～40代であり、「かなりゆとりがある」は1割を切る。

また、年代別に平日1日の時間配分を見ると、30～50代では時間のゆとりを減らすような

図表17　現在の生活における時間のゆとり

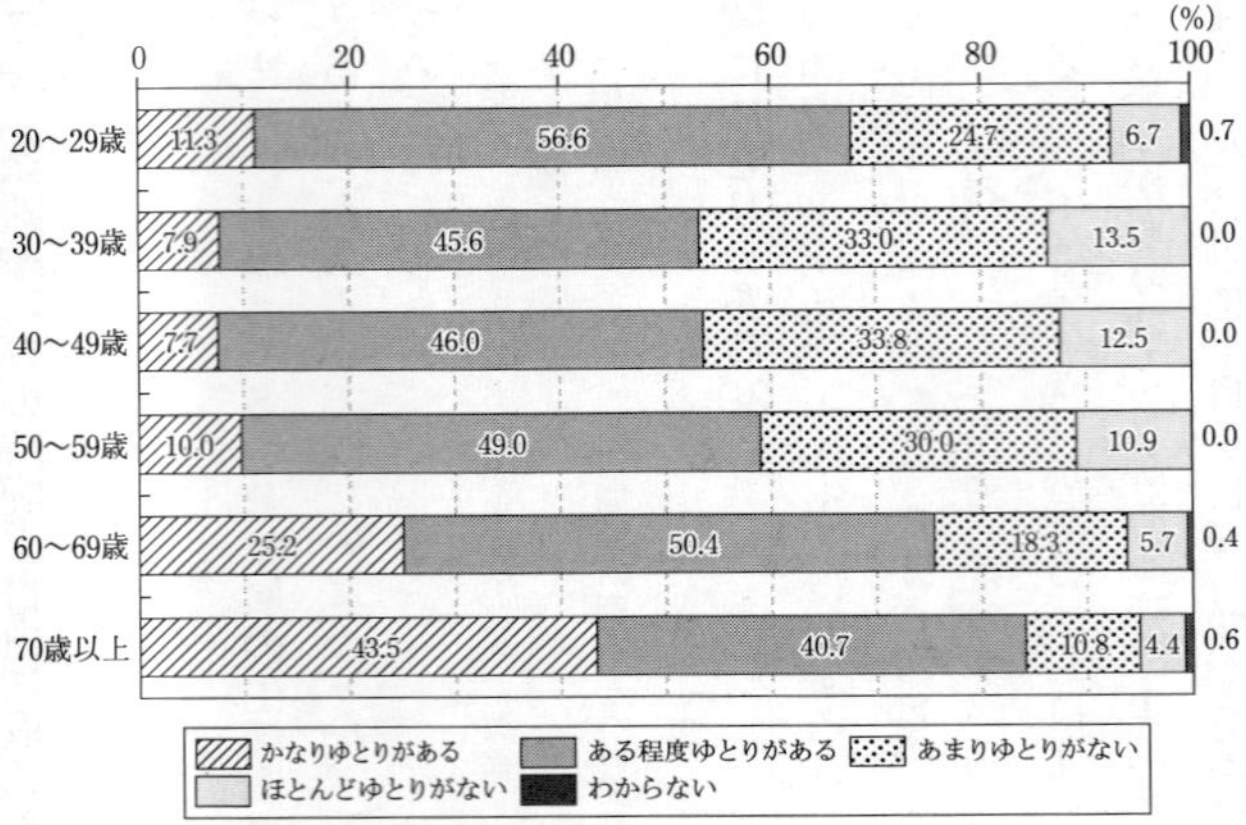

（資料）内閣府「平成25年国民生活に関する世論調査」より筆者作成

仕事や学業などの「拘束行動」が多い（図表18）。一方、時間のゆとりをもたらす睡眠や食事などの「必需行動」や、レジャーなどの「自由行動」は、20代や60代以上で高い傾向がある。平日1日の時間配分でも、時間のゆとりと同様の傾向が見える。

図表16の生活各面での満足度のうち、20代では、特に「レジャー・余暇生活」や「自己啓発・能力向上」の満足度が高かった。20代では比較的、時間のゆとりがあり、これらに費やせる時間量が多いことが影響しているのだろう。

次に、「レジャー・余暇生活」や「自己啓発・能力向上」などが含まれる自由行動の時間の使い方を詳しく見ていこう。

図表18　平日の１日の時間配分

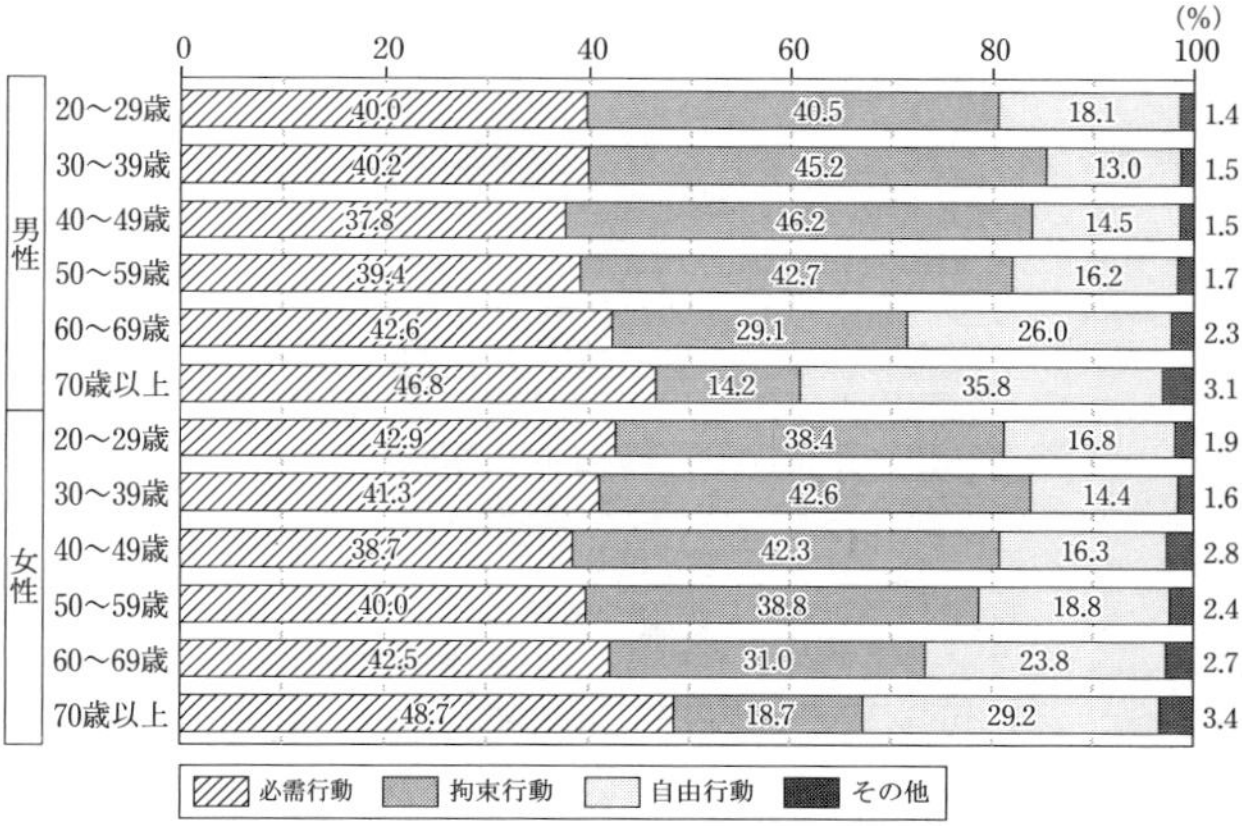

（注）「必需行動」：睡眠・食事・身の回りの用事・療養や静養、「拘束行動」：仕事関連・学業・家事・通勤・通学・社会参加、「自由行動」：会話や交際・レジャー活動・マスメディア接触・休息。

（資料）NHK放送文化研究所「2010年国民生活時間調査」より筆者作成

自由行動の内訳

ＮＨＫ放送文化研究所「２０１０年国民生活時間調査」の統計データを用いて、自由行動に関する、各年代の１週間の平均行為時間量を推計した（図表19）。

レジャーや交際に使う時間は、男女とも20代と60代以上の高年齢層で多い（図表19ａ）。男性では20代より高年齢層の方が多いが、女性では20代が最も多い。

内訳を見ると、男女とも20代では「趣味・娯楽・教養」や「会話・交際」に費やす時間が多い。「趣味・娯楽・教養」は高年齢層と同程度だが、「会話・交際」は高年齢層をおさえて目立って多い。一方、「スポーツ」は20代では比較的少ない。むしろ、40～50代の方が多く、高年

図表19　自由行動の1週間の内訳

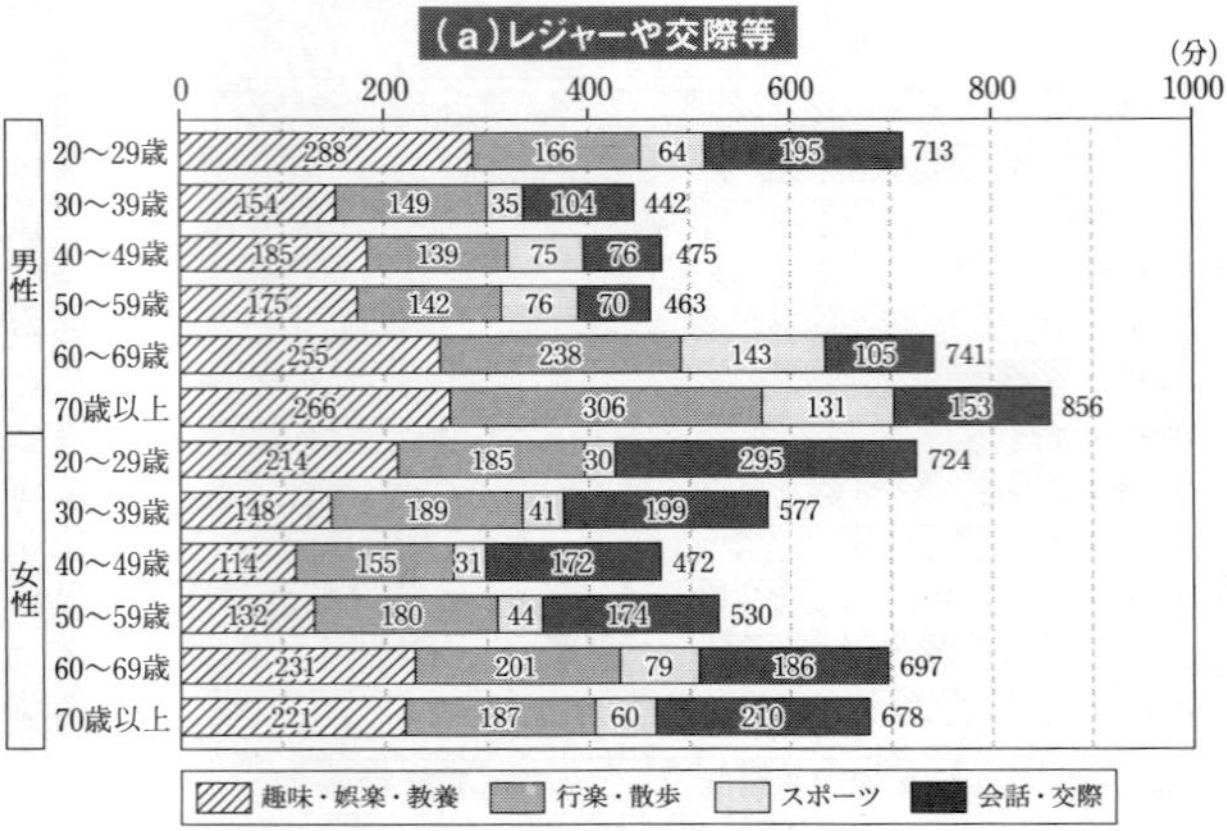

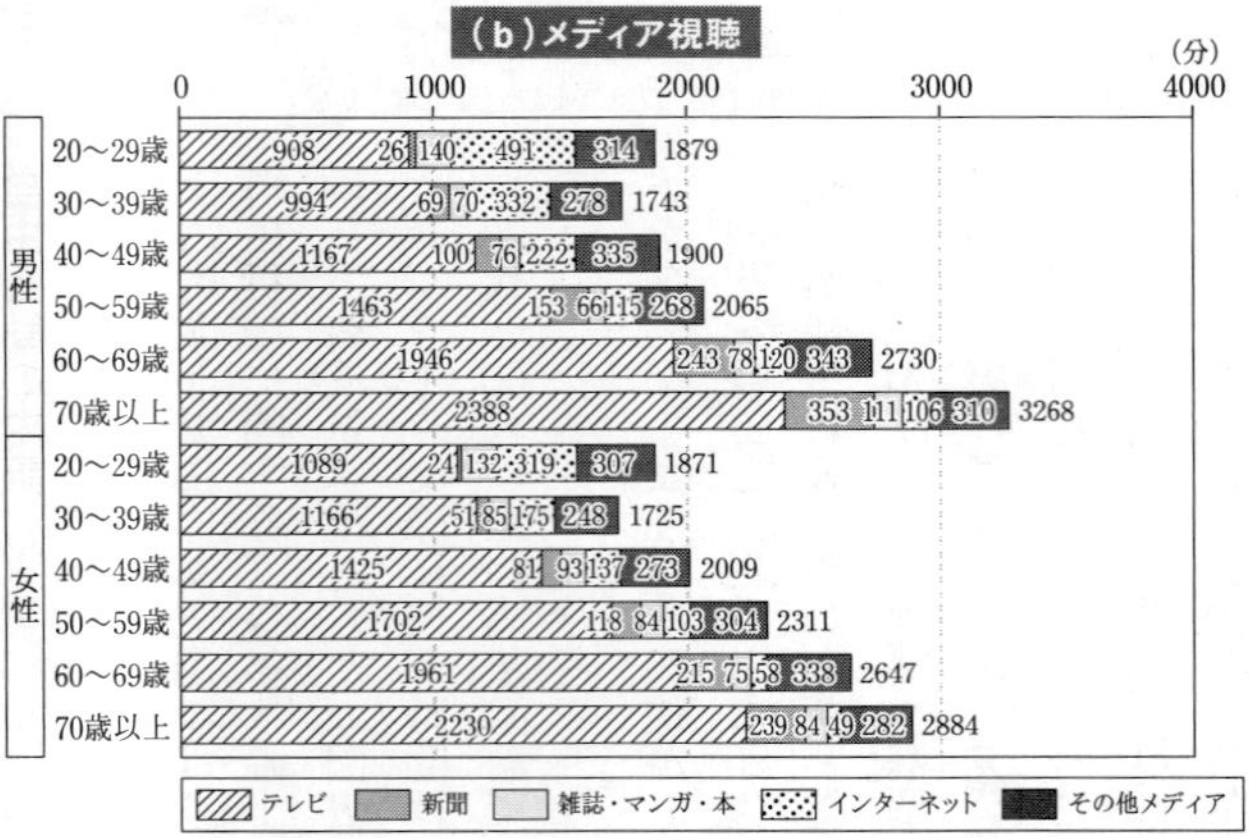

（注）各生活行動時間は平日の平均時間を5倍して5日分としたものに土日の平均時間を加えたもの。インターネットは仕事等を除く趣味・娯楽・教養に関わる利用。各生活行動が並行して行われているものもあるが、個別の各行動時間をそのままあわせている。

（資料）NHK放送文化研究所「2010年国民生活時間調査」より筆者作成

齢層でさらに多い。また、「行楽・散歩」は20代も多いが、高年齢層で目立って多い。

若年層は自由時間を趣味や交際に費やし、中年層では健康を意識してスポーツにあてる時間が増える。さらに、高年齢層では時間や経済的な余裕から、レジャー・旅行などの時間が増えるようだ。

男女を比較すると、年代によらず、女性より男性の方が「スポーツ」が多く、男性より女性の方が「会話・交際」が多い。女性のおしゃべり好きは、統計データにもよくあらわれている。

一方、メディア視聴に使う時間は、男女とも30代で若干減少するが、年齢とともに増加する。

その内訳を見ると、どの年代でも「テレビ」が圧倒的に多い（図表19ｂ）。「テレビ」は「ながら視聴」ができるため、視聴時間が長くなるのだろう。

20代では、男女とも他の年代より「雑誌・マンガ・本」や「インターネット」に使う時間が多く、特に「インターネット」が目立つ。一方、「テレビ」や「新聞」は年齢とともに増加する。「テレビ」は70歳以上では20代の2倍以上である。また、「新聞」は、70歳以上では1日平均30分以上だが、20代では1日平均3分程度に過ぎない。

なお、レジャーや交際に使う時間とメディア視聴に使う時間をあわせた自由行動時間の合計値は、男女とも20代と高年齢層が多く、30～40代は少ない。

生活満足度の高さと生活時間の関係

ここまで、若年層の生活満足度が高い背景を探るために、まず「時間」に注目し、時間のゆとりや生活時間の配分、自由行動の量や内容を確認した。

生活満足度の高い20代や高年齢層では、時間にゆとりがあり、時間のゆとりをもたらすような睡眠や食事などの必需行動、レジャーやメディア視聴などの自由行動に費やす時間が長い。逆に、生活満足度の低い30～40代では、時間にゆとりがなく、仕事や学業などの拘束行動に費やす時間が多く、必需行動や自由行動に費やす時間が少なかった。**自由行動に費やせる時間量が生活満足度に影響しているようだ。**

一方、20代と高年齢層を比べると、20代の方が高年齢層より生活満足度は高いが、自由行動時間は少ない。両者で自由行動の時間量と生活満足度が比例していないのは、自由行動の質に違いがあることが考えられる。

自由行動の内訳を見ると、20代ではレジャーや交際など、友人・知人とのコミュニケーションや、外部との何らかの接触が生まれる行動に使う時間が多い。また、メディア利用でも、インターネットなど能動的に情報を得るものの利用が多い。一方、高年齢層ではコミュニケーションに費やす時間は20代より少なく、メディア利用でも、テレビなど受動的に情報を得るものの利用が多い。

生活満足度は、ある程度は自由行動の時間量に比例するが、一定の時間量を超えると、自由行動の内容や充実度の影響が大きくなるようだ。20代と高年齢層を比べると、友人・知人とのコミュニケーションや外部との接触が自由行動の充実度を高め、生活満足度も高める効果があると推測できる。

生活時間の変化

ところで近年、人々の生活時間には変化があるようだ。

総務省「社会生活基本調査」を用いて、96年から11年の15年間の変化を確認する。

まず、必需行動（睡眠や食事、身の回りの用事などに費やす時間）の変化を見ると、睡眠時間は日本人全体では若干減っているが（週平均１日△５分）、若者ではやや増えている（20代では男性が＋約５分、女性が＋約10分）。

食事時間には変化は見られないが、身の回りの用事に費やす時間は全体的に増えている。

身の回りの用事とは洗顔や入浴、トイレ、身じたく、着替え、化粧、整髪、ひげそり、理美容室でのパーマ・カット、エステなどを指す。これらの用事に費やす時間は全体ではやや増えており（＋10分）、若者でもやや増えている（20代男女で＋7～8分）。

なお、身の回りの用事に費やす時間は、若者より40代前後で増えている（＋10～15分）。日本人全体で身だしなみ・清潔意識が高まっているが、特に40代前後で意識が高いようだ。

休養・くつろぎの時間は全体的に大きく増えている。全体で＋16分、20代で＋20～30分増加している。

必需行動の変化をまとめると、日本人全体では睡眠時間がやや減り、身の回りの用事に費やす時間や休息時間が増えている。20代の若者では睡眠時間や休息時間が増え、身の回りの用事に費やす時間もやや増えている。全体と比べて20代ではリラックスに費やす時間が増えているようだ。

次に拘束行動（仕事や学業、家事、通勤・通学などに費やす時間）の変化を見ると、仕事の時間は全体ではやや減り（△21分）、特に20代前半の減少が目立つ（男性では△57分、女性では△52分）。20代前半の減少は、大学進学率の上昇により[*17]、学業の時間が増えたことがあるだろう。学業の時間は20代前半の男性は＋34分、女性は＋39分増えている。

一方、20代後半における仕事時間の変化は、男女で異なる。男性は減っているが（△36分）、女性は増えている（＋45分）。男性の減少は正規雇用者に比べて仕事時間が短い非正規雇用者が増えたことがあるだろう。[*18] 非正規雇用者の仕事時間は、正規雇用者より１日平均３時間短い。女性で仕事時間が増加しているのは、20代後半の女性の就業率が上昇[*19]しているためだろう。

家事時間は全体では変化がない。20代男性でも変化はないが、20代女性では減っている（20～24歳で△10分、25～29歳で△44分）。特に20代後半の女性で大きく減少しているが、前述の就業率の上昇のほか、未婚率の上昇[*20]も影響しているだろう。

通勤・通学時間やボランティア活動・社会参加活動の時間には大きな変化はない。

拘束行動の中の仕事時間や家事時間の変化を見ると、大学進学率の上昇や非正規雇用者の増加、女性の就業率の上昇、未婚化の進行など、近年の社会変化の状況がよく分かる。

最後に自由行動の変化を見てみよう。

趣味・娯楽時間は全体でやや増えており（＋８分）、20代では大きく増えている（20代前半の男性で＋36分、女性で＋24分、20代後半の男性で＋32分、女性で＋16分）。増加時間を見ると、女性より男性、20代後半より前半で増えている。

交際・付き合いの時間は全体でやや減っている（△８分）。また、女性より男性、高年齢層より若年層で減っている。20代について詳しく見ると、20代前半の男性は△17分、女性は

△11分、20代後半の男女はともに△8分減っている。

テレビなどのマスメディア視聴時間は全体でやや減っている（△6分）。60代を中心とした高年齢層では増えているが、10～40代では大きく減っている。特に10代後半から20代の男性の減り方が大きい。20代について詳しく見ると、20代前半の男性は△56分、女性は△40分、20代後半の男性は△40分、女性は△36分減っている。

スポーツに費やす時間には変化がない。

「自由行動」の変化をまとめると、20代では人付き合いやテレビなどのマスメディア視聴に費やす時間が減り、自分の趣味などに費やす時間が増えている。これらの背景には、未婚化の進行やネットの普及、そして若者の価値観・ライフスタイルの変化がある。

テレビなどのマスメディア視聴時間の減少はネット利用の増加によるものだろう。[*21] 趣味時間の増加は、未婚であれば自分の趣味に使える時間も自《おの》ずと増えるだろう。しかし、時間はあるはずだが人付き合いの時間は減っている。この背景には、趣味・ライフワークを持つ若者が増えている一方、遊べる友人が多い者が減っていることがあるだろう。[*22] 今の若者は、多くの友人と付き合うよりも自分の趣味の時間を大切にするような価値観へと変わっているのかもしれない。

以上、20代で生活満足度が最も高い背景として、未婚者が多く、「時間」と「お金」の自由度が高いことに注目し、まず、「時間」の状況を見てきた。その結果、20代は時間のゆとりがあるだけでなく、その充実度も高いことが分かった。また、この15年間の生活時間の変化を見ると、大学進学率の上昇や女性の就業率の上昇などの社会変化のほか、若年層ではライフスタイルや価値観が変化している様子が見えた。

次に、生活満足度の高さに「お金」がどのような影響を与えているのか、を見ていきたい。

＊17　文部科学省「学校基本調査」にて、96年から11年にかけて過年度高卒者等を含む大学進学率は33・４％から51・０％へと上昇。

＊18　総務省「労働力調査」にて、96年から11年にかけて25〜34歳の男性の雇用者のうち非正規雇用者の割合は4.2％から16・０％へと上昇。

＊19　総務省「労働力調査」にて、96年から11年にかけて25〜29歳の女性の就業率は63・９％から72・８％へと上昇。

＊20　国立社会保障・人口問題研究所「人口統計資料集（２０１３）」にて、95年から10年にかけて25〜29歳の女性の未婚率は48・２％から60・３％へと上昇。なお、同期間の男性は67・４％から71・８％へと上昇。

＊21　ＮＨＫ放送文化研究所「２０１０年国民生活時間調査」（５年ごとに実施）にて、95年から10年にかけて20代のテレビやラジオ、新聞の視聴時間は減少傾向だが、インターネットの視聴時間は増加傾向。30代も同様の傾向。

＊22　国立社会保障・人口問題研究所「第14回出生動向基本調査」にて、97年から10年にかけて前者は男性では58・４％→60・８％、女性では44・９％→56・３％へと増加、後者は男性では62・４％→56・２％、女性で

は66・0%↓58・7%へと減少。

第3章　若者はお金がない？

お金がないから消費しない？

今の若者は厳しい経済環境にある。しかし、20代の生活満足度は、全ての年代の中で最も高く、所得や貯蓄などの経済面の満足度も40～50代より高い。

世間で若者の「クルマ離れ」や「高級ブランド品離れ」、「海外旅行離れ」などが言われるとき、「今の若者はお金がないからだ」という声がよく聞かれる。確かに、クルマもブランド品も高額なものだが、若者はお金がないから消費をしないのだろうか。

今の若者は実際のところ、月々どれくらいのお金を手にしているのだろうか。

可処分所得の推移

総務省「全国消費実態調査」の単身勤労者世帯の統計データを用いて、若者の可処分所得

図表20　単身勤労者世帯の可処分所得と貯蓄現在高の推移

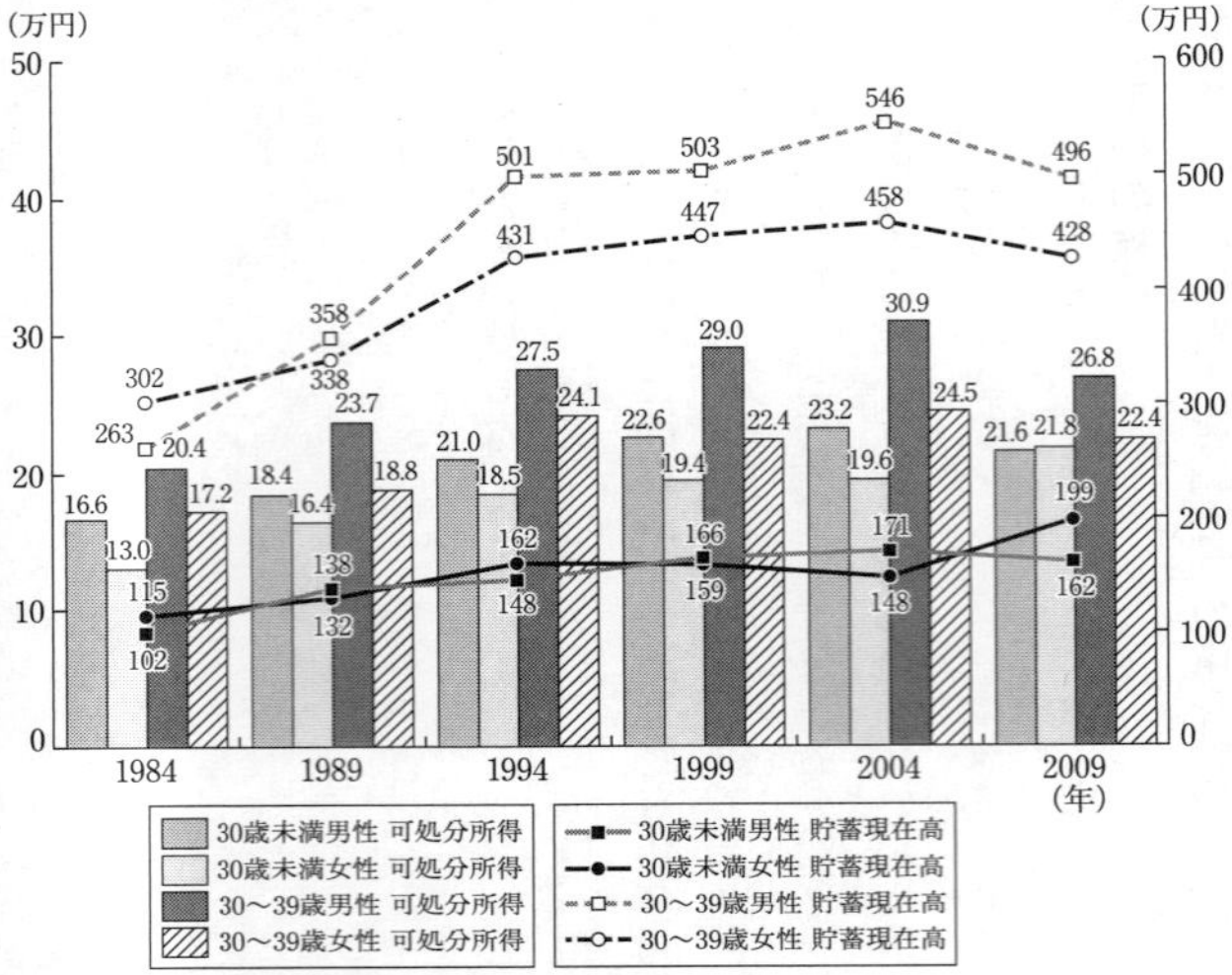

（資料）総務省「全国消費実態調査」より筆者作成

が、過去と比べてどう変化しているのかを確認していこう。

なお、単身勤労者世帯とは、働いていて一人暮らしをしている世帯のことであり、可処分所得とは、給与やボーナスなどの所得から税金や社会保険料などを差し引いた手取り収入のことである。

また、同調査は昭和34（1959）年から実施されている政府の基幹統計調査であり、国民の消費生活をとらえる調査として最も大規模なものである。5年ごとに実施されており、直近の結果は09年のものである。

図表20から分かるように、**30歳未満と30歳代の単身勤労者世帯の可処分所**

得と貯蓄現在高は、いずれも増加傾向にある。なお、30歳代では04年から09年にかけて減少しているが、これは08年のリーマン・ショックの影響だろう。

この統計データを見ると、**バブル期の89年より09年の方が可処分所得も貯蓄現在高も多い。**可処分所得は、男性では30歳未満で＋3.2万円、30代で＋3.1万円、女性では30歳未満で＋5.4万円、30代で＋3.6万円も増加している。つまり、単身勤労者世帯の若者は、バブル期より現在の方が月々に多くのお金を手にしている。

なお、この期間の消費者物価指数（ＣＰＩ）はやや上昇しているため（89年を100とすると09年は108・4）[*1]、実質的な増加額はやや小さくなるが（物価上昇分を考慮すると、それぞれ先の数値より１～２万円程度低くなる）、増えていることには変わりない。

なお、09年の30歳未満の単身勤労者世帯では、**男性より女性の方が＋２６４１円多い。**04年調査までは男性が女性を上回っていたが、09年で初めて逆転した。この背景には女性の社会進出や、女性の高学歴化に伴う雇用水準の向上のほか、男女の雇用領域の違いがある。特に09年はリーマン・ショック直後であり、この違いが大きな影響をもたらしているようだ。

どういうことかというと、30歳未満の男性雇用者は製造業従事者が比較的多く（２割程度）[*2]、そして製造業は、リーマン・ショックによる打撃が比較的大きかったからだ。海外での急激な需要減少により、輸出に大きな影響が出たため、雇用水準の低下も見られた。一方、女性が、製造業に従事する割合は男性の半分である。

女性の従事割合が高いのは、高齢化需要で処遇が改善傾向にある医療・福祉領域だが（2割程度）、男性がこれらの領域に従事する割合は女性の4分の1程度。

このような**男女の雇用領域の違い**、**そして**、**女性の社会進出・高学歴化**などにより、**若年単身勤労者世帯の可処分所得は男女逆転している**。

貯蓄現在高についても、09年とバブル期（89年）と比べると、30歳未満の男性は＋24万円、女性は＋67万円、30代の男性は＋138万円、女性は＋90万円も増加している。

このようにバブル期より所得が増加している背景の一つには、高学歴化で新卒待遇が改善されている可能性がある。

大学進学率は、89年から09年にかけて、男女とも大きく上昇している。89年の男性の大学進学率は34・1％、女性は14・7％だが、09年では男性は55・9％（89年より＋21・8％）、女性は44・2％（＋29・5％）へと上昇している。[*3]

バブル期は、女性では短大進学率が大学進学率を上回っていた。短大を卒業して一般職に就き、男性のサポート的な業務に従事し、結婚・出産を機に退職するというライフコースをたどる女性も多かった。

単身勤労者世帯の可処分所得や貯蓄現在高の推移を見ると、「今の若者はお金がない」と言われているが、実は、今の若者の方がバブル期の若者より多くの所得を手にしていることが分かる。また、現在では、未婚化・晩婚化の進行により、お金を自由に使いやすい若者が増えている。さらに、デフレにより、モノやサービスの価格も低下している。**現在の若者は、バブル期の若者より多くのお金を手にしているだけでなく、消費の自由度も増しているのではないだろうか。**

＊1　総務省「消費者物価指数」のうち、持家の帰属家賃を除く総合の値。
＊2　総務省「労働力調査」
＊3　文部科学省「学校基本調査」にて過年度高卒者を含む値。

可処分所得の多い若年未婚層

前項では、単身勤労者世帯の今の若者とバブル期の若者の可処分所得等を比較し、今の若者の方が多く手にしていることが分かった。

では、今の若者と今の40～50代などを比べるとどうだろうか。今の40～50代はバブル期に若い時代を謳歌した世代であり、今の若者をかわいそう、あるいは情けないなどと思っているような印象もある。

家族世帯と単身世帯を比べるために、各世帯の大人1人あたりの可処分所得と貯蓄現在高を算出した（図表21）。

図表21　単身勤労者世帯および2人以上勤労者世帯の18歳以上世帯人員1人あたりの可処分所得と貯蓄現在高

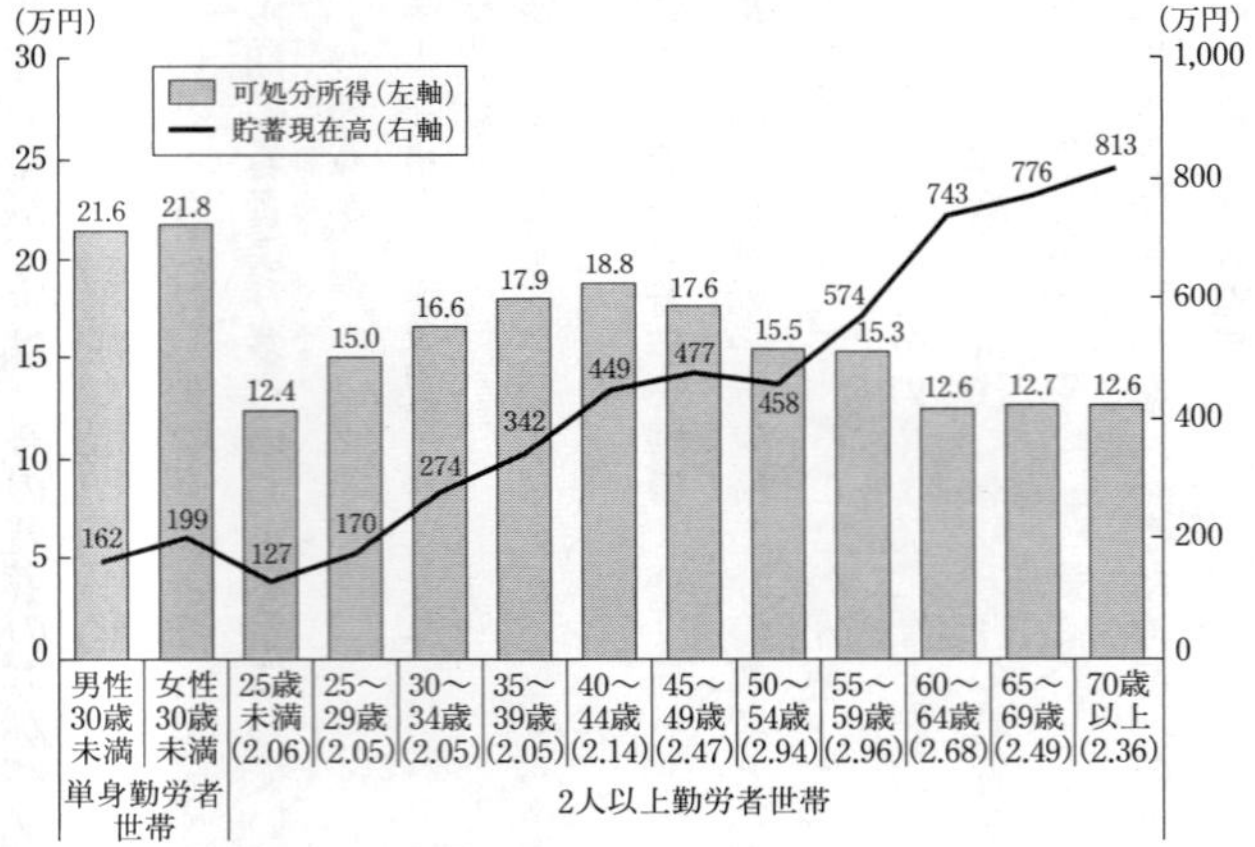

(注) 2人以上勤労者世帯の値は18歳以上の平均世帯人員数(カッコ内数値)で割り戻したもの。
(資料) 総務省「平成21年全国消費実態調査」より筆者作成

30歳未満の単身勤労者世帯（以下、若年単身世帯）は、一人暮らしなのでそのままの値を用いているが、2人以上勤労者世帯（世帯主が働いていて複数人で暮らしている世帯、以下、家族世帯）では大人1人あたりの金額を把握するために、世帯全体の可処分所得や貯蓄現在高を、18歳以上の世帯人員の頭数（以下、大人1人あたり）で割り戻している。なお、横軸の年齢区分は世帯主の年齢によるものである。

これらの金額を比べると、**若年単身世帯の可処分所得は男女ともに、家族世帯の全ての年代の大人1人あたりの金額を上回る。**また、若年単身世帯と同年代の**家族世帯の大人1人あたりの可処分所得**

と比べても、大きな差がある。若年単身世帯では25歳未満の家族世帯より＋９万円、25～29歳より＋７万円も多い。また、家族世帯の中で可処分所得が最も多い40～44歳と比べても、月々＋３万円も多い。

単身勤労者世帯では年齢とともに可処分所得は増加する傾向がある。男性では50代（37・２万円）、女性では40代（24・０万円）が最も多い。

若年単身世帯の**可処分所得は多い一方で、貯蓄現在高はさほど多くない。**若年単身世帯の貯蓄現在高は、同年代の家族世帯より多いが、30代以上より少ない。家族世帯では貯蓄現在高は年齢とともに増加し、70歳以上では800万円を超える（図表21）。

単身勤労者世帯では、貯蓄現在高も可処分所得と同様に、年齢とともに増加する傾向があり、男女とも50代が最も多い（男性：１３６８万円、女性：１２１０万円）。また、それぞれの年代で、同年代の家族世帯の大人１人あたりの貯蓄現在高をはるかに上回る。

子どもの教育費

ところで、複数人で暮らす世帯では家計の合理化がはかられるため、可処分所得や貯蓄現在高を１人あたりに割り戻した金額が、必ずしもそのまま経済的な余裕をあらわすわけではない。例えば、二人暮らしの場合、家賃や食費が２倍になるわけではないから、一人暮らしでかかる支出に人数を掛けた金額よりも、少なくて済むだろう。

逆に、家族世帯では18歳未満の子どものいる世帯も多いため、大人の頭数で割り戻すと、教育費など、子どもにかかる費用の影響が除かれてしまう。単身世帯の可処分所得は、世帯の大人１人が丸々利用できる金額をあらわしているが、子どものいる世帯では、可処分所得を大人の頭数で割り戻しても、その金額を丸々利用できるわけではなく、そこから子どもにかかる費用を差し引かなくてはならない。

日本政策金融公庫「平成25年度教育費負担の実態調査結果（国の教育ローン利用勤労者世帯）」によると、近年、世帯年収は減少しているが、子どもの教育費は増加傾向にあり、家計に占める割合も増加している。

同調査によると、小学生以上の就学中の子どもがいる世帯では、在学費用（学校教育費と家庭教育費の合計）は年収の約４割を占める。また、在学費用が年収の４割以上を占める世帯は全体の３割以上にものぼる。世帯年収が少ない世帯ほど、年収に占める在学費用の負担は大きく、**年収200万円以上400万円未満の世帯では年収の６割をも占めている。**なお、教育費を捻出するためには奨学金を受けるほか、旅行・レジャー費や衣類の購入費など、教育費以外の支出を削っている家庭が多い。

家族世帯では家計の合理化がはかられるものの、子どもの教育費を考えると、大人１人あたりが自己裁量で動かせる額は、18歳以上の世帯人員数で割り戻した値より少ない可能性がある。

以上のように、若年単身世帯では、家族世帯の大人が手にする可処分所得よりも多くを手にしている。若年単身世帯を見る限りは「今の若者はお金がない」というのは当てはまらない。むしろ、若者を哀れんでいる中高年世代の現状の方が厳しい。

景気悪化の影響が小さい若年単身者

13年からアベノミクスで景気は活性化しているが、バブル崩壊後、日本経済は長らく低迷してきた。また、08年にはリーマン・ショックもあった。このような中で、それぞれの世帯では、どれくらいの影響を受けているのだろうか。

若年単身世帯と家族世帯の可処分所得と貯蓄現在高について、10年前との変化を見ると、**可処分所得が増加しているのは若年単身世帯の女性のみ**であり、そのほかは減少している(図表22)。減少している世帯を見ると、若年単身世帯の男性では減少率が5％に満たないが、家族世帯ではいずれも5％以上減少している。また、家族世帯では年齢とともに減少率は大きくなる傾向があり、40代では約1割だが70歳以上では25％以上である。

図表22　単身勤労者世帯および2人以上勤労者世帯の可処分所得と貯蓄現在高の変化率

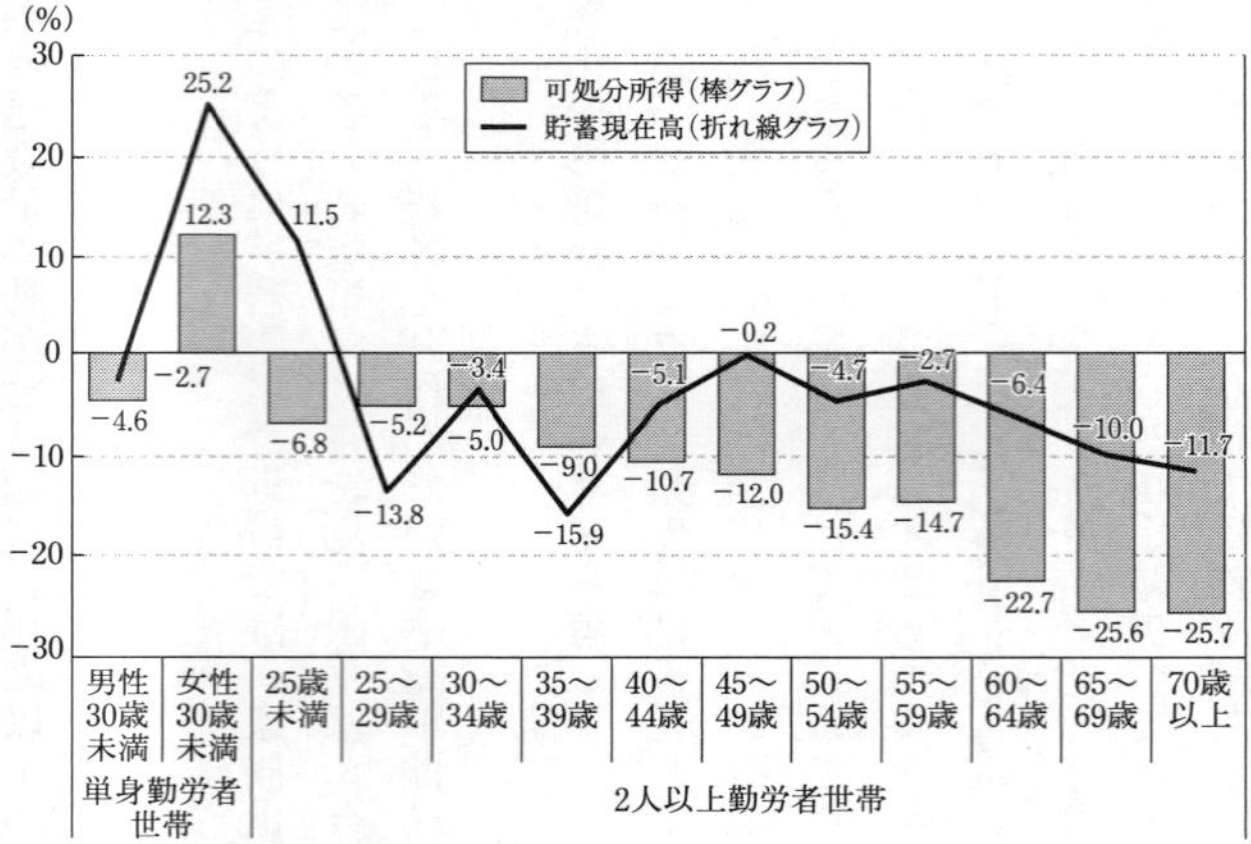

（注）変化率＝（2009年の値−1999年の値）／1999年の値
（資料）総務省「全国消費実態調査」より筆者作成

貯蓄現在高は、若年単身世帯の女性と世帯主の年齢が25歳未満の家族世帯では増加しているが、そのほかは減少している。

可処分所得と貯蓄現在高の変化率を見る限り、**若年単身世帯では家族世帯ほど景気悪化の影響を受けていない。**

貯蓄内訳の変化

総務省「全国消費実態調査」では、貯蓄の内訳として、通貨性預貯金や定期性預貯金、生命保険、有価証券などの金額もとらえている。景気が低迷する中、それぞれの世帯の貯蓄状況にはどのような変化があったのだろうか。同様に99年と09年を比較してみよう。

なお、通貨性預貯金とは出し入れ自由な預貯金のことで、それに対して定期性預貯金とは、銀行の定期預金など預入期間の設定のある預貯金のことである。有価証券とは、株や債券、手形、小切手などの財産権を表示する証券のことである。

まず、若年単身世帯の男性の貯蓄現在高は、99年から09年にかけて大きく変わらないが（若干減少）、その内訳は変化している（図表23ａ）。有価証券と通貨性預貯金は大幅に増加しているが、生命保険と定期性預貯金は減少している。その結果、貯蓄現在高に占める割合は、99年では通貨性預貯金と定期性預貯金は同程度だが、09年では通貨性預貯金が貯蓄現在高の6割を占めて圧倒的に多い（図表23ｂ）。また、有価証券は貯蓄現在高の1割程度に増える一方、生命保険は1割を切って減少している。つまり、若年単身世帯の男性では貯蓄の持ち方が安全性の高いものから流動性や収益性の高いものへと変化している。

定期性預貯金の減少と通貨制預貯金の増加の背景には、近年の金利が非常に低く、定期性預貯金にしても利益がほとんど出ないことがあるだろう。そのため、利益性の高い商品への興味が高まり、有価証券が増加している可能性もある。しかし、そもそも若年層の有価証券保有率は低く、ごくわずかな金額の変化でも大きな変化として出やすい。

生命保険の大幅な減少については、未婚化・晩婚化の進行とオフィスビルのセキュリティ

(b)貯蓄現在高に対する割合の変化

単身勤労者世帯

(%)

		通貨性預貯金	定期性預貯金	生命保険など	有価証券
男性30歳未満	1999年	35.0	34.8	14.6	1.9
	2009年	61.1	23.2	4.2	7.2
	割合の変化	26.1	−11.6	−10.4	5.4
女性30歳未満	1999年	26.9	43.8	14.1	2.0
	2009年	53.0	47.6	3.6	11.5
	割合の変化	26.2	3.8	−10.5	9.5

2人以上勤労者世帯

(%)

		通貨性預貯金	定期性預貯金	生命保険など	有価証券
25歳未満	1999年	25.7	40.2	21.2	10.1
	2009年	41.3	24.4	38.9	4.7
	割合の変化	15.6	−15.7	17.7	−5.4
25〜29歳	1999年	19.4	43.3	25.6	4.9
	2009年	35.6	28.8	13.7	4.7
	割合の変化	16.1	−14.5	−11.9	−0.2
30〜34歳	1999年	13.9	43.1	30.4	5.5
	2009年	33.7	34.0	17.8	6.5
	割合の変化	19.8	−9.1	−12.6	1.0
35〜39歳	1999年	11.1	40.5	34.1	7.9
	2009年	22.6	29.5	22.5	5.7
	割合の変化	11.5	−11.0	−11.6	−2.1
40〜44歳	1999年	9.0	43.3	34.8	6.9
	2009年	20.3	34.5	28.2	7.4
	割合の変化	11.4	−8.8	−6.6	0.5
45〜49歳	1999年	8.4	43.8	34.4	8.0
	2009年	18.3	36.9	32.0	7.9
	割合の変化	9.9	−6.8	−2.4	−0.1
50〜54歳	1999年	8.4	45.7	31.2	9.4
	2009年	14.9	37.0	30.3	8.9
	割合の変化	6.4	−8.7	−0.9	−0.5
55〜59歳	1999年	8.6	46.7	28.6	11.3
	2009年	15.9	41.1	26.7	9.9
	割合の変化	7.3	−5.5	−1.9	−1.4
60〜64歳	1999年	9.2	51.7	25.5	12.0
	2009年	15.4	43.2	21.9	11.8
	割合の変化	6.2	−8.5	−3.6	−0.2
65〜69歳	1999年	8.7	51.8	24.4	13.9
	2009年	14.4	39.7	19.7	15.5
	割合の変化	5.7	−12.1	−4.7	1.6
70歳以上	1999年	10.5	52.2	24.3	12.1
	2009年	13.7	45.0	16.7	12.4
	割合の変化	3.3	−7.2	−7.5	0.3

（資料）総務省「全国消費実態調査」より筆者作成

図表23　単身勤労者世帯および2人以上勤労者世帯の貯蓄現在高の内訳の変化

（a）金額の変化

単身勤労者世帯

（万円）

		貯蓄現在高	通貨性預貯金	定期性預貯金	生命保険など	有価証券
男性30歳未満	1999年	166	58	58	24	3
	2009年	162	1015	39	7	12
	変化率（%）	−2.7	74.4	−33.4	−71.2	287.1
女性30歳未満	1999年	159	45	73	23	3
	2009年	199	88	79	6	19
	変化率（%）	25.2	97.5	8.7	−74.4	461.8

２人以上勤労者世帯

（万円）

		貯蓄現在高	通貨性預貯金	定期性預貯金	生命保険など	有価証券
25歳未満	1999年	235	60	95	50	24
	2009年	262	97	58	91	110
	変化率（%）	11.5	60.8	−39.2	83.5	−53.6
25～29歳	1999年	405	79	175	104	20
	2009年	350	144	117	55	19
	変化率（%）	−13.8	83.0	−33.4	−46.6	−3.5
30～34歳	1999年	582	81	251	177	32
	2009年	563	196	198	104	38
	変化率（%）	−3.4	142.2	−21.2	−41.5	18.0
35～39歳	1999年	833	93	337	284	66
	2009年	701	188	246	187	48
	変化率（%）	−15.9	103.6	−27.2	−34.1	−27.2
40～44歳	1999年	1012	91	438	352	70
	2009年	960	206	349	285	75
	変化率（%）	−5.1	126.3	−20.3	−18.9	7.3
45～49歳	1999年	1179	99	516	405	94
	2009年	1178	216	436	378	93
	変化率（%）	−0.2	117.6	−15.6	−6.9	−1.1
50～54歳	1999年	1413	119	646	441	133
	2009年	1348	210	523	429	126
	変化率（%）	−4.7	76.4	−19.0	−2.8	−5.1
55～59歳	1999年	1748	151	815	5000	198
	2009年	1701	278	719	466	174
	変化率（%）	−2.7	84.4	−11.9	−6.7	−12.4
60～64歳	1999年	2126	195	1098	543	254
	2009年	1991	327	918	466	251
	変化率（%）	−6.4	67.7	−16.5	−14.2	−1.3
65～69歳	1999年	2145	186	1110	524	298
	2009年	1931	308	852	422	333
	変化率（%）	−10.0	65.3	−23.3	−19.4	11.7
70歳以上	1999年	2172	227	1133	527	262
	2009年	1919	298	978	364	270
	変化率（%）	−11.7	31.4	−13.7	−31.0	2.9

（注）変化率＝（［2009年の値］－［1999年の値］）／（2009年の値）×100

強化などが影響しているのだろう。

ひと昔前は、新入社員として会社に入ると、会社へ営業に来ている生命保険会社の営業レディから「結婚したら必要になるんだから」などと勧誘されて加入するような風潮もあった。しかし、未婚化・晩婚化の進行により、結婚を近い将来のライフイベントとして想定しにくくなっており、将来に向けた生活設計の必要性を感じにくい。また、オフィスビルのセキュリティ強化により、営業レディが出入りしにくい状況もある。

以上のように、若年単身世帯の男性では、近年の経済環境や社会環境の変化により、**貯蓄の持ち方が安全性の高いものから、流動性や利益性の高いものへと変わっている。**金利の低下もあるが、未婚化・晩婚化の進行により、将来に向けた安定的な生活設計というよりも、目先の利益や利便性を重視するような価値観へと変わっているようだ。また、不況により将来の見通しが立ちにくいということもある。

次に、**若年単身世帯の女性については、貯蓄現在高は大幅に増加**し、内訳も変化している。特に通貨性預貯金が大幅に増加しており、99年では貯蓄現在高に占める割合は定期性預貯金が通貨性預貯金の1.5倍以上だったが、09年では逆転し、通貨性預貯金が定期性預貯金を9万円ほど上回る。また、有価証券も大幅に増加しており、**有価証券の増加率は男性を上回る。**

一方、生命保険は男性と同様に大幅に減少している。

この背景には、先に述べた通り、女性の雇用水準の上昇のほか、男性と同様に近年の社会変化があるのだろう。

なお、男女の金融商品の保有率を比べると、女性では男性より安全性の高い商品（定期性預貯金）を好む傾向がある。しかし、男性と同様に将来に向けた安定的な生活設計よりも、収益性や利便性を重視するような価値観へと変わっているようだ。


家族世帯では、全ての年代で通貨性預貯金が増加し、定期性預貯金が減少している。25歳未満の世帯以外では生命保険も減少している。

定期性預貯金は99年では、いずれの年代でも4割を超えていたが、09年では40代以下の世帯では3割前後に低下している。一方、通貨性預貯金は2割に満たない世帯が多かったが、40代前半までの比較的若い世帯では2割を超えるようになり、特に年齢が若いほど割合は高い。また、生命保険は家族形成期である30～40代ではいずれも3割を超えていたが、40代後半を除くと、いずれも3割を切り、特に年齢が若いほど割合が低い。

つまり、家族世帯では、以前は貯蓄の内訳は定期性預貯金、そして、家族形成期の世帯では生命保険が中心だったが、定期性預貯金と生命保険の比重が減り、通貨性預貯金の比重が増している。この背景には不況によって一定の預入期間を要するものに貯蓄を充てにくく、流動性の高い形で保有する志向が強まったことや、所得の減少でそもそも保険料に充てられる金額が減ったこと、また、少子化や共働き世帯の増加により生命保険に対するニーズが弱まったことがあるだろう。

貯蓄の状況から、若年単身世帯でも、家族世帯でも、近年の経済環境や社会環境の変化がうかがえた。若年単身世帯では安定性よりも流動性や利益性を重視する志向へと変わっていた。家族世帯でも定期性預貯金や生命保険の減少、通貨性預貯金の増加が見られ、安定性よりも流動性を重視する志向がうかがえた。家族世帯では有価証券が増えておらず、そもそも貯蓄現在高が減少している世帯も多く、安定性のある金融商品に充てる余裕がないために、自ずと流動性の高い商品を多く持っているようだ。

貯蓄の状況からも、家族世帯の方が若年単身世帯よりも景気悪化の影響を大きく受けていることが分かる。

非正規雇用者の可処分所得

前項までに若年単身世帯と家族世帯の状況を比較し、若年単身世帯は家族世帯より可処分所得が多く、景気悪化の影響も小さいことを述べてきた。

しかし、これはあくまで一人暮らしの単身世帯のことであり、親元に同居している若者の状況は分からない。現在、若年層では非正規雇用者が増えている。このご時世で一人暮らしができる若者というと、正規雇用者で年収水準の高い若者である可能性が高い。

それでは、親元に同居している若者や非正規雇用者の可処分所得はどれくらいなのだろうか。より厳しい経済状況にある若年層の集団として、非正規雇用者の状況について見ていきたい。

厚生労働省「平成25年賃金構造基本統計調査」の統計データから、20～34歳の非正規雇用者の月あたりの収入を算出した（図表24）。いずれも年齢とともに増加する傾向がある。同じ年齢階層では女性の方が男性よりやや少ない。また、学歴計（全ての学歴をあわせたもの）より大卒・大学院卒の方が多い。なお、非正規雇用者のうち大卒者は、20～24歳では男女とも２割に満たないが、25～29歳および30～34歳では４分の１程度を占める。

ところで、この月あたり収入は可処分所得のような手取り額ではなく、所得税や社会保険料などを控除する前の税込み額である。可処分所得を確認するためには、これらを差し引く必要がある。しかし、「賃金構造基本統計調査」には、税金などの統計データは見あたらない。よって、先に用いた若年単身世帯の税や社会保険料などの非消費支出額（実収入と可処

図表24　若年正社員・正職員以外の月あたり収入の推計

(a)男性

(万円)

		きまって支給する現金給与額(①)	年間賞与その他特別給与額(②)	年収の推計(①×12+②)	月あたり収入の推計	手取り額の推計
学歴計	20〜24歳	19.5	7.5	240.9	20.1	16.3
	25〜29歳	22.4	13.3	282.1	23.5	19.7
	30〜34歳	24.4	14.0	306.9	25.6	20.2
大学・大学院卒	20〜24歳	20.4	12.8	257.6	21.5	17.7
	25〜29歳	24.5	14.9	309.3	25.8	22.0
	30〜34歳	28.1	19.3	356.5	29.7	24.3

(b)女性

(万円)

		きまって支給する現金給与額(①)	年間賞与その他特別給与額(②)	年収の推計(①×12+②)	月あたり収入の推計	手取り額の推計
学歴計	20〜24歳	17.6	7.8	219.1	18.3	15.0
	25〜29歳	19.3	11.2	242.5	20.2	16.9
	30〜34歳	19.5	11.8	245.8	20.5	16.1
大学・大学院卒	20〜24歳	19.4	9.2	242.1	20.2	16.9
	25〜29歳	22.4	13.0	282.2	23.5	20.2
	30〜34歳	23.1	16.9	294.6	24.6	20.2

(注1)「手取り額の推計」は月あたり収入から所得税や社会保険料などの非消費支出を除いたもの。非消費支出は総務省「平成21年全国消費実態調査」の単身勤労者世帯における30歳未満(男性:3.8万円、女性3.3万円)および30代(男性:5.4万円、女性4.4万円)を利用しているため、実際の正社員・正職員以外の非消費支出はこれらの金額より小さい可能性がある。30〜34歳の推計については非消費支出額が大きいため手取り額が小さくなっている可能性がある。

(注2) 2人以上勤労者世帯で18歳以上の世帯人員1人あたりの可処分所得が最も多い、世帯主の年齢が40〜44歳の金額(18.8万円)を超えたものに網掛け。

(資料) 総務省「全国消費実態調査」および厚生労働省「平成25年賃金構造基本統計調査」より筆者作成

分所得の差分）を参考にしたい。

ただし、先の若年単身世帯には正規雇用者が多いとも考えられるため、差し引く非消費支出額は実際の金額より、やや大きくなる可能性がある。つまり、**若年単身世帯の非消費支出額を用いて算出された非正規雇用者の可処分所得は、実際よりやや少ない可能性がある。**

非正規雇用者の月あたり収入から、若年単身世帯の非消費支出を差し引いたものが、図表24の手取り額の推計である。ちなみに、09年の若年単身世帯の可処分所得は、男性では21・6万円、女性では21・8万円だったが（図表21）、非正規雇用者でも、男性の大卒以上の25～29歳と30～34歳では21・6万円を超える。

家族世帯の大人1人あたりの可処分所得との比較

次に、非正規雇用者の手取り額と、家族世帯の大人1人あたりの可処分所得を比較したい。

家族世帯のうち50代の世帯では、18歳以上の平均世帯人員数が約3人であり（図表21）、その世帯に非正規の子が含まれている可能性がある。そうすると、家族世帯の可処分所得に非正規の子の手取り額も含まれることになる。

よって、まずは、18歳以上の子が含まれる可能性が比較的低い40代までの家族世帯との比較をしたい。家族世帯の大人1人あたりの可処分所得は、世帯主の年齢が40～44歳の世帯で最も多く、18・8万円であった（図表21）。

非正規雇用者の男性については、学歴によらず、20〜24歳では18・8万円を下回る。しかし、25歳以上では、いずれも上回る。図表24では20〜24歳が最も低いが（16・3万円）、家族世帯の25歳未満や25〜29歳の大人1人あたりの可処分所得（12・4万円、15・0万円）を超えており、30〜34歳（16・6万円）と同等である。

つまり、厳しい経済状況にあると予想された非正規雇用者でも、**男性の25歳以上では、家族世帯の大人より多くのお金を手にしており、20〜24歳でも若い家族世帯の大人よりも多くのお金を手にしている。**

非正規雇用者の女性については、家族世帯の最高額である18・8万円を上回るのは、大卒・大学院卒の25〜29歳と30〜34歳のみである。しかし、いずれも同年代の家族世帯を上回るか、同等である。

学歴計の30〜34歳では、家族世帯より金額が少ないが（16・1万円と16・6万円）、これは推計の際に差し引く非消費支出の金額が、実際よりも大きい影響が考えられる。

どういうことかというと、非正規雇用者の可処分所得の推計は年齢5歳刻みで行っているが、参考にしている非消費支出額は年齢10歳刻みのものである。そして、非消費支出額は年齢とともに増加する傾向があるため、30代を全て含む平均値より、30〜34歳が実際に払う金額の方が小さくなる。つまり、30〜34歳では、年収から差し引く非消費支出が実際より多くなるため、推計値は実際よりやや少なくなる可能性があるのだ。

非正規雇用者の女性でも、大卒・大学院卒の25歳以上では家族世帯の大人より多くのお金を手にしており、そのほかの層でも若い家族世帯の大人よりも多くのお金を手にしている。

ところで、正規雇用者が多いと予想されるバブル期の若者と現在の非正規雇用者を比べるとどうなるだろうか。89年の若年単身世帯の可処分所得は、男性では18・4万円、女性では16・4万円であった（図表20）。現在の非正規雇用者では、男性の20〜24歳ではこれよりやや少ないが、25歳以上ではバブル期の若者を超える。女性では、大卒だといずれも超えている。**正規雇用者が多いバブル期の若者より、現在の非正規雇用者の若者の方が、実際には多くのお金を手にしている層が多い。**

50代以上の家族世帯との比較

次に、50代以上の家族世帯と若年非正規雇用者を比べたい。

前述の通り、50代の家族世帯では18歳以上の平均世帯人員数が約3人であり、若年非正規雇用者の子を含んでいる可能性がある。よって、40代までと同様の比較はできない。

厳密には、40代までの世帯でも若年非正規雇用者の子を含んでいる可能性はあるが、男性の第1子平均出生年齢を考慮すると、40代までの世帯で若年非正規雇用者の子を含んでいる世帯はわずかであり、非正規雇用者の子が同居している世帯主の親の年齢の大半は、50代から60代前半までである可能性が高い。

50歳以上の家族世帯の大人1人あたりの可処分所得は、50〜54歳では15・5万円、55〜59歳では15・3万円、60〜64歳では12・6万円であった。なお、平均世帯人員数は、それぞれ2・94人、2・96人、2・68人である（図表21）。

これらの中で、可処分所得が最も多い50〜54歳と、若年非正規雇用者の男性のうち賃金水準が最も低い20〜24歳（学歴計）を比べてみたい。つまり、この比較で若年非正規雇用男性の方が多ければ、若年非正規雇用男性の可処分所得は、50代以上の家族世帯の大人1人あたりのそれを上回るということになる。

50〜54歳の家族世帯の可処分所得の合計は、大人1人あたりの可処分所得15・5万円に18歳以上の平均世帯人員数2・94人を掛けて、合計45・6万円となる。

仮に、家族世帯として、世帯主である50代前半の父親と妻、20代前半の非正規雇用者の息子が暮らしていると考える。世帯の可処分所得の合計45・6万から、非正規雇用者の息子の可処分所得16・3万円（図表24の20〜24歳男性の手取り額は16・3万円）を引くと、29・3

万円が夫婦の可処分所得となる。この29・３万円を夫婦２人で割ると14・７万円であり、非正規の息子の可処分所得16・３万円より少なくなる。

よって、**若年非正規雇用者の男性は、50代以上の家族世帯の大人１人あたりの可処分所得より多くを手にしている**ことになる。

非正規雇用者の女性についても、最も賃金水準の低いのは20～24歳（学歴計）の15・０万円であり、世帯全体の可処分所得を同様に45・６万円とすると、両親と非正規雇用者の娘の可処分所得はそれぞれ15・３万円、15・３万円、15・０万円となる。非正規雇用者の娘の可処分所得は両親より若干少なくなるが、前述の通り、非正規雇用者の手取り額の推計値は実際より少ないため、両親を若干上回る可能性もある。

よって、**若年非正規雇用者の女性でも、50代以上の家族世帯の大人１人あたりの可処分所得と同等の金額を手にしている**ことが分かる。

以上のように、非正規雇用者であっても、同年代の家族世帯の大人１人あたりの可処分所得を上回る。また、非正規雇用者の男性や、非正規雇用者で大卒以上の女性に限定すると、家族世帯で大人１人あたりの可処分所得が最も多い40代前半をも上回る。また、同居している親と比べても、親１人あたりの可処分所得を非正規の子が上回るか、同等である。加えて、親元に同居し、食費や住居に充てる支出が少なければ、可処分所得のうち個人の裁量で自由になる額は、より多くなるだろう。

若年単身世帯と若年非正規雇用者の可処分所得を見ると、彼らは月々、案外多くのお金を手にしている。若者を哀れんでいる中高年世帯の方が、暮らし向きは厳しいようだ。

厳しい就職状況や非正規雇用者の増加、また、バブル世代のような高額消費をしない風潮から、今の若者は「お金がない」と言われている。しかし、実際に月々手にしている金額を推計すると、**バブル期の若者よりも、家族を持つ中高年よりも多くを手にしている**。今の若者は、**目先のお金には案外不自由していない**ようだ。このことが、20代で、中高年よりも「所得・収入」や「資産・貯蓄」の満足度が高い背景と言えよう。

そして、日本ではデフレ経済の中、モノやサービスの値段が下がっている。それほどお金を使わなくても、様々なモノやサービスを利用できるのだ。手元にお金のある若者の消費の自由度は、一層増している可能性もある。

次章では、その若者の消費実態にスポットを当ててみよう。

第4章　若者の消費実態

消費支出や消費性向の変化

世間では「今の若者はお金がないからお金を使えない」、「今の若者はお金を使わないで節約する」と言われることが多い。しかし、前章で述べた通り、今の若者は実は案外手元にお金を持っている。

とはいえ、今の若者がバブル世代の若者のように背伸びをして、クルマや高級ブランド品を買う様子は見られない。節約志向が強く貯蓄に励み、「お金を使わない」印象もある。

実際のところ、今の若者はどのようなお金の使い方をしているのだろうか。バブル期と比べて何を買わなくなり、代わりに何にお金を費やしているのだろうか。

前章と同様に、総務省「全国消費実態調査」の若年単身世帯の統計データを用いて、消費支出の状況を見ていきたい。

なお、**消費支出とは、食料費や住居費、光熱・水道費、家具・家事用品費、被服及び履物費、保健医療費、交通・通信費、教育費、教養娯楽費（旅行等）など生活上でかかる支出のことである。**また、前章で触れた通り、税金や社会保険料など、消費を目的としない支出を非消費支出という。

可処分所得の項でも述べたように、若者の状況をとらえるためには、一人暮らしの若者のほか、親元に同居している若者の状況もあわせて見る必要がある。

しかし、可処分所得については、給与の統計データから個人の状況がとらえやすいが、消費支出については、家族世帯のように複数人で暮らしている場合、個人の状況をとらえにくい。食料費や住居費、光熱・水道費などは世帯全体にかかる支出であり、世帯員一人ひとりの志向がとらえにくい上、世帯主である親世代の意向が強くあらわれる。

よって、ここでは、若者代表として若年単身世帯の統計データに注目したい。今の時代、一人暮らしができる若者は、正規雇用者で経済状況が比較的良い層が多いと考えられるが、過去と比較することで、現在の若者の特徴をとらえることはできるだろう。

若年単身世帯の消費支出と消費性向の推移を見ると、**男女とも消費支出は増加傾向にあるが、消費性向は低下傾向にある**（図表25）。

図表25　30歳未満の単身勤労者世帯の消費支出と消費性向の推移

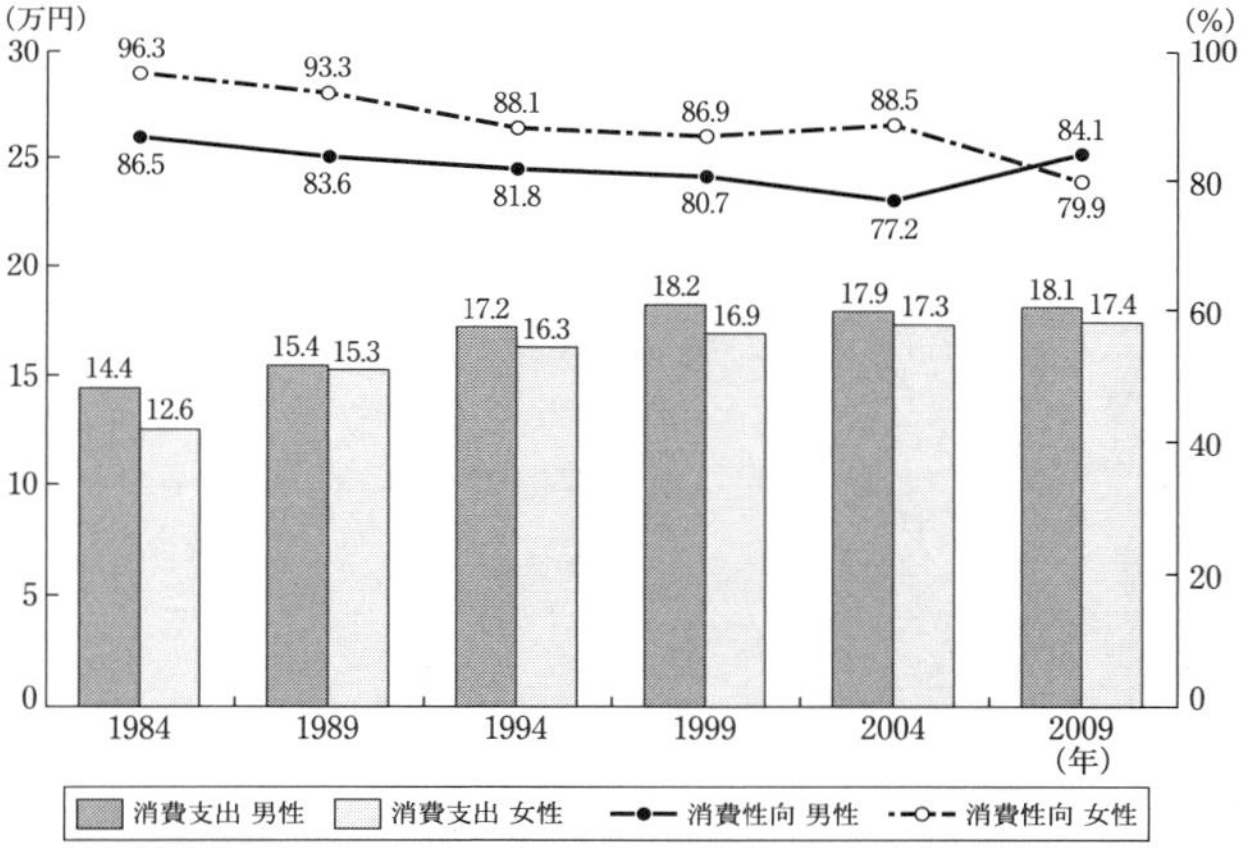

（資料）総務省「全国消費実態調査」より筆者作成

消費性向とは、可処分所得に占める消費支出の割合のことである。つまり、若年単身世帯では、使う金額は増えているが、増加する収入に対して消費に充てる金額の割合は減っている。しかも、この傾向は女性の方がやや強い。

消費支出について細かく見ると、１９８９年のバブル期と２００９年では、男性は＋約３万円、女性は＋約２万円増加している。なお、この期間のＣＰＩが100から108・４へとやや上昇[*1]していることを考慮すると、実質的な消費支出の増加額はやや小さくなる（消費支出の増加分から物価上昇分を差し引くため）。

消費性向については、男性では89年より09年の方がやや大きい。これは、消費支出額は99年以降ほぼ変わらない一方で、可処分所得はリーマン・ショックの影響で04年から09年にかけて減少していることによる。

女性では消費性向は低下傾向が続いている。これは、消費支出額は99年以降大きく変わらない一方、可処分所得が増加しているためである。

つまり、若年単身世帯の消費支出と消費性向の推移を見ると、男女とも増加する可処分所得に対して消費に充てる金額の割合は減っているが、使う金額自体は増えている。よって、若年単身世帯の統計データを見る限り、**「今の若者はお金を使わない」わけではない**。節約志向については、男性では不況のため収入が減った影響が大きく、はっきりそう言えるか微妙なところだが、女性では強まっているようだ。

＊1　総務省「消費者物価指数」のうち、持家の帰属家賃を除く総合の値。

消費支出の内訳の変化

それでは、今の若者はどのようなものにお金を使っているのだろうか。

まず、大まかな支出項目の変化をとらえ、その後、それぞれの支出項目の中身について細かく見ていきたい。

若年単身世帯の消費支出の内訳を見ると、男女とも「食料」や「被服及び履物」はやや減少傾向、「住居」は増加傾向にある（図表26）。また「交通・通信」や「教養娯楽」は99年前

図表26　30歳未満の単身勤労者世帯の消費支出の内訳の推移

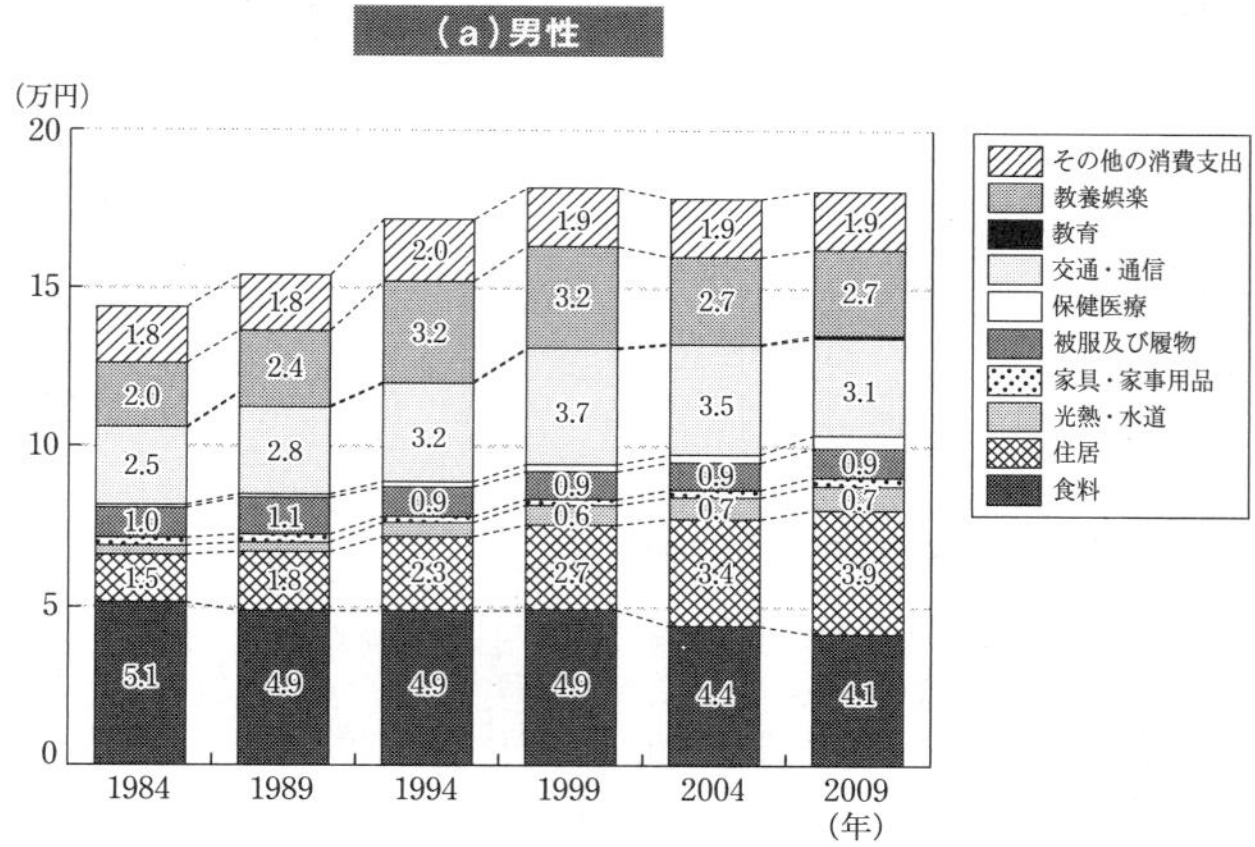

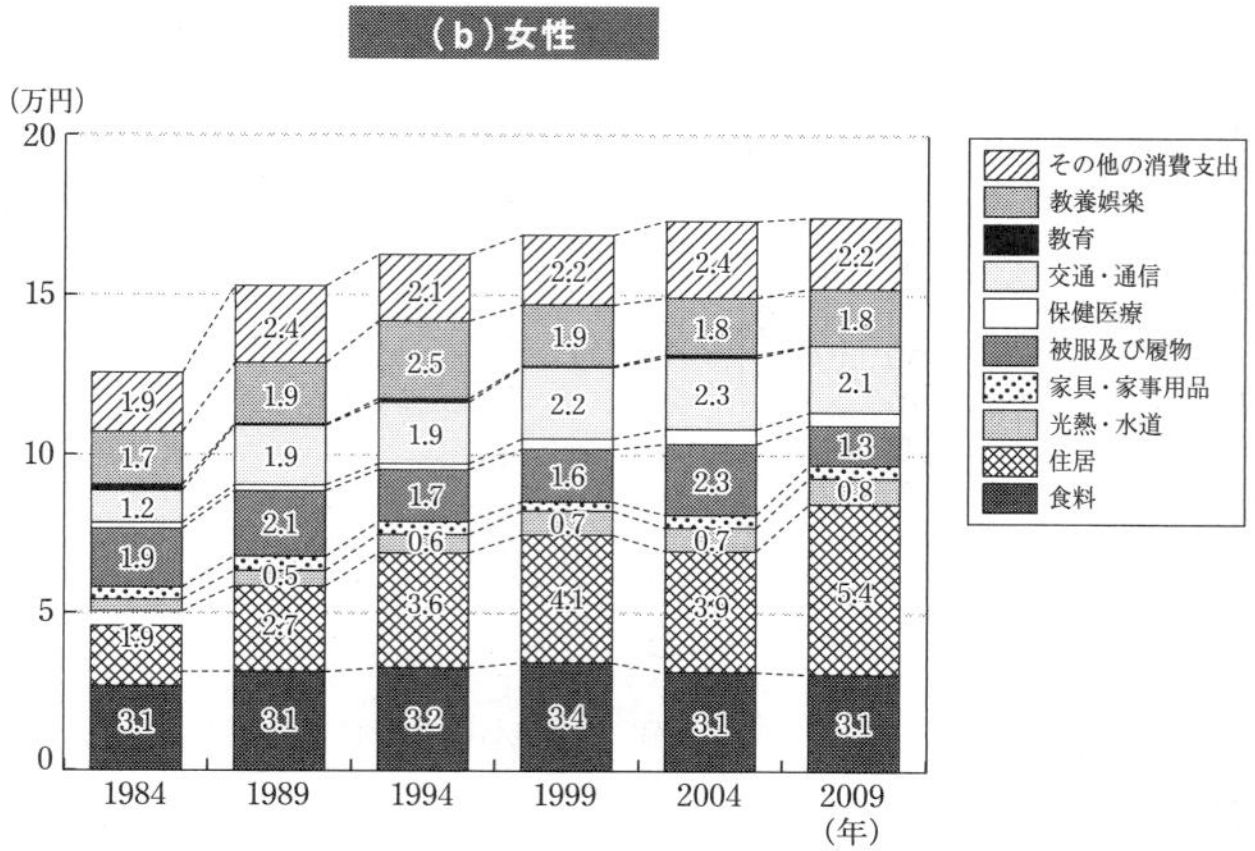

(注) 5000円未満の数値は省略。
(資料) 総務省「全国消費実態調査」より筆者作成

図表27　CPIの推移

	1984年	1989年	1994年	1999年	2004年	2009年
食料	100.0	104.0	116.3	117.7	114.7	117.7
住居	100.0	113.6	130.7	137.9	137.9	137.5
光熱・水道	100.0	85.2	89.7	91.0	91.5	97.9
家具・家事用品	100.0	100.1	99.8	92.6	78.3	71.8
被服及び履物	100.0	112.9	125.9	131.2	121.5	123.6
保健医療	100.0	111.9	117.4	131.7	134.4	132.9
交通・通信	100.0	102.8	105.2	102.6	101.3	99.0
教育	100.0	120.3	148.5	165.2	172.7	179.1
教養娯楽	100.0	108.1	122.1	120.8	110.4	103.2
その他の消費支出	100.0	105.1	115.5	117.4	113.7	113.8

(注) その他の消費支出は持家の家賃を除く総合の値。
(資料) 総務省「消費者物価指数」より筆者作成

後に増加し、近年はやや減少している。

なお、「食料」や「被服及び履物」ではCPIが上昇しているため（図表27）、これらの支出額が減っているのは価格下落の影響によるものではない。仮に、CPIが支出額と同程度に低下していれば、それは価格下落の影響により、支出額が減ったことになる。

「住居」では支出額が増え、CPIも上昇している。ただし、それぞれの変化幅は異なり、支出額は男女とも2倍以上増加しているが、CPIは84年を100とすると09年は137・5であり、そこまで大きくない。つまり、「住居」の支出額の増加幅は物価の上昇を上回っている。よって、**住居費は物価上昇の影響以上に支出額が増えている。**

なお、「交通・通信」と「教養娯楽」には、近年のCPIの変化の方向性が異なるものが混在しているため、大まかな項目状況を見てもあまり意味はない。例えば、「交通・通信」では自動車（CPIはほぼ変化なし）と携帯電話（低下）、「教養娯楽」では家電（大幅に低下）と旅行（ほぼ変化なし）では状況が異なる。よって、これらについては個別の状況を後ほど詳しく述べる。

食料費の変化

まず、「食料」の消費支出の変化について詳しく見ていきたい。

なお、ここからは、若者の消費行動の変化をイメージしやすくするために、バブル期（89年）と現在（09年）の統計データを比較する。

若年単身世帯では、男女とも「食料」費が減少している。また、「食料」費に占める個別品目の変化を見ると、男性は外食を控え、家で料理をするようになっている。一方、女性は外食や出来合いの惣菜などの購入が増えている。また、男性はアルコールを飲まなくなっているが、菓子類の購入が増えている。さらに、男女ともフルーツを買わなくなっている。このように、若者の食の嗜好は変化している。

具体的な数値を見ていこう。若年単身世帯の「食料」費は、89年と09年を比べると、男性で△7657円、女性で△498円減少している（図表28）。

「食料」に占める個別品目の変化について、男性の食料費の内訳で多いものは、89年は、圧

図表28　30歳未満の単身勤労者世帯の食料費と実質増減率の変化

	男性				女性			
	1989年（円）	2009年（円）	差（円）	実質増減率（%）	1989年（円）	2009年（円）	差（円）	実質増減率（%）
食料	48758	41101	△7657	△ 25.5	31024	30526	△ 498	△ 13.1
穀類	1321	2172	＋ 851	＋ 44.0	2080	2225	＋ 145	△ 6.3
魚介類	461	417	△ 44	△ 11.9	1064	578	△ 486	△ 47.1
肉類	511	971	＋ 460	＋ 75.3	1422	1099	△ 323	△ 28.7
乳卵類	658	702	＋ 44	△ 12.3	995	792	△ 203	△ 34.6
野菜・海藻	462	826	＋ 364	＋ 65.3	2082	1583	△ 499	△ 29.7
果物	468	204	△ 264	△ 63.4	1013	299	△ 714	△ 75.2
油脂・調味料	221	569	＋ 348	＋134.5	672	860	＋ 188	＋ 16.6
菓子類	1813	1947	＋ 134	＋ 7.7	2634	2834	＋ 200	＋ 7.9
調理食品	3332	5925	＋2593	＋ 47.7	3126	4985	＋1859	＋ 32.5
飲料	3078	2994	△ 84	△ 19.1	1905	2519	＋ 614	＋ 10.0
酒類	2101	1170	△ 931	△ 43.6	510	622	＋ 112	＋ 23.5
外食	30555	22957	△7598	△ 26.5	12104	12130	＋ 26	△ 2.0
賄い費	3777	248	△3529	△ 94.5	1416	0	△1416	△100.0

（資料）総務省「全国消費実態調査」より筆者作成

倒的に1位「外食」で、食料費の6割以上を占める（図表29）。以下、2位「賄い費」、3位「調理食品」、4位「飲料」、5位「酒類」と続くが、いずれも食料費に占める割合は1割にも満たない。09年でも、圧倒的に1位「外食」で、食料費の過半数を占める。

しかし、89年と比べると、「外食」の割合はやや低下している。2位以下の順位にも変化があり、2位「調理食品」、3位「飲料」、4位「穀類」、5位「菓子類」となる。89年には、上位5位までに「賄い費」と「酒類」があがっていたが、これらの代わりに「穀類」や「菓子類」があがってきた。

なお、2位の「調理食品」は、食料費の14%を占めるようになり、89年の2倍程度に上昇しているが、そのほかの項目はいずれも1割に満

図表29　30歳未満の単身勤労者世帯の食料費に占める割合の変化

(%)

	男性			女性		
	1989年	2009年	差	1989年	2009年	差
穀類	2.7	5.3	＋ 2.6	6.7	7.3	＋ 0.6
魚介類	0.9	1.0	＋ 0.1	3.4	1.9	△ 1.5
肉類	1.0	2.4	＋ 1.3	4.6	3.6	△ 1.0
乳卵類	1.3	1.7	＋ 0.4	3.2	2.6	△ 0.6
野菜・海藻	0.9	2.0	＋ 1.1	6.7	5.2	△ 1.5
果物	1.0	0.5	△ 0.5	3.3	1.0	△ 2.3
油脂・調味料	0.5	1.4	＋ 0.9	2.2	2.8	＋ 0.7
菓子類	3.7	4.7	＋ 1.0	8.5	9.3	＋ 0.8
調理食品	6.8	14.4	＋ 7.6	10.1	16.3	＋ 6.3
飲料	6.3	7.3	＋ 1.0	6.1	8.3	＋ 2.1
酒類	4.3	2.8	△ 1.5	1.6	2.0	＋ 0.4
外食	62.7	55.9	△ 6.8	39.0	39.7	＋ 0.7
賄い費	7.7	0.6	△ 7.1	4.6	0.0	△ 4.6
合計	100.0	100.0	——	100.0	100.0	——

（資料）総務省「全国消費実態調査」より筆者作成

たない。

「賄い費」の順位が低下したのは、若者の食料費の使い方や居住形態に変化があったというより、調査の集計対象が変化したのが原因のようだ。総務省「全国消費実態調査」では、以前は単身勤労者世帯の調査対象に、下宿や賄い付きの世帯に住む者も含んでいたが、世帯としての収入と支出を正確に計ることが難しいなどの理由で、09年調査から除外している。

次に、支出額の実質増減率で、89年から09年にかけて**最も増えているのは「油脂・調味料」**で、次いで「肉類」、「野菜・海藻」、「調理食品」、「穀類」の増加幅も比較的大きい（図表28）。一方、「賄い費」を除いて、**最も減少しているのは「果物」**である。次いで「酒類」、「外食」、「飲料」、

「乳卵類」、「魚介類」の減少幅も比較的大きい。

若年単身世帯の男性について、食料費に占める個別品目の割合と支出額の変化を見ると、**外食を減らし、代わりに食材や調味料を買って家で料理をするような傾向がある**。また、「菓子類」が占める割合が上昇し、「スイーツ好き」の男性が増えている一方、「**アルコール離れ**」や「**フルーツ離れ**」が生じている。

外食が減り、料理が増えている背景には、リーマン・ショック以降の節約志向や、近年の健康志向、エコ志向の強まりがあるだろう。最近、オフィスに手製の弁当を持参する「**弁当男子**」や、水筒を持参する「**水筒男子**」が増えており、デパートの売り場では、男性向けのランチボックスの品揃えも充実しているようだ。総務省の統計データからも、「弁当男子」や「水筒男子」の存在が垣間見える。

以上、男性についてまとめると、男性では依然として食料費の半分以上を外食に充てているものの、最近では外食を減らし、家で料理をしたり、調理食品を食べたりする傾向が強まっている。また、「スイーツ男子」や「アルコール離れ」、「フルーツ離れ」といった食の嗜好の変化も見られる。なお、「アルコール離れ」や「フルーツ離れ」については市場環境の変化も含め、後ほど詳しく述べる。

女性では、男性とは逆に料理をしなくなり、代わりに外食をしたり、出来合いの惣菜などを食べる傾向が強まっている。

若年単身世帯の女性で食料費の内訳として多いものは、89年では男性同様、圧倒的に１位「外食」で、食料費の４割近くを占める（図表29）。以下、２位「調理食品」、３位「菓子類」、４位「野菜・海藻」と「穀類」となるが、２位の「調理食品」でも食料費に占める割合は１割程度である。

09年でもさほど順位は変わらず、圧倒的に１位「外食」が多く、食料費の４割近くを占める。以下、２位「調理食品」、３位「菓子類」と同様のものが続くが、食料費に占める割合はそれぞれやや上昇している。４位は「野菜・海藻」の代わりに「飲料」、５位には「穀類」があがる。また、女性では、各種食材の食料費に占める割合が低下している。

なお、**男性と比べると、外食が占める割合はやや低いが、調理食品の割合は若干高い。**

支出額の実質増減率について89年から09年にかけて、女性で最も増加しているのは「調理食品」で、以下「酒類」、「油脂・調味料」である（図表28）。一方、最も減少しているのは、「賄い費」を除くと「果物」で、以下「魚介類」、「乳卵類」、「野菜・海藻」、「肉類」である。

食料費に占める個別品目の割合と支出額の変化を見ると、女性では、食材への支出を減らし、調理食品を増やしている。つまり、料理をせずに、出来合いの調理食品を食べる頻度が増えているようだ。

ちなみに、食材に費やす金額は、女性の方が男性より多い。よって、男性が料理をするようになっているとはいえ、依然として女性の方が料理をしている。女性で料理をせずに出来合いの調理食品を食べる割合が増えている背景には、**男性と同様に働く女性が増え、女性の労働時間が長くなったこと、また、女性の可処分所得が増えたことなどがあるだろう。**

「外食離れ」や「節約志向」は本当か

男女とも「外食」の支出（実質増減率）が減っているが、若者は外食を控えているのだろうか。

確かに「外食」のCPIは、89年から09年にかけて、100から118・5へと上昇しており、外食費が上がったために、外食を抑制するようになったと見ることもできる。しかし、果たして本当にそうだろうか。

外食とひと口に言っても、レストランから居酒屋、ファストフード、ファミリーレストラン、カフェなど多様な形態が存在する。バブル期から現在にかけて、それぞれのサービス形態は進化し、食のジャンルも多様化している。また、デフレによって外食産業における価格競争は激化している。ひと昔前より、お金を出さなくても美味《おい》しいものが食べられるだけでなく、高度なサービスも受けられる状況にあるのではないだろうか。

例えば、ファストフードを思い浮かべて欲しい。ひと昔前は、ファストフードの価値は「安い」「早い」ことであった。特にデフレ下では、極限まで価格が引き下げられるキャンペーン施策などもあった。価格競争の熾烈《しれつ》化によって企業間の競争が激しくなることで、低価格で高品質が実現されるようになった。今では一食500円もあれば、十分に美味しく満足のいく食事ができる。

また、昔はファストフードといえばハンバーガーという印象が強かっただろうが、今では、牛丼やうどん、回転寿司、餃子、ピザまで多種多様なメニューが揃っている。さらに、ゆったりしたスペースや無料のＷｉ－Ｆｉサービスの提供などもある。従来の「安い」「早い」以外の価値も打ち出されるようになり、サービス内容は高度化している。

今の若者は低価格で高品質な外食を楽しむことができる。よって、**若年単身世帯で外食に充てる支出が減っている背景には、今は、お金をあまり出さなくても美味しいものを食べられることもあるだろう。**

充実する「イエナカ消費」

若者の外食支出が減っていることについて、もう一つ付け加えたい視点がある。それは、「イエナカ消費」の充実である。今の若者は、節約のために仕方なく外食を減らし、調理食品などを買っているのではなく、あえて調理食品を選んでいる、あるいは、積極的に楽しんで家の中で食事をしている可能性もあるのではないだろうか。

08年のリーマン・ショック後、収入の減少によって、外食やレジャーなどを控えて家の中で過ごす消費者が増えた。この様子は「**巣ごもり消費**」、「**イエナカ消費**」などと呼ばれていた。確かに、若年単身世帯の食料費の状況からも、外食が減り、調理食品を買うような「イエナカ消費」の傾向が見える。しかし、最近では「イエナカ」で食事を楽しむための商品やサービスが充実しており、あえて「イエナカ」を選ぶ若者も増えているのではないだろうか。

例えば、テイクアウトという観点でいうと、前述の通り、ファストフードでは価格競争の激化によって、コストパフォーマンスがあがっている上、メニューも多様化している。また、コンビニでも弁当や惣菜の種類が増えている。コンビニ業界は消費者のニーズにきめこまかに対応することで、不況下でも市場拡大しており、12年に業界の売上高が初めて9兆円を超えた。[*1] また、この年は、「コンビニ・コーヒー」が登場した年でもある。各社、店舗に高性能のコーヒーマシンを導入し、1杯100円程度の低価格で1杯ずつ挽《ひ》きたてのコーヒーが楽しめるようなサービスを提供している。ファストフードやカフェ、コンビニの境界は薄まり、テイクアウト商品の消費者獲得競争は激化している。

また、「イエナカ」で食べるための注文方法、出前の方法も進化している。バブル期では事前にチラシなどで入手したメニューを見て、家の固定電話から注文をしていただろうが、今はメニューがなくても、ネットで検索して様々なジャンルのものを注文できる。しかも、電話ではなく、ネットで注文できる。

さらに、デリバリー・サービスだけでなく、ネットスーパーを外食代わりに使うこともできる。例えば、酒類や食品のディスカウントストアで、ネット宅配を行うカクヤスでは、ホームページで「ビール1本から1時間枠で無料配達」とうたい、従来は外食を利用していたような利用シーンをホームページ上に示し、予算ごとの商品メニューも紹介している。例えば、「オフィスでの活用」として「5名さまのご宴会　ご予算5000円～」というコーナーではビール8本、缶チューハイ4本、ワイン1本のほか、つまみ各種を例示している。[*2]なお、同社の事業戦略にもよるのだろうが、株式会社カクヤスの売上高は90年代から上昇し続けている。例えば2000年（244億）と12年（1045億）を比べると4倍に伸びており、脅威の成長を遂げている。[*3]

今の若者では外食に充てる支出が減り、調理食品や食材への支出が増えている。しかし、本当は外食をしたいけれど我慢して調理食品を買ったり料理をしているというわけでもなく、デフレによる価格下落や価格競争などによる外食産業の進化・多様化の恩恵を受けている。今の若者は、お金をかけなくても美味しいものを食べられる環境にある。「イエナカ」で食事を楽しむための商品・サービスも充実しており、**むしろ楽しんで家の中での食事を選択している可能性もあるのではないだろうか。**

＊1　一般社団法人日本フランチャイズチェーン協会「コンビニエンスストア統計データ」
＊2　お酒の通販サイト「なんでも酒やカクヤス」http://www.kakuyasu.co.jp/（14年3月参照）
＊3　株式会社カクヤス「売上高推移」（同社ホームページ、http://www.kakuyasu.co.jp/corporate/sales/　14年3月参照）

若者だけではない「アルコール離れ」

若年単身世帯の男性で「アルコール離れ」が見られたが、この現象について少し詳しく見ていきたい。

若年単身世帯の「酒類」支出額は、男性ではバブル期より減っていた。女性ではバブル期よりやや増加しているものの、99年をピークに減少傾向にある。

実は、**アルコールは国民全体で消費量が減っている**（図表30）。

酒類消費量は96年がピークで、現在はピーク時より1割程度減少している。内訳も変化し

図表30　酒類販売（消費）数量の推移

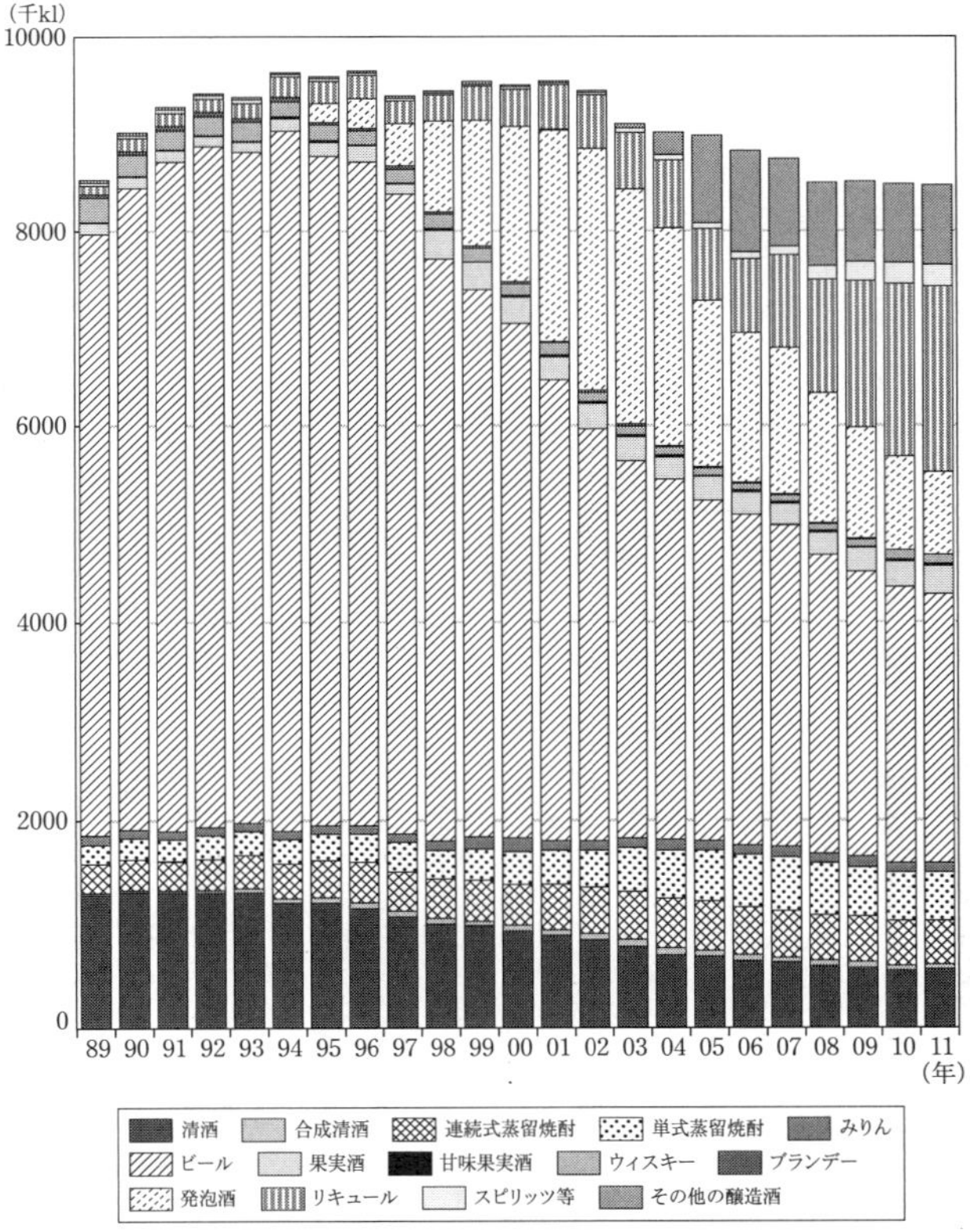

（資料）国税庁「酒のしおり（平成25年3月）」より筆者作成

図表31　飲酒習慣率の変化

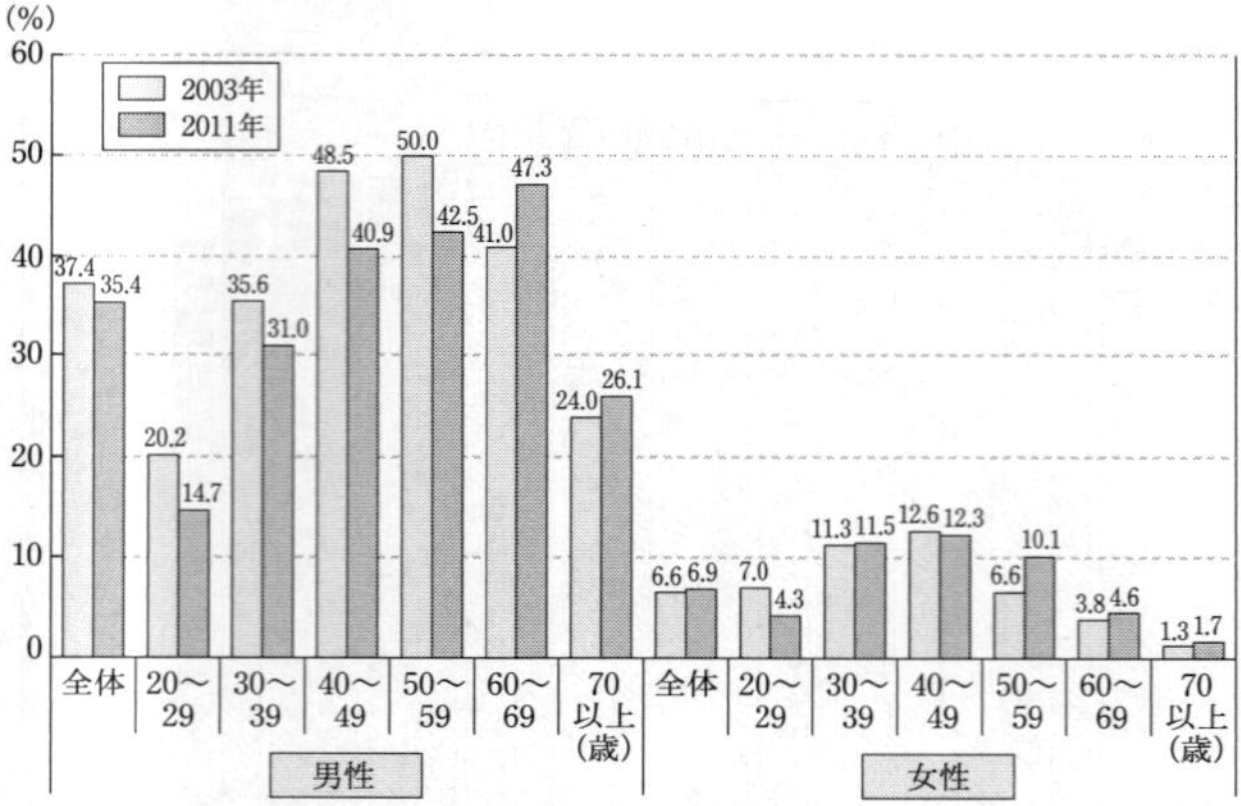

（注）飲酒習慣率とは週に3日以上飲酒し、飲酒日１日あたり１合以上を飲酒すると回答した者の割合。

（資料）厚生労働省「国民健康・栄養調査」より筆者作成

ており、90年前後は、ビールが全体の7割以上を占めて圧倒的に多かったが、今は3割程度である。比較的アルコール度数の高い清酒やウィスキー、ブランデーなどの消費量も減っている。一方、リキュールや、その他の醸造酒等（第3のビールなど）は存在感を増している。なお、発泡酒は、03年の酒税法の改正までは増加傾向にあったが、酒税法の改正で税率が引き上げられたタイミングで減少に転じている。

現在の日本では、アルコールの消費量が減っているだけでなく、アルコールの好みも変化している。

年代別に飲酒習慣率を見ると、男女とも20代で低下しているほか、男性では30～50代でも低下している（図表31）。「若者のア

図表32　「家飲み」・「外飲み」別に見た酒類の国内消費量の推移

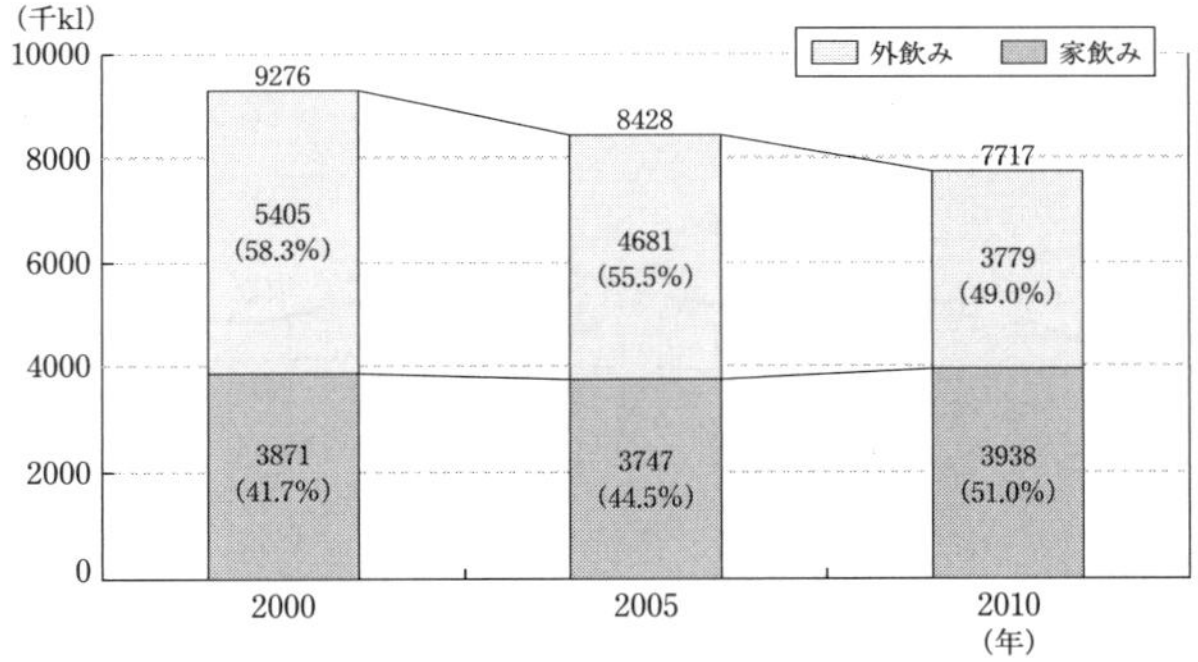

（注）国税庁資料や財務省「貿易統計」などから「家飲み」と「外飲み」が合算された酒類全体の国内消費量を推計したものから、総務省「家計調査年報」や「国勢調査」から算出した「家飲み」消費量を差し引いたものを「外飲み」消費量としている。酒類の国内消費量とは清酒、焼酎、ビール、発泡酒・新ジャンル、ウィスキー、ワインを合計したもの。「家飲み」は自宅で個人や家族、友人等と飲酒するもの、「外飲み」は自宅外（居酒屋やレストラン、宿泊施設、イベントほか）で飲酒するものと定義。

（資料）株式会社日本政策投資銀行「酒類業界の現状と将来展望（国内市場）2012年2月」より筆者作成

ルコール離れ」と言われるが、**実は男性では中年男性も「アルコール離れ」している。**一方、男女とも高年齢層の飲酒習慣率は上昇している。つまり、現在、飲酒量が増えているのは、さほど量が飲めない高年齢層であり、従来、飲酒量の多かった40~50代の男性では飲酒量が減っている。これが、酒類消費量全体の減少に影響している。なお、中年男性で飲酒が減っている背景には健康志向の強まりのほか、不況による会合や宴会の減少や消費抑制の影響などがあるだろう。

日本政策投資銀行では「外飲み」と「家飲み」の消費量という興味深い推計をしている。この推計結果によると、「外飲み」は２０００年から10年にかけ

図表33　パブレストラン・居酒屋の売上高等の推移

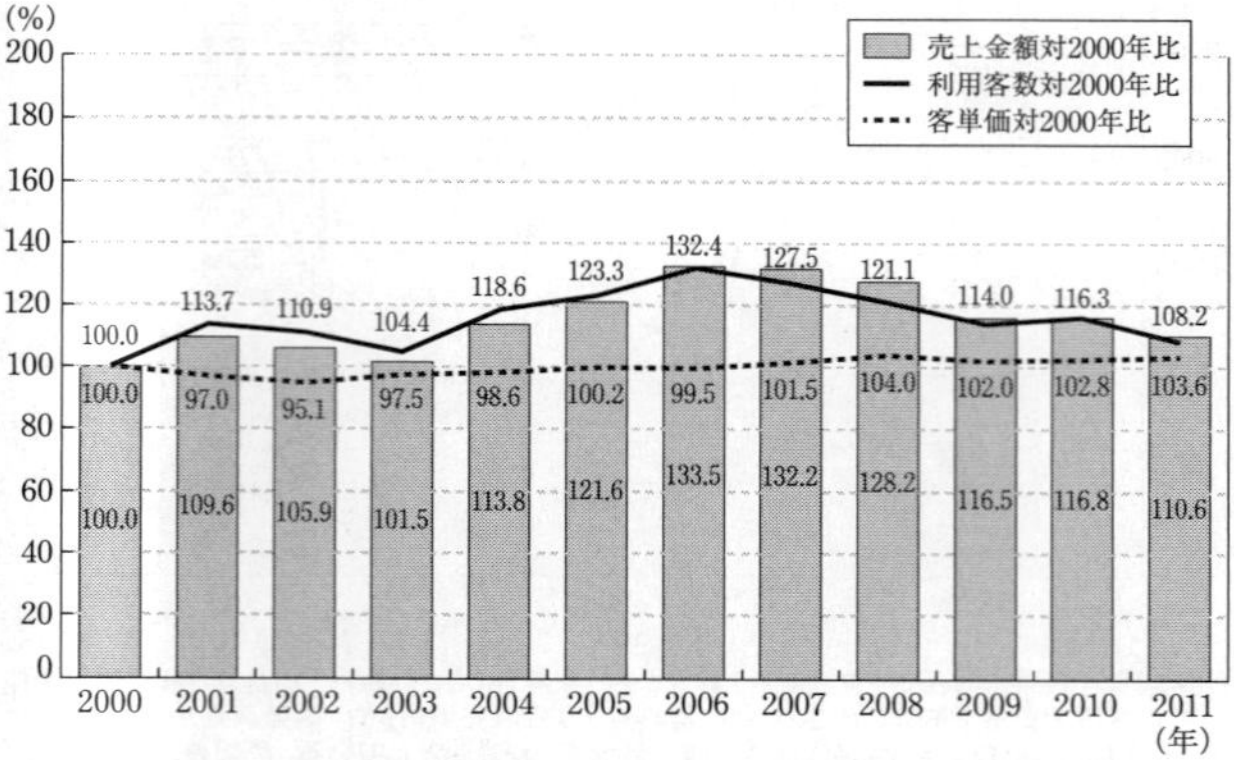

（注）パブレストラン・居酒屋は経済産業省商業統計の分類にもとづいて区分された外食産業の業態の一つであり、提供内容が食事及び酒類で酒類の比重が高いという特徴を持つ。
（資料）社団法人日本フードサービス協会「JF外食産業動向調査」より筆者作成

て7割に減少しているが、「家飲み」は微増・横ばいで推移している（図表32）。その結果、「外飲み」と「家飲み」の比率も変わり、2000年では「外飲み」の方が「家飲み」より多かったが、徐々に「家飲み」比率が増え、10年では「家飲み」が「外飲み」をわずかに上回っている。つまり、**酒類全体の消費量の減少には「外飲み」の減少が影響している。**

ところで、サラリーマンをはじめとする中年男性が酒を飲みに行くところと言えば居酒屋が代表的だろう。近年の居酒屋市場の動向を見ると、08年のリーマン・ショック以降、売上高や利用客数は減少しているが、客単価は横ばいで推移している（図表33）。毎回使う金額は変わらないが、会合の回数が減っているということだろう。なお、居酒屋以外の外食産業ではリーマン・ショック以降の落ち込みがさらに大きいため、居酒屋から他業態へ顧客が流れたわけではないようだ。

このほか日本でアルコール消費量が減少している背景には、飲酒運転の罰則強化もある。近年のいくつかの痛ましい事故をきっかけに、飲酒運転の厳罰化が進んでいる。02年の道路交通法の改正では、酒気帯び運転を判断する呼気中のアルコール濃度の最低基準が、0・25㎎／ℓから0・15㎎／ℓへと大幅に引き下げられている。罰則も強化され、懲役は最長3年、罰金は最大50万円まで拡大されている。また、07年には改正道路交通法にて、懲役は最長5年、罰金は最大100万円まで拡大されている。さらに、道路交通法では規定されていなかった車両提供や酒類提供、飲酒運転車両への同乗についても罰則が設けられている。[*4]

アルコール消費数量の推移を見ると、確かに02年と07年の翌年の減少幅はほかの年よりもやや大きい。

ノンアルコール市場の拡大

飲酒運転をなくすという社会的要請もあり、近年、ノンアルコール飲料の開発が相次ぎ、市場が拡大している。

ノンアルコール市場は、09年にキリンビールから世界初のアルコール0・00％のビールテ

図表34　ノンアルコール飲料消費数量の推移

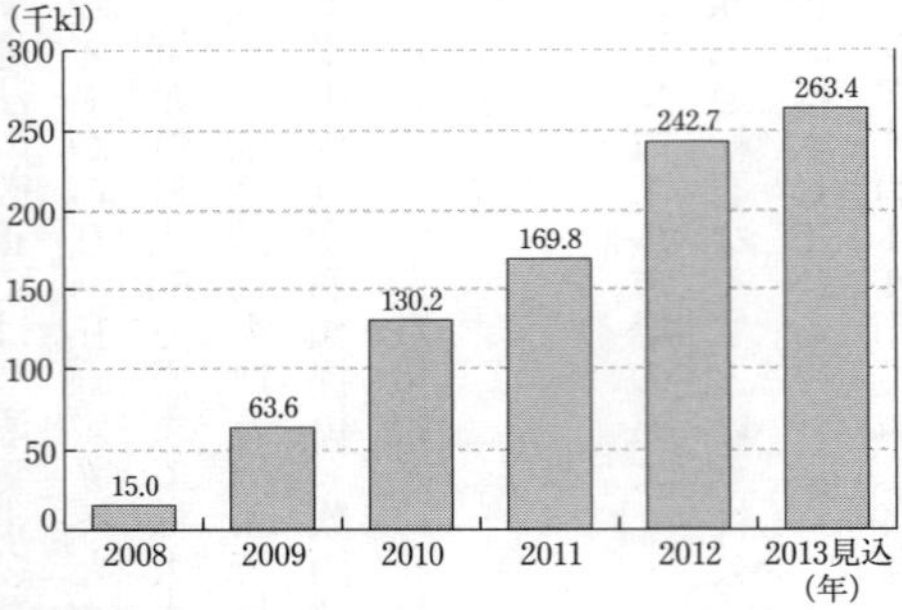

（資料）サントリーホールディングス株式会社「ノンアルコール飲料に関する消費者飲用実態調査　サントリー　ノンアルコール飲料レポート2013」より筆者作成

イスト飲料「キリンフリー」が登場してから、急速に拡大している（図表34）。キリンに続いて、各社がビールテイスト飲料を発売するとともに、カクテルや梅酒などにもノンアルコール商品が広がっている。さらに最近では、健康成分を含むノンアルコール飲料もある。例えば、「キリン 休む日のAlc. 0・00%」は、オルニチンを含み、肝機能の回復効果、二日酔いを解消する効果をうたっており、休肝日の飲用などをすすめている。

調査によると[*5]、現在、20～69歳の6割以上に、ノンアルコール飲料の飲用経験がある。また、飲用者の6割以上で、1年前よりノンアルコール飲料の飲用量が増えているそうだ。飲用する種類はビールテイストのノンアルコール飲料だけでなく、カクテルテイストやチューハイテイストなどにも広がりを見せている。当初、ノンアルコール飲料は、車の運転前など、飲酒ができない場面の代替品として飲まれていた。しかし、今では、日頃から飲酒をしない若者や女性にも広がっているようだ。これらを背景に、ノンアルコール市場は大きく伸長し、13年には09年の4倍に拡大する見込みである。

＊4　以上は、白石陽一・荻田賢司（２００６）「飲酒運転に関する道路交通法の改正の効果」IATSS Review（国際交通安全学会誌）Vol.31, No.2, pp.13-20. や一般財団法人全日本交通安全協会「道路交通法の改正のポイント」http://www.jtsa.or.jp/new/koutsuhou-kaisei.html、警視庁「飲酒運転の罰則等」http://www.keishicho.metro.tokyo.jp/kotu/insyu/insyu_bassoku.htm　などを参考にしている。

＊5　サントリーホールディングス株式会社「ノンアルコール飲料に関する消費者飲用実態調査　サントリーノンアルコール飲料レポート２０１２」

「フルーツ離れ」は国民全体の課題

前述の通り、若年単身世帯では、男女とも「果物」の支出が減り、「フルーツ離れ」が見られた。しかし、**実は「フルーツ離れ」は国民全体の課題である。**

農林水産省「果樹をめぐる情勢（２０１３年）」によると、国民１人あたりの生鮮果物の購入数量は減少傾向にある。また、年代別に、１人１日あたりの果実摂取量の変化を見ると、全ての年代で10年前より減少している（図表35）。特に果実摂取量の多い50代では大きく減少している。20～30代では、もともと摂取量が少ないが、さらに減少している。

果物を食べない理由は、手間や価格の問題のようだ（図表36）。それらの問題のほかに、最近の単身世帯の増加も影響しているだろう。単身世帯は、この10年ほどで倍増し、総世帯

図表35　1人1日あたりの果実摂取量の変化

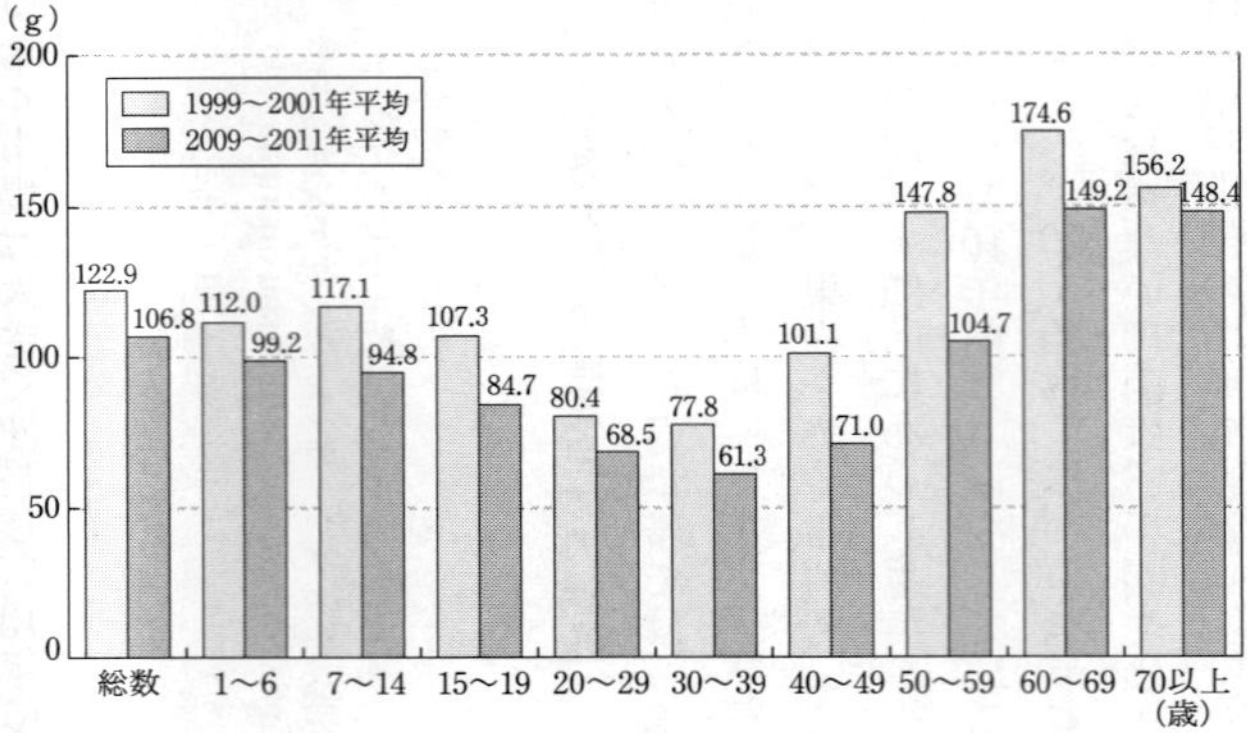

（資料）厚生労働省「国民健康・栄養調査」より筆者作成

図表36　生鮮果物を食べない理由

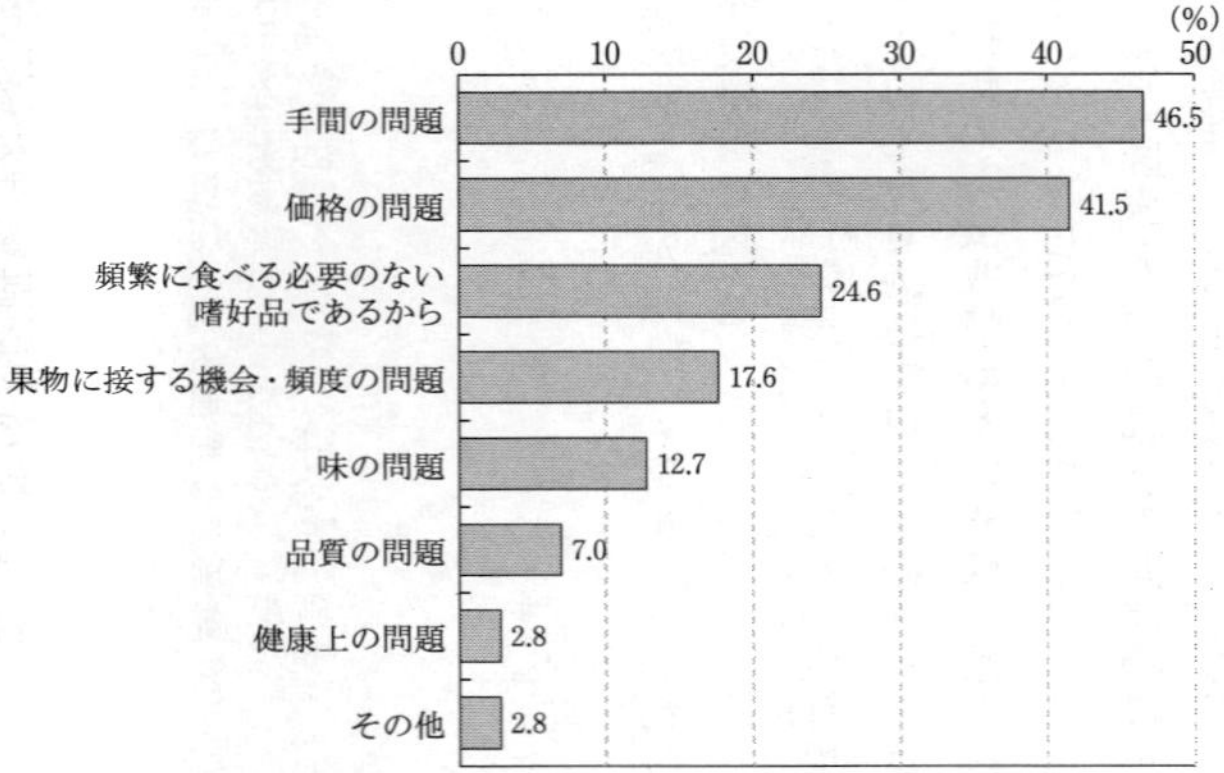

（資料）公益財団法人中央果実生産出荷安定基金協会「果物の消費増進に関する調査（平成22年度）」より筆者作成

の3割以上を占める。大きな果物は単身世帯では一度に食べ切れないために、敬遠する傾向もあるだろう。

なお、前述の通り、若年単身世帯では「果物」の支出は減る一方で、「菓子類」や「飲料」は増えている。先の「果樹をめぐる情勢」でも触れているが、果物のように手間がかかり、比較的価格の高いものの代わりに、手軽に食べられる菓子類や飲料などがデザートとして楽しまれるように、食生活が変化しているようだ。このような変化を背景に、供給業者側では、果物を袋売りではなくバラ売りや少数個入り、あるいは、カットフルーツなどの形で販売するような工夫もしている。

住居費の変化

若年単身世帯では男女とも「住居」費が増えている。しかし、これは、昔より良いところに住むようになったというよりも、近年の経済状況の変化が影響しているようだ。

具体的な数値を見ると、若年単身世帯の「住居」費は、89年と09年を比べると、男女とも2万円以上増加している（図表26）。「住居」に占める個別内訳を見ると、大半は「家賃・地代」である。総務省「全国消費実態調査」では、09年調査から下宿居住者などを調査対象から外しているため、家賃の平均額が増加した可能性がある。しかし、近年の経済環境の変化も影響しているようだ。

財団法人労務行政研究所「社宅・独身寮の最新動向（２００８）」によると、**企業の社宅保有率は低下している。**バブル期は好況感があったことに加え、求人難に対処するために、福利厚生制度の充実を図る企業が多く、企業の社宅保有率は7割に達していた。しかし、バブル崩壊後、企業の社宅保有率は半減している。２０００年以降、独身寮は約5割、社宅は約6割が統合・廃止されている。将来的にも、社宅は約3割が減少・廃止の方向である。また、社宅保有率が低下しただけでなく、**住宅補助制度を縮小した企業も増えているだろう。**

経済環境が悪化し、企業が福利厚生制度を縮小せざるを得なくなったことが、単身勤労者世帯の家賃支出の増加につながっている可能性がある。

さらに、**若年層では非正規雇用者の増加によって、そもそも企業の福利厚生制度を利用できない層が増えている。**若年層に占める非正規雇用者の割合は、男性より女性の方が高く、住居費の増加幅も男性より女性の方が大きい。つまり、**女性では、より非正規雇用者が多く、自分で家賃を支払わざるを得ない層が多いために、男性より住居費が増えている**可能性がある。

ファッション費の変化

「被服及び履物」については、男女ともやや減少している。では今の若者は、おしゃれから遠ざかっているのだろうか。むしろ男性は、ひと昔前よりも身綺麗になった印象があるし、女性もおしゃれに気を使わなくなったという印象はない。若者のファッションの支出額が減っている背景には、高級ブランド品離れやファスト・ファッションの登場などがあるようだ。

若年単身世帯の「被服及び履物」費は、89年と09年を比べると、男性では△１９３１円、女性では△８１６６円減少している。

「被服及び履物」の個別品目の変化を見ると、女性は全ての品目で支出額の実質増減率が低下しているが、男性では「履物類」が伸びている。今の若い男性は特に足元のおしゃれに気を使うようになったのかもしれない。一方、男女とも「洋服」や「シャツ・セーター類」などは低下している。

ここでも食料費などと同様に、近年の社会変化を考慮して、若者のおしゃれについて考察していく必要があるだろう。

支出額を減らしたという点で、例えば、高級ブランド品を買わずに安価なものを買うようになったという可能性はある。確かに、バブル期はルイ・ヴィトンやエルメスなどの高級ブランドのバッグを持つことが、ある種のステータスだった。海外の高級ブランド店では、日本人女性が商品を買い占めるといった光景も見られた。また、洋服についても国内のＤＣブランドに勢いがあった時代である。バブル期は現在ほど消費社会も成熟しておらず、良いモノや流行のモノ、最新のモノが欲しければ高いお金を出す必要があった。裏を返すと、高いモノが良いモノだという一元的なモノサシで商品を判断していた時期でもあった。

しかし、90年代、２０００年代と日本の消費社会は進化してきた。洋服についても、２０００年頃からファスト・ファッションが登場した。最新のデザインでも低価格で、そこそこの品質を保った商品を入手できるようになった。つまり、高いモノ＝良いモノという一元的なモノサシでは商品を判断することが難しくなった。

なお、ファスト・ファッションとは、早くて安いファストフードにならって使われはじめた言葉だ。最新の流行デザインだが、低価格に抑えられた衣料品のことで、短いサイクルで世界的に大量生産・販売される。

例えば、ファスト・ファッションの代表格であるユニクロでは、２０００年頃に１９００円のフリースを販売し話題となった。フリースは、日本では２０００年頃に流行りはじめたが、当時の市場価格は５０００円以上だった。しかし、ユニクロでは半値以下の低価格で提供するとともに、50色以上のバリエーション、しかも高品質のものを提供したことで爆発的にヒットした。

ユニクロだけでなく、海外のファスト・ファッションブランドも次々と上陸している。97年にはスペインのＺＡＲＡ、08年にはスウェーデンのＨ＆Ｍ、09年にはアメリカのＦｏｒｅｖｅｒ21が日本に上陸した。

ファスト・ファッションでは、ジーンズが780円、カットソーが590円、サンダルが１４８０円といった価格で売られている。だから、現在の若者は３０００円もあれば、全身を流行のもので揃えることができる。また、各社ともネット通販にも対応しており、全国各地、どこに住んでいても、ファスト・ファッションでおしゃれを楽しむことができる。

洋服の支出額の減少は、おしゃれをしなくなったわけではなく、消費社会の成熟化によって、お金を出さなくてもおしゃれを楽しめるような商品・サービスが充実してきたこと、また、良いモノ＝高いモノという一元的なモノサシで判断しにくくなってきたために、高級ブランド品に対する欲求や憧れが薄れたという嗜好の変化もあるだろう。

男性の美意識の高まり

前述のように、男性では「履物類」に充てる支出が増え、足元のおしゃれに気を使うようになっているようだ。よく、おしゃれは足元から、などと言われるが、近年、男性のおしゃれ意識や身だしなみ意識は高まっている。総務省「全国消費実態調査」の若年単身世帯の統計データでは、まだ大きな変化は見られないが、第2章で見た通り、日本人全体で「身の回りの用事に費やす時間」は増加傾向にあり、特に男性を中心に増えていた。身だしなみに気を使う男性がじわじわと増えていることで、近年、男性の理美容市場は拡大している。

男性向けの理美容品について、近年の変化を見ていきたい。

バブル期は、男性向け化粧品というと、ムースなどの整髪料や香水などが主だったようだが、最近ではラインナップを増やすメーカーも増えている。例えば、化粧品業界最大手の資生堂では男性向け化粧品ブランドとして、92年から「ｕｎｏ」（ウーノ）を展開している。「ｕｎｏ」ではワックスなどの整髪料だけでなく、洗顔料や化粧水、脂取りフィルム、日焼け止め、リップなども揃えている。なお、「ｕｎｏ」では男性用ファンデーションやアイブローを扱っていた時期もあったようだが、現在は、これらの販売をやめている。男性の身だしなみ意識が高まっているとはいえ、メイクをするまではなかったということだろう。また、資生堂では「SHISEIDO MEN」（シセイドウ メン）として、女性同様の本格的な基礎化粧品も展開している。

百貨店最大手の伊勢丹では、店舗のほか、オンラインショッピング・サイトでも、「isetan beauty for Men」として、メンズ・コスメを販売し、スキンケア・ブランドとして「CLARINS MEN」（クラランス メン）をはじめとした8ブランドを揃えている（13年末）。

さらに、メンズ・コスメを専門としたインターネット・サイトも登場している。「Mcosme」（エムコスメ）では、70を超えるブランドを揃えている。化粧水などの基礎化粧品にとどまらず、シミ・シワ対策の美容液や、保湿・毛穴パックなどの特別なケア商品も販売している。

また、家電大手のパナソニックでは、「Panasonic Beauty for MEN」（パナソニック ビューティー フォー メン）として、男性向け美容家電を展開している。ドライヤーやシェーバー、電動ハブラシなど髪や髭《ひげ》といった基本的な身だしなみを整えるための機器にはじまり、イオンスチーマーやボディーシェーバーなど、美容を意識した機器も揃っている。

このほか男性の美容関係では、大手エステティック・サロンが男性向けにも展開をはじめたり、男性向けネイル・サロンなども登場している。東京・市ヶ谷と霞が関にある「オトコネイル」（クレヨンソフト株式会社）は男性専用のネイル・サロンである。同サロンのホームページによると、女性のようにネイルアートをするのではなく、爪の整形や甘皮のケア、ハンドマッサージといった手の清潔感を心がけたサービス・メニューを提供しており、保険や高級車の営業マン、経営者などを中心に利用されているようだ。

このように現在では「清潔感」をキーワードとして、若い男性を中心に男性の理美容市場は拡大傾向にある。

図表37　30歳未満の単身勤労者世帯の交通・通信費と実質増減率の変化

	男性				女性			
	1989年（円）	2009年（円）	差（円）	実質増減率（%）	1989年（円）	2009年（円）	差（円）	実質増減率（%）
交通・通信	27731	30990	＋3259	＋ 16.1	18751	20811	＋2060	＋ 15.3
交通	7120	5111	△2009	△ 37.5	8729	6797	△1932	△ 32.3
自動車関係費	17598	18305	＋ 707	＋ 5.5	4893	6433	＋1540	＋ 33.3
通信	3013	7573	＋4560	＋258.3	5130	7581	＋2451	＋110.7

（資料）総務省「全国消費実態調査」より筆者作成

図表38　30歳未満の単身勤労者世帯の交通・通信費に占める割合の変化

（%）

	男性			女性		
	1989年	2009年	差	1989年	2009年	差
交通	25.7	16.5	△ 9.2	46.6	32.7	△ 13.9
自動車関係費	63.5	59.1	△ 4.4	26.1	30.9	＋ 4.8
通信	10.9	24.4	＋ 13.6	27.4	36.4	＋ 9.1
合計	100.0	100.0	―	100.0	100.0	―

（資料）総務省「全国消費実態調査」より筆者作成

交通・通信費の変化

「交通・通信」に関する支出の変化を見ると、男女とも通信に充てる費用は増加しており、コミュニケーションに対する支出が増えている。一方、クルマについては男性ではほぼ横ばいだが、女性では増加している。男女で状況が異なっており、必ずしも**若者全体が「クルマ離れ」をしているわけではない**。

具体的な数値を見てみよう。若年単身世帯の「交通・通信」費は、89年と09年を比べると、男性では＋３２５９円、女性では＋２０６０円増加している（図表37）。ただ、「交通・通信」は、個別品目によって近年の状況が異なるため、それぞれＣＰＩを考慮して見る必要がある。なお、89年のＣＰＩを100とすると、09年では「交通」はやや上昇（114・9）、「自動車関係費」はほぼ変わらず（98・6）、「通信」は大きく低下（70・1）している。

「交通・通信」に占める個別品目の割合を見ると、男性で最も多いのは、89年では圧倒的に「自動車関係費」であり、「交通・通信」の6割強を占める（図表38）。以下、「交通」、「通信」だが、1位の「自動車関係費」とは大差がついている。09年でも同様に「自動車関係費」が圧倒的に多いが、「交通」と「通信」は逆転する。なお、「自動車関係費」の割合は89年よりやや低下している。

一方、女性は89年では「交通」が最も多く、半数程度を占める。以下「通信」、「自動車関係費」と続く。しかし、09年には順位が変わり、「通信」が最も多く、「交通」、「自動車関係費」と続く。「通信」や「自動車関係費」が上昇し、「交通」が低下したため、「交通・通信」に占める割合はそれぞれ3割程度となった。

男女の結果をまとめると、「通信」が占める割合も金額も増え、その増加幅も大きい。一方、「交通」は減っている。「自動車関係費」が占める割合は男性では減り、女性では増えており、男女で傾向が異なる。「通信」については、情報通信技術の進化によって低価格で高品質な通信サービスが提供され、今の若者はひと昔前より少ないお金で、良い通信サービスを利用できることがあるだろう。

では、「自動車関係費」と「通信」の中身を、さらに詳しく見ていこう。

「クルマ離れ」は本当か

若年単身世帯の消費支出で「自動車関係費」は、男性ではバブル期とあまり変わらないが、女性ではむしろ増えている。世間では若者の「クルマ離れ」などと言われているが、実態はどうなのだろうか。

若年単身世帯の自動車保有台数は、男性では94年をピークにやや減少傾向にあるが、女性では増加傾向にある（図表39）。

図表39　30歳未満の単身勤労者世帯の自動車保有台数の推移（千世帯当たり）

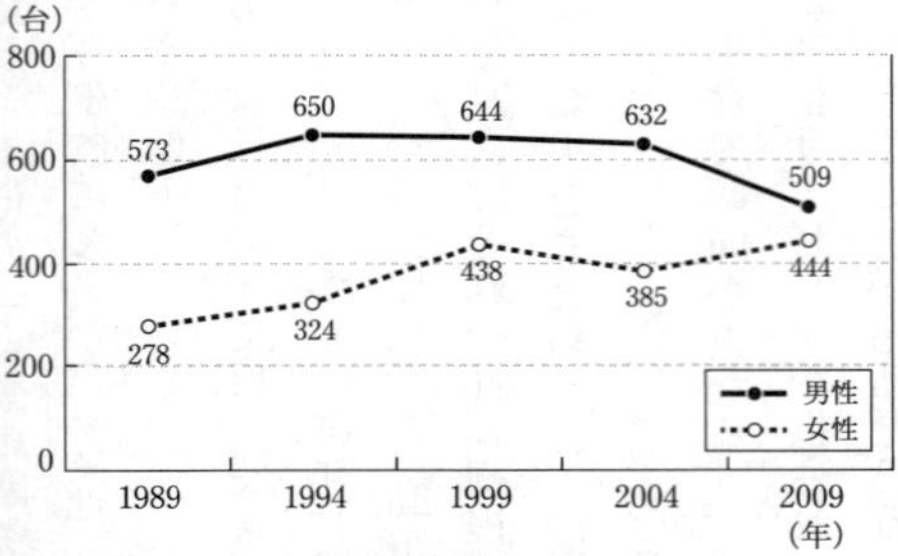

（資料）総務省「全国消費実態調査」より筆者作成

保有台数から、男性では若干「クルマ離れ」の傾向が見えるが、女性では「自動車関係費」の支出額も保有台数も増加しており、男女で状況は異なる。

なお、これは単身世帯の傾向だが、一人暮らしの若者だけでなく、若者全体で見た場合はどうだろうか。

一般財団法人「自動車検査登録情報協会」によると、全世帯の自動車保有台数は、60年代から現在まで増加し続けている。90年のバブル期の乗用車の台数は3294万台だが、13年では5936万台にまで増加しており、バブル期の1.8倍になっている。ホームページからの情報では年代別の保有台数は確認できないが、自動車関連の業界団体では「若者のクルマ離れ」に対して危機意識を感じており、一般社団法人日本自動車工業会「2008年度乗用車市場動向調査」では若者の意識調査を行っている。

同調査では、免許取得状況を調べ、そもそもクルマに乗りたいという意向はあるのかどうかを確認している。その結果、現在、18～24歳の大学・短大生の自動車免許保有率は、男性が73・4％、女性が58・3％であり、取得意向者（男性：19・0％、女性：27・6％）をあわせると、潜在的な免許保有率は男性が92・4％、女性が85・9％に及ぶ。ちなみに、潜在的な免許保有率は大都市より地方で高い。過去と比べても、男性の免許保有率は変わらないが、女性では強まっている。

ちなみに、バブル期に若者であった現在の40～50代の免許保有率は、男性が78・7％、女性が65・3％で、取得意向者（男性：16・0％、女性：12・0％）をあわせた潜在的な免許保有率は、男性が94・7％（現在より＋2.3％）、女性が77・3％（現在より△8.6％）となる。

また、クルマの使用状況については、現在の若者では専用車が減り、家族との共用車（親のもの）が増えている。核家族化や少子化の進行により家族との共用がしやすくなったのだろう。共用車の利用が増えているため、自動車関係の支出（特に維持費）はバブル世代が若者だった頃より減っている。クルマの使用頻度は以前より減り、特に大都市に住む者で少ない。購入意向については、「買いたい」という強い意思を持つ者の割合が比較的低く、購入意向者に対して今後の購入意向を尋ねても「ある程度貯金ができたら」という不確実性の高い回答が多い（図表40、41）。

つまり、免許取得意向や購入意向を見ると、大都市に住む男性でやや「クルマ離れ」が起きているようだが、地方居住者や女性では購入意向が強く、以前と同様に高水準にある。しかし、「買いたい」という強い購入意欲は弱まり、クルマに乗りたい意識はありつつも購入には結びつきにくいというのが現状のようだ。

さらに、同調査では、クルマの購入を阻害する要因を分析するために、クルマとほかの商品・サービスに対する関心やベネフィットを比べている。その結果、クルマに対する強い購入意欲が生まれない原因は、クルマに対する負担がクルマに対する効用を上回っているためとしている。

今の若者は景気低迷の中で育ち、保守的な価値観を持っているため、環境負担や事故などのリスクを懸念する姿勢が強い。また、ゲームや携帯電話、パソコンの普及によって、屋内

図表40　クルマの購入意向

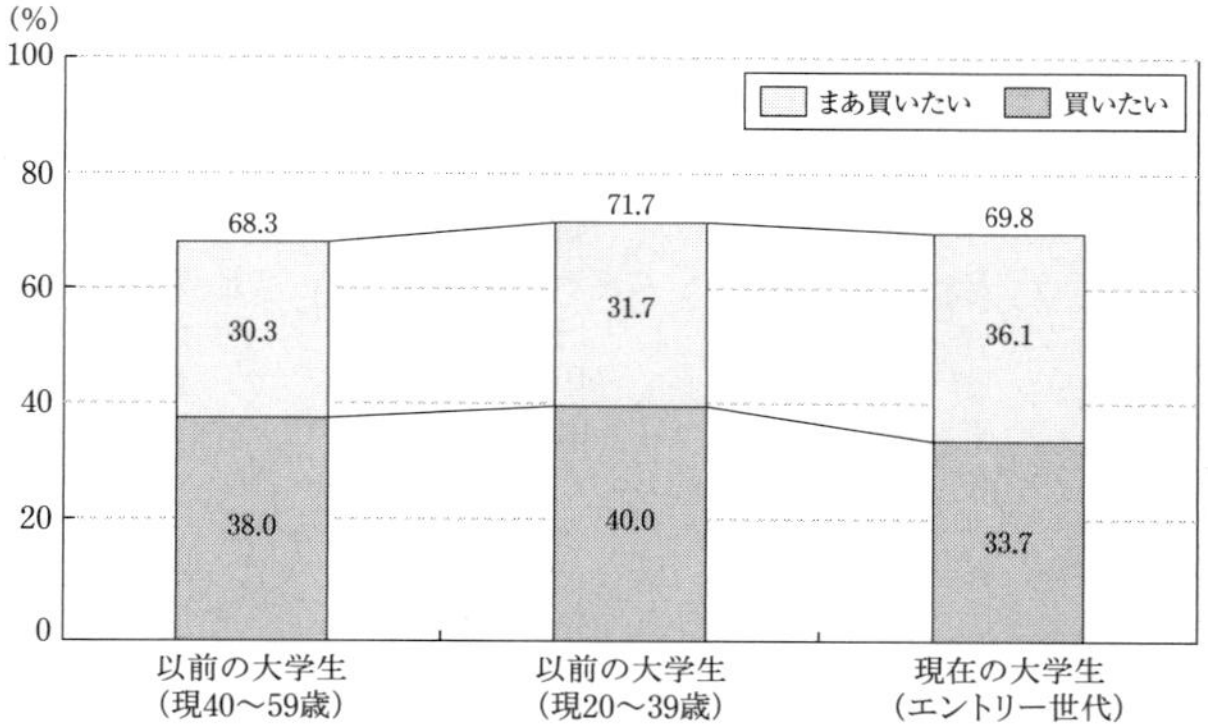

(資料) 一般社団法人日本自動車工業会「2008年度乗用車市場動向調査」より筆者作成

図表41　クルマの購入時期の意向

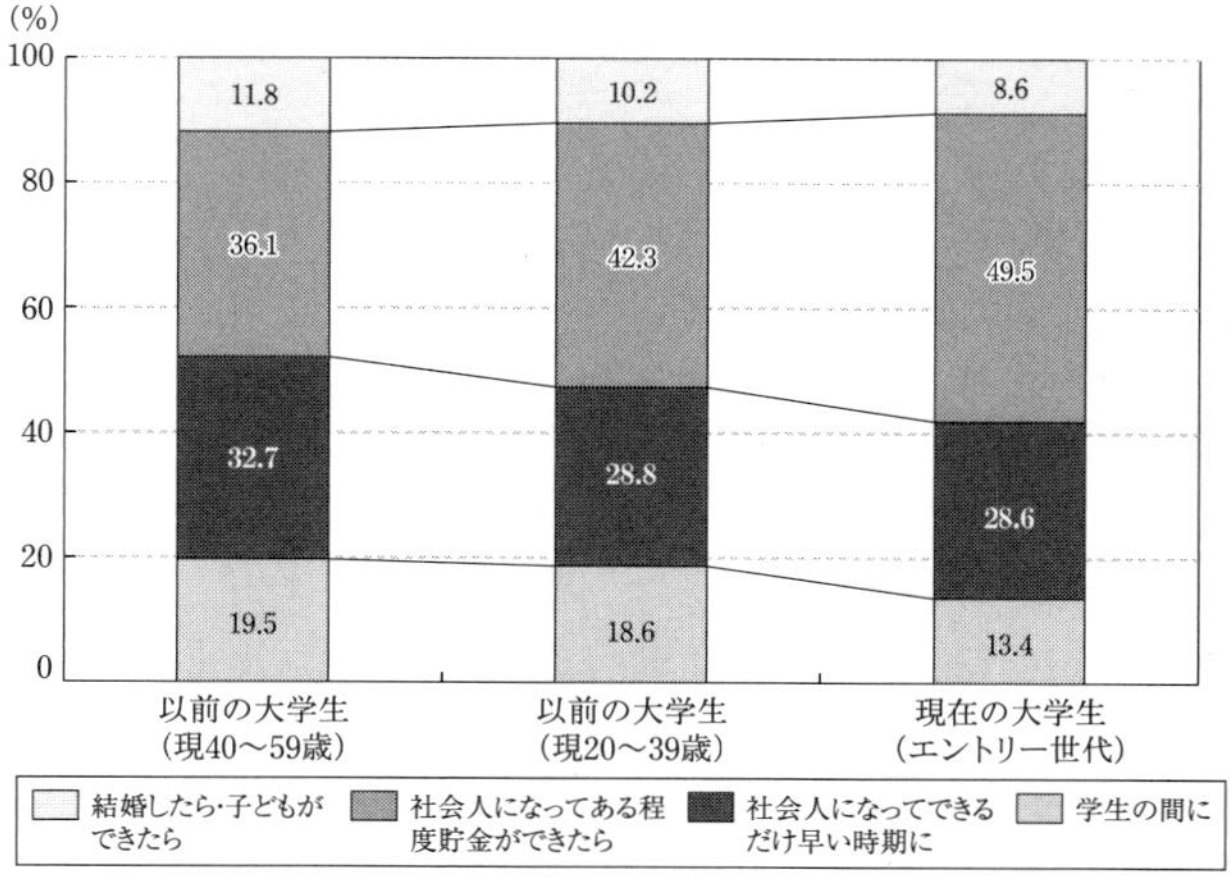

(資料) 一般社団法人日本自動車工業会「2008年度乗用車市場動向調査」より筆者作成

で過ごすことが多く、移動しなくても、いつでもコミュニケーションが取れる環境にあり、結果的にクルマの使用機会が減っている。加えて、周囲に魅力的に映る商品・サービスが増えたことで、相対的にクルマの魅力が低下していることも影響している。

同調査では、以上の変化によって、今の若者がクルマに感じる負担が効用を上回っているのではないか、としている。

情報技術の進化とデジタル・ネイティブ

若年単身世帯では男女とも通信費が増えていた。近年の情報通信技術の進化は著しく、CPIも大きく低下している。現在の若者は技術進化の恩恵を受けて充実した通信環境にあり、多様なコミュニケーションや娯楽を楽しめる環境にある。

具体的に近年の変化を振り返ってみたい。

例えば、90年生まれの24歳を思い浮かべると、生まれた頃はまだインターネットは普及していなかった。携帯電話サービスはすでに開始されていたが、当初は携帯電話機も大きく、通信方式もアナログだった。携帯電話は90年代に大きく進化し、通信方式はアナログからデジタルへと移行した。また、携帯電話機は小型化、液晶ディスプレイも搭載されるようになった。2000年、小学校4年生になる頃には、ドコモで「iモード」がはじまり、携帯電

図表42　インターネットの人口普及率と利用者数の推移

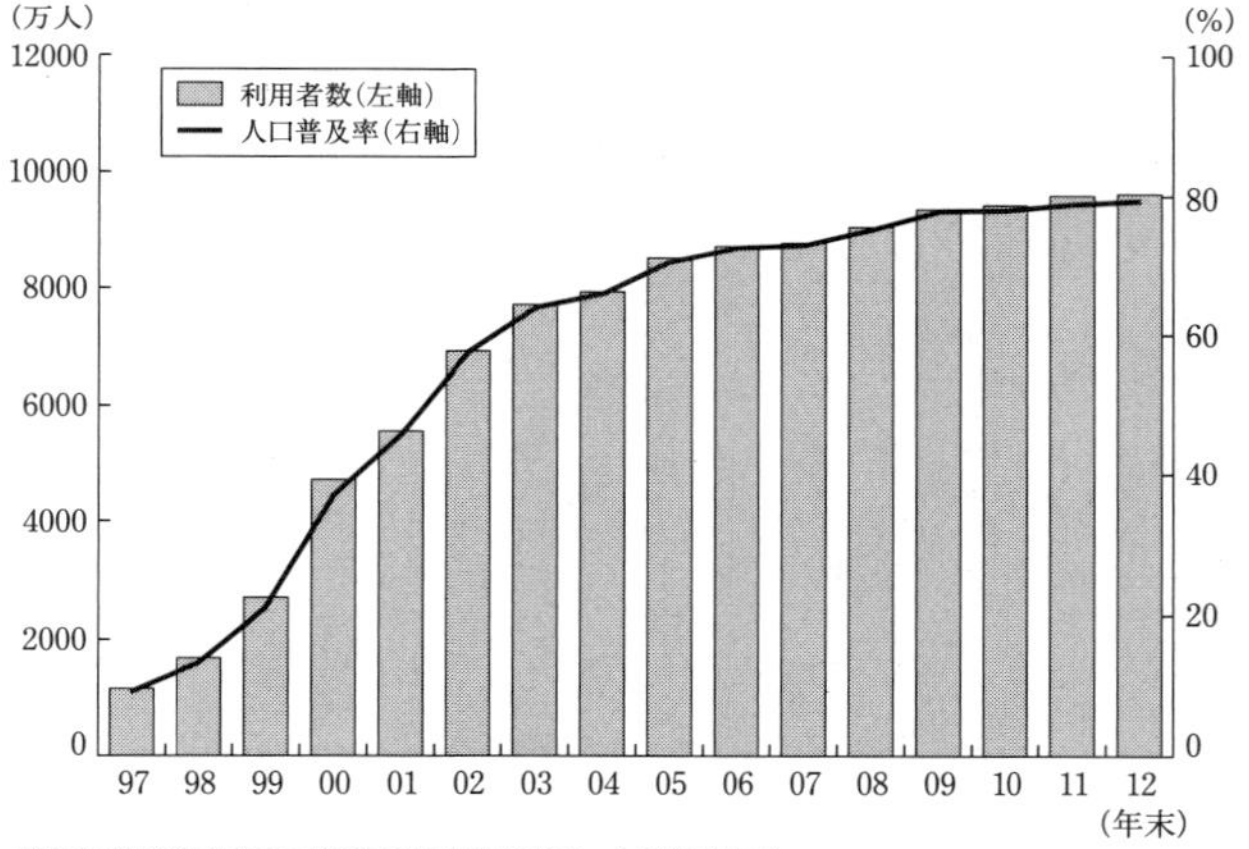

（資料）総務省「平成24年通信利用動向調査」より筆者作成

話からインターネットに接続できるようになった。翌01年には３Ｇサービスがはじまった。通信速度が格段に上がることで、テキストメッセージだけでなく、テレビ電話や映像配信も可能となった。２０００年代はネットの普及拡大が著しく進み、02年には人口普及率が過半数を占めるようになった（図表42）。なお、同時期に携帯電話契約数は約８０００万件に達している。[*6]

そして04年、中学生になる頃には「ｍｉｘｉ」や「ＧＲＥＥ（グリー）」などの無料のソーシャルネットワーキングサービス（ＳＮＳ）がはじまった。06年には「モバゲータウン（11年にＭｏｂａｇｅ：モバゲーへ名称変更）」などのＳＮＳの仕組みを持つゲーム・サービスもはじまり、友人とのコミュニケーション手段も多様化した。08年には、「Ｆａｃｅｂｏｏｋ」で日本語のインターフェースが提供され、ＳＮＳの選択肢も増えた。さらに、ソフトバンクモバイルから「ｉＰｈｏｎｅ」が発売され、スマートフォンが普及拡大した。10年、大学生になる頃には日本メーカー製のスマートフォンも次々と発表された。「ｉＰａｄ」などのタブレット端末も発売され、ネット上の各種サービスを利用する機器がさらに高機能化した。また、この期間、携帯電話の通信速度は格段に上がった。11年には無料のコミュニケーションサービスである「ＬＩＮＥ」がスタート。「ＬＩＮＥ」では、テキストやスタンプなどをチャット・メール感覚でやりとりするだけでなく、無料通話もできる。なお、「ＬＩＮＥ」は短期間で爆発的な広がりを見せ、13年1月には登録者数が1億人を超えた。

つまり、今の若者は、情報通信技術の進化の恩恵を受け、いつでもどこでも簡単に、しかも、お金をかけずに多様な手段でコミュニケーションを取ることができる。

ちなみに、今の若者のように、物心がついた頃からパソコンやインターネット、携帯電話が普及し、学校で情報教育を受けて、情報技術を自在に操れる世代は「デジタル・ネイティブ」と呼ばれる。[*7] 一方、人生のある時点で情報技術が進化し、大人になってから仕事や独学で情報技術を習得した世代を「デジタル・イミグラント」と呼ばれる。

なお、「デジタル・ネイティブ」の範囲や定義には諸説あるが、おおむね90年以降の生ま

れで、その特徴は、
①　インターネットの世界と現実の世界を区別しない
②　情報は無料だと考えている
③　インターネット上のフラットな人間関係になじんでおり相手の地位や年齢、所属など
にこだわらない
などとまとめられている。*8

また、「デジタル・ネイティブ」度（インターネット・リテラシー）が高いほど、他者から注目されたい、賞賛されたいという欲求が強く、自己主張も強い傾向があるようだ。

これらの特徴は、「デジタル・イミグラント」世代から見ると、情報技術の進化によって、今の若者は我儘《わがまま》で、ずうずうしく、礼儀知らずだという印象を受けるかもしれない。このような話題になると、とかく携帯電話やインターネットなどの情報技術は悪者になりがちだ。

しかし、すでにインターネットは必要不可欠な社会基盤であり、人々に多大な恩恵も与えている。また、さらなる進化も止められない。このような状況では、情報社会がはらむ危険性や人格形成に与える影響を十分認識しながら、その長所を活かすように次世代を導いていく方が現実的だ。

例えば、先の「デジタル・ネイティブ」の特徴を前向きにとらえると、

① 仮想と現実を分けない点は、例えば現実的には行くことが難しい海外の相手とも、インターネットを通じて現実に会うのと変わらないコミュニケーションができる

② 情報は無料と考える点は、誰もが情報を得やすいため、下地となる情報を共有した上で様々な議論を深めていくことができる。また、情報を選別する眼を養うこともできる

③ フラットな人間関係になじんでいる点は、相手の肩書きではなく本質的な能力を見る眼を養うことができる

などととらえることもできる。

＊6　一般社団法人電気通信事業者協会「携帯電話・ＰＨＳ契約数（２００２／12）」より、携帯電話とＰＨＳの合計契約数は７９３４万件。
＊7　Prensky, M. (2001) "DigITal Natives, DigITal Immigrants"., On the Horizon, vol.9, Issue 5, pp.1-6
＊8　宇惠弘（２０１２）「大学生を対象としたデジタル・ネイティブと自己との関連」総合福祉科学研究、vol.3, pp.127-131.

接触メディアの変化

「デジタル・ネイティブ」世代では接触するメディアも変化している。20〜30代ではテレビやラジオ、新聞などの視聴時間が減少する一方、インターネットの利用時間は増えている（図表43）。

図表43　20代の１週間のメディア視聴時間の推移

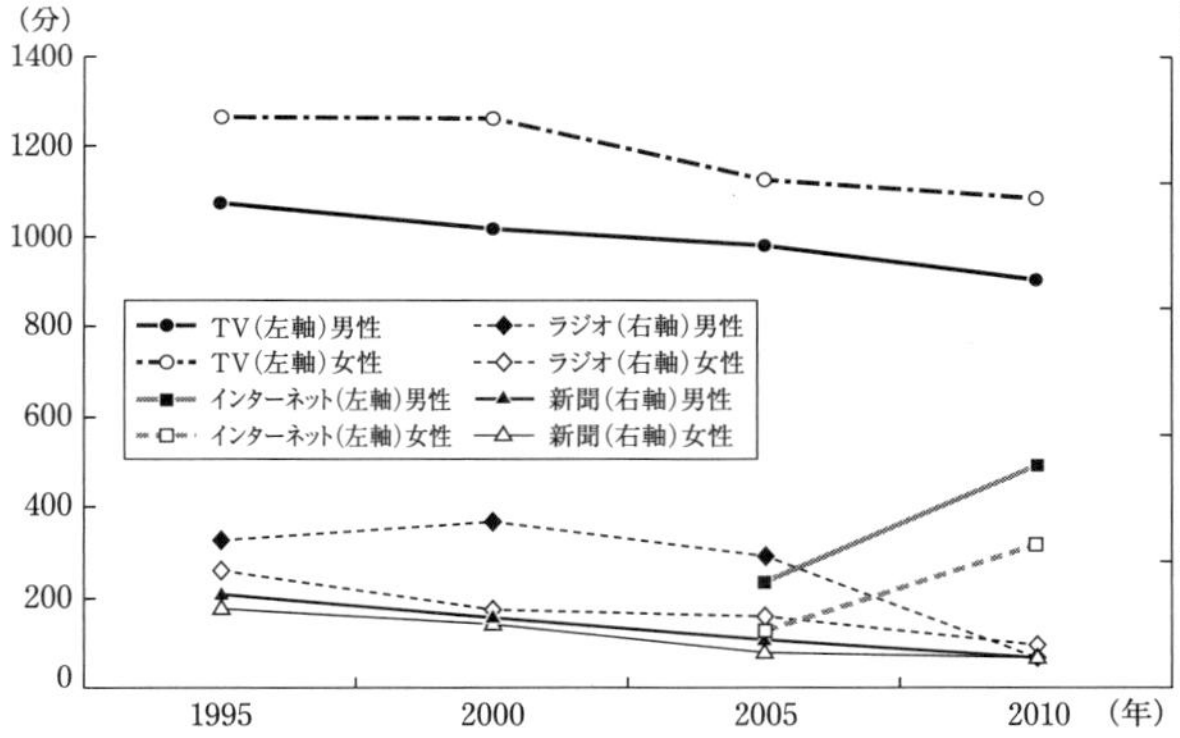

（注）インターネットは趣味・娯楽・教養目的の利用であり、2005年より調査開始。30代でも同様の傾向。
（資料）NHK放送文化研究所「2010年国民生活時間調査」より筆者作成

テレビの視聴時間は依然として圧倒的に長いが、テレビは、つけながら雑誌を読む、つけながらスマホでＬＩＮＥをするなど、「ながら視聴」ができるために視聴時間が長くなるのだろう。一方、インターネットは、情報を調べる・口コミを書き込むなど、能動的な行動となるため、利用時間の長さ以上に若者の生活に変化を与えている。

　すでに様々な企業が、テレビＣＭなど従来のマスメディアを利用した宣伝だけでなく、ＬＩＮＥやＦａｃｅｂｏｏｋなどのＳＮＳも用いるなど、若者に接触するためのメディアの工夫に取り組んでいる。マスメディアを使った広告宣伝が効きにくい傾向は今後も強まるだろう。

図表44　インターネット利用機器として用いているスマートフォン・タブレット端末の割合

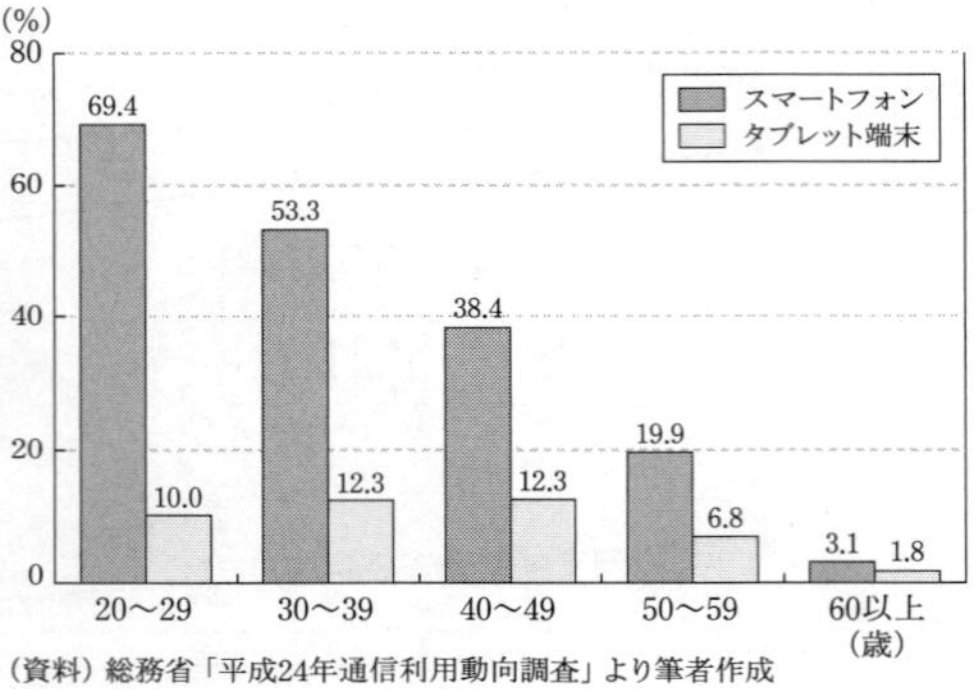

（資料）総務省「平成24年通信利用動向調査」より筆者作成

スマホの普及状況

本書で用いている総務省「全国消費実態調査」は5年ごとに実施される調査で、最新のものでも09年である。よって、変化の早い情報通信に関する消費をとらえるには十分ではない。14年現在であれば、スマートフォンの利用状況が気になるところだ。

総務省「平成24年 通信利用動向調査」によると、インターネットを利用する際の機器は、20代ではスマートフォンが7割を占め、全年代で最も高い（図表44）。なお、前年比で、20代では24%も伸びており、普及拡大が著しい。同調査は13年1月に実施されたものであり、14年調査ではさらに上昇しているだろう。また、タブレット端末の利用割合は20代より30〜40代の方が若干高い。

ところで、若者はインターネットで実際に何をしているのだろうか。

20代のインターネット利用目的で最も多いのは「電子メールの受発信」（66・1%）で、

僅差で「ホームページ・ブログの閲覧」（64・4％）、「商品・サービスの購入・取引」（62・8％）が続く。このほか「ソーシャル・メディアの利用」（55・5％）までが半数を超えて多い（図表45）。

また、20代のSNS利用目的は「従来からの知人とのコミュニケーションのため」（58・8％）や「知りたいことについての情報を探すため」（48・4％）が圧倒的に多い（図表46）。つまり、上の世代が想像するような、**ネットから始まった友人との付き合い、ネットだけのコミュニケーションがメインではない**。しかし、「同じ趣味・嗜好を持つ人を探したり交流関係を広げるため」（27・0％）も比較的多く、今後じわじわとネット上の友人が増えていく可能性はある。

なお、SNSを利用する頻度は「毎日少なくとも1回以上」が半数を超えて多い。利用端末は、やはり「スマートフォン」（60・5％）が最も多く、次いで「パソコン」（49・0％）、「携帯電話」（15・8％）の順である。

総務省「平成24年版 情報通信白書」では、スマートフォンからのインターネット利用者の特徴について、モバイル端末利用者の中では接触時間が長く、通信料は高水準であり、従来のフィーチャーフォン利用者より電子商取引やコンテンツ購入も相当程度高い水準にある、とまとめている。1日の接触時間は、フィーチャーフォン利用者では平均62分だが、スマー

図表45　20代のインターネット利用目的（上位20位）

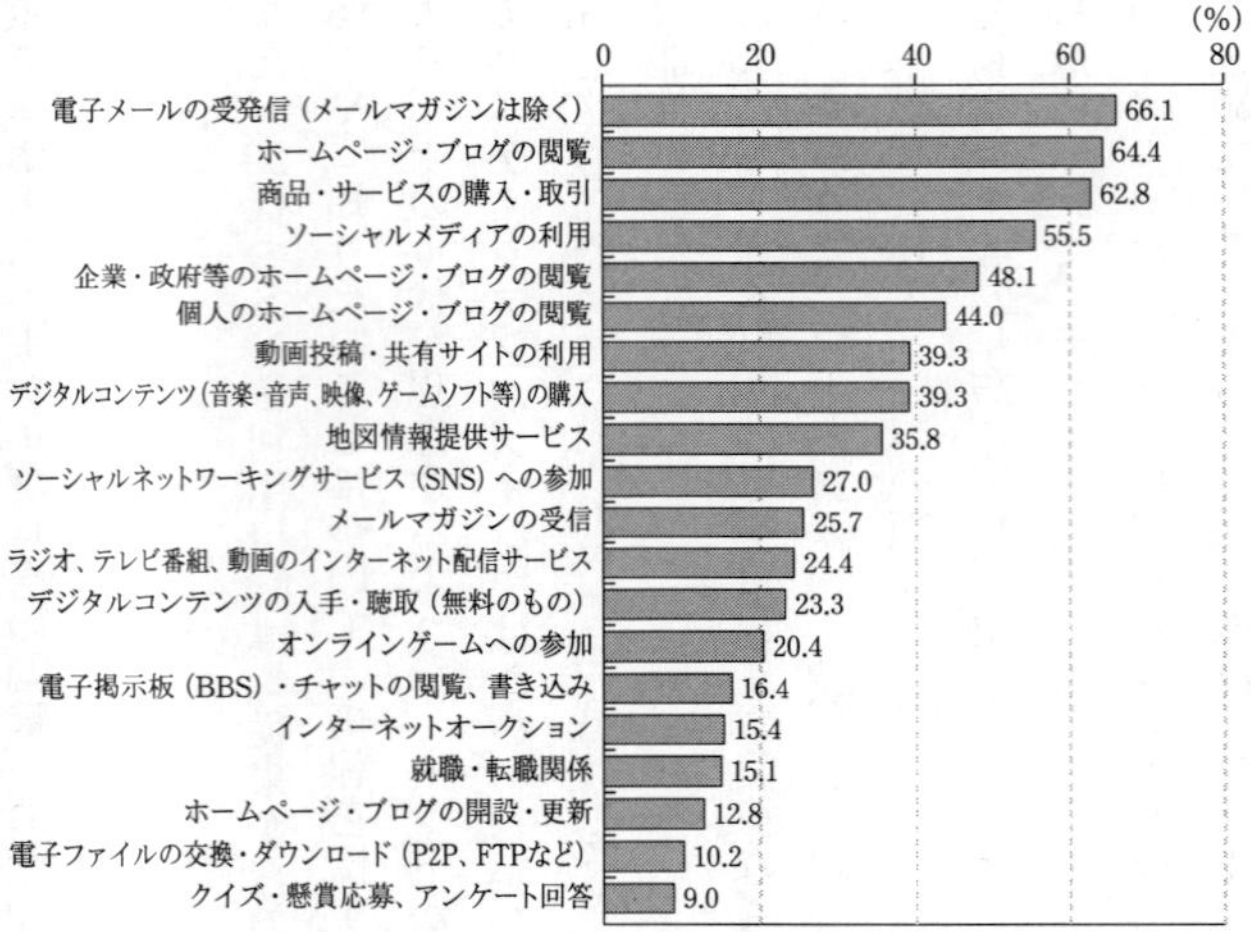

（資料）総務省「平成24年通信利用動向調査」より筆者作成

図表46　20代のソーシャル・メディアサービスの利用目的（上位8位）

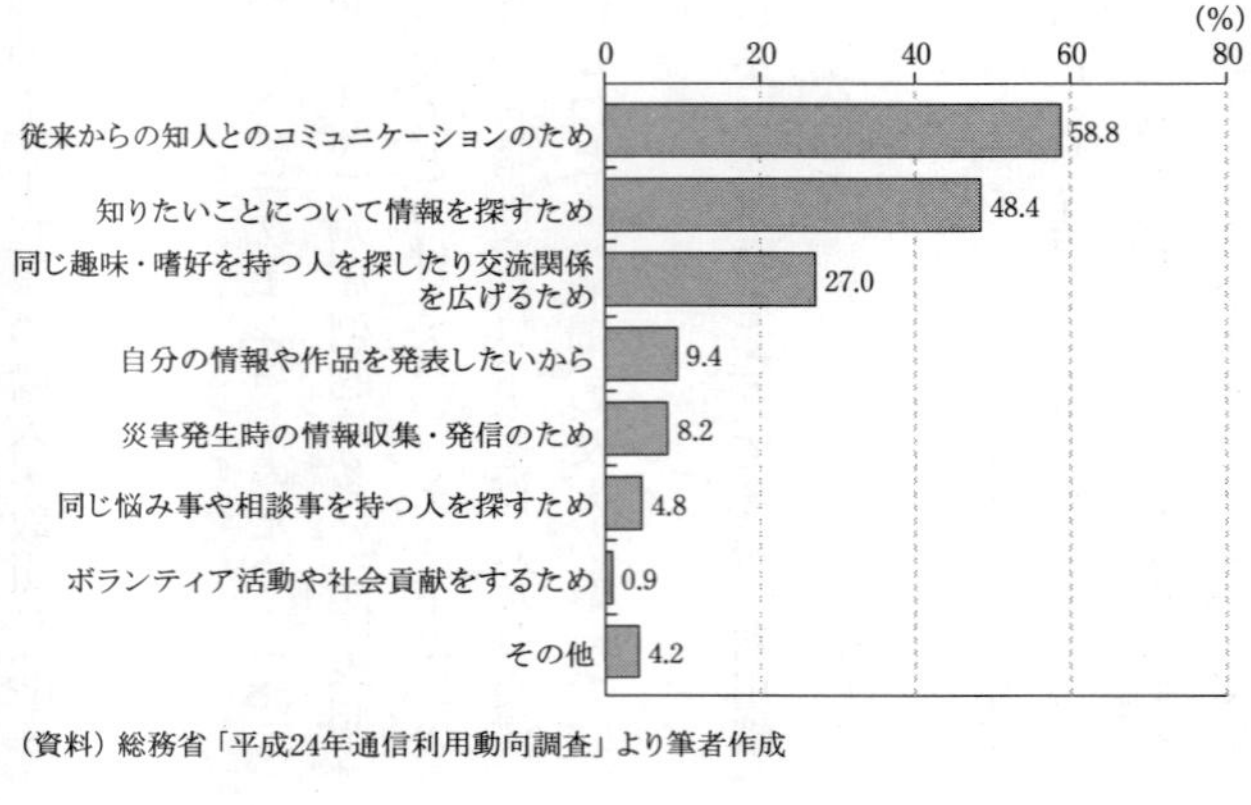

（資料）総務省「平成24年通信利用動向調査」より筆者作成

トフォン利用者では平均101分で、スマートフォン利用者では平均129分と、２倍以上である。なお、タブレット端末利用者では平均101分で、スマートフォン利用者の方が長い。

月々の通信料は、フィーチャーフォン利用者では平均４４４８円だが、スマートフォン利用者では平均９４８８円で、やはり２倍以上だ。なお、タブレット端末利用者では平均１万574円である。

若者ではスマートフォンの普及が進んでいるが、通信に充てる支出はどうだろうか。

総務省ではＩＴ関連の消費実態を把握するために「家計消費状況調査」を実施している。同調査によると、家族世帯の結果にはなるが、世帯主の年齢が30歳未満の世帯において、12年12月から13年６月までの「移動電話（携帯電話・ＰＨＳ）使用料」の増減率は前年比プラスが続いている。一方、「移動電話機（携帯電話機、ＰＨＳの本体価格と加入料）」は13年３月以降、前年比マイナスが続いている。

つまり、30歳未満の家族世帯では、12年度中にフィーチャーフォンからスマートフォンへの買い替えが進んだために、フィーチャーフォン利用時よりも通信料が上がっているようだ。一般的にスマートフォンでは、フィーチャーフォンよりパケット通信料プランの上限額を高く設定しており、通信料が高くなるケースが多い。[*9]

ちなみに、30～60代の世帯では「移動電話機（携帯電話機、ＰＨＳの本体価格と加入料）」

の増減率は前年比プラスが続き、高年齢層ほど増加幅が大きい傾向がある。つまり、若年層からはじまったスマートフォンへの買い替えが、現在は高年齢層へと移っているようだ。

＊9　例えば、株式会社NTTドコモ公式HPによれば、スマートフォンが主な対象であるパケット通信料の定額プラン「Xiパケ・ホーダイフラット」は5700円／月だが、従来のフィーチャーフォンが主な対象であるiモードは利用量に応じた従量制であり、通信上限額が4200円／月であること（14／4）、など。

教養娯楽費の変化

ここまで、若者の消費行動の変化を構造的にとらえるために、総務省「全国消費実態調査」における若年単身世帯の消費支出の変化に注目してきたが、最後に「教養娯楽」について見ていきたい。

「教養娯楽」には旅行のほか、テレビやパソコンなどの教養娯楽耐久財、スポーツ用品やゲームなどの教養娯楽用品、書籍や雑誌などが含まれる。

それぞれのCPIも男女の支出額の変化も様々だが、特徴的な変化を取り上げると、**男性では旅行の支出が増え、女性ではパソコンやビデオレコーダーといった比較的操作が複雑な家電製品の保有率が男性に近づいていることがあげられる。**

具体的な数値を追うと、若年単身世帯の「教養娯楽」の支出額は男性では＋3083円増加し、女性では△1039円減少している（図表47）。

図表47　30歳未満の単身勤労者世帯の教養娯楽費と実質増減率の変化

	男性				女性			
	1989年（円）	2009年（円）	差（円）	実質増減率（%）	1989年（円）	2009年（円）	差（円）	実質増減率（%）
教養娯楽	23956	27039	＋3083	＋ 18.3	18834	17795	△1039	△ 1.0
教養娯楽耐久財	2649	2222	△ 427	＋ 9.2	1451	2200	＋ 749	＋ 97.3
教養娯楽用品	5556	6103	＋ 547	＋ 12.4	3751	2980	△ 771	△ 18.7
書籍・他の印刷物	3910	2368	△1542	△ 58.3	2748	2430	△ 318	△ 39.7
教養娯楽サービス	11841	16346	＋4505	＋ 15.3	10885	10185	△ 700	△ 21.9

（資料）総務省「全国消費実態調査」より筆者作成

図表48　30歳未満の単身勤労者世帯の教養娯楽費に占める割合の変化

（%）

	男性			女性		
	1989年	2009年	差	1989年	2009年	差
教養娯楽耐久財	11.1	8.2	△ 2.8	7.7	12.4	＋ 4.7
教養娯楽用品	23.2	22.6	△ 0.6	19.9	16.7	△ 3.2
書籍・他の印刷物	16.3	8.8	△ 7.6	14.6	13.7	△ 0.9
教養娯楽サービス	49.4	60.5	＋ 11.0	57.8	57.2	△ 0.6
合計	100.0	100.0	――	100.0	100.0	――

（資料）総務省「全国消費実態調査」より筆者作成

なお、「教養娯楽」のCPIは、89年を100とすると、09年では95・4で、ほぼ同様だが、個別品目の状況は異なる。「教養娯楽耐久財」（テレビやパソコン、楽器、学習机など）のCPIは09年では11・2であり、10分の1にまで大幅に低下している。一方、「教養娯楽用品」（文房具やスポーツ用品、ゲーム、音楽・映像メディア、玩具など）はほぼ変わらず（97・7）、「書籍・他の印刷物」（134・2）や「教養娯楽サービス」（旅行費や月謝など、117・0）はやや上昇している。

個別品目について詳しく見ていこう。

男性では、「教養娯楽」に占める個別品目の割合で最も多いのは、89年では圧倒的に「教養娯楽サービス」であり、半数近くを占める（図表48）。次いで、「教養娯楽用品」、「書籍・他の印刷物」である。09年でも順位は同様だが、「教養娯楽サービス」が占める割合が増え、6割に達する。

女性も男性と同様であり、89年も09年も圧倒的に「教養娯楽サービス」が多く、「教養娯楽」の6割近くを占める。女性では主だった品目の占有率に大きな変化はないが、唯一「教養娯楽耐久財」の割合が上昇している。

男女の変化をまとめると、いずれも「教養娯楽サービス」が多くを占めるが、男性では「教養娯楽サービス」に充てる割合が上昇し、女性と同水準になった。一方、女性ではテレビやパソコンなどの「教養娯楽耐久財」に充てる割合が上昇している。

ここで、主な耐久消費財の保有率の変化を確認したい。

女性ではもともと冷蔵庫や掃除機、洗濯機、電子レンジといった家事に関わる家電製品の保有率が男性より高いが、09年ではさらに保有率が上昇している（図表49）。その一方で、カラーテレビやパソコンなどの家事に関わらない家電製品の保有率が男性より低い傾向にある。特に、パソコンやビデオレコーダーなど比較的操作が複雑な機器の保有率が低い。しかし09年ではそれらの保有率があがり、男性に近づいている。

この背景には、女性の可処分所得の増加のほか、情報通信技術の進化により操作が容易になったことに加え、学校での情報教育や会社での働き方の変化（オフィスのＩＴ化、男性と同様に働く女性の増加）などがあるだろう。

なお、男性でビデオレコーダー（ＤＶＤやブルーレイを含む）の保有率が低下している背景には、通信機器や通信環境の進化により映像コンテンツを楽しむ手段が多様化していること

図表49　30歳未満の単身勤労者世帯の主要耐久消費財の普及率の変化

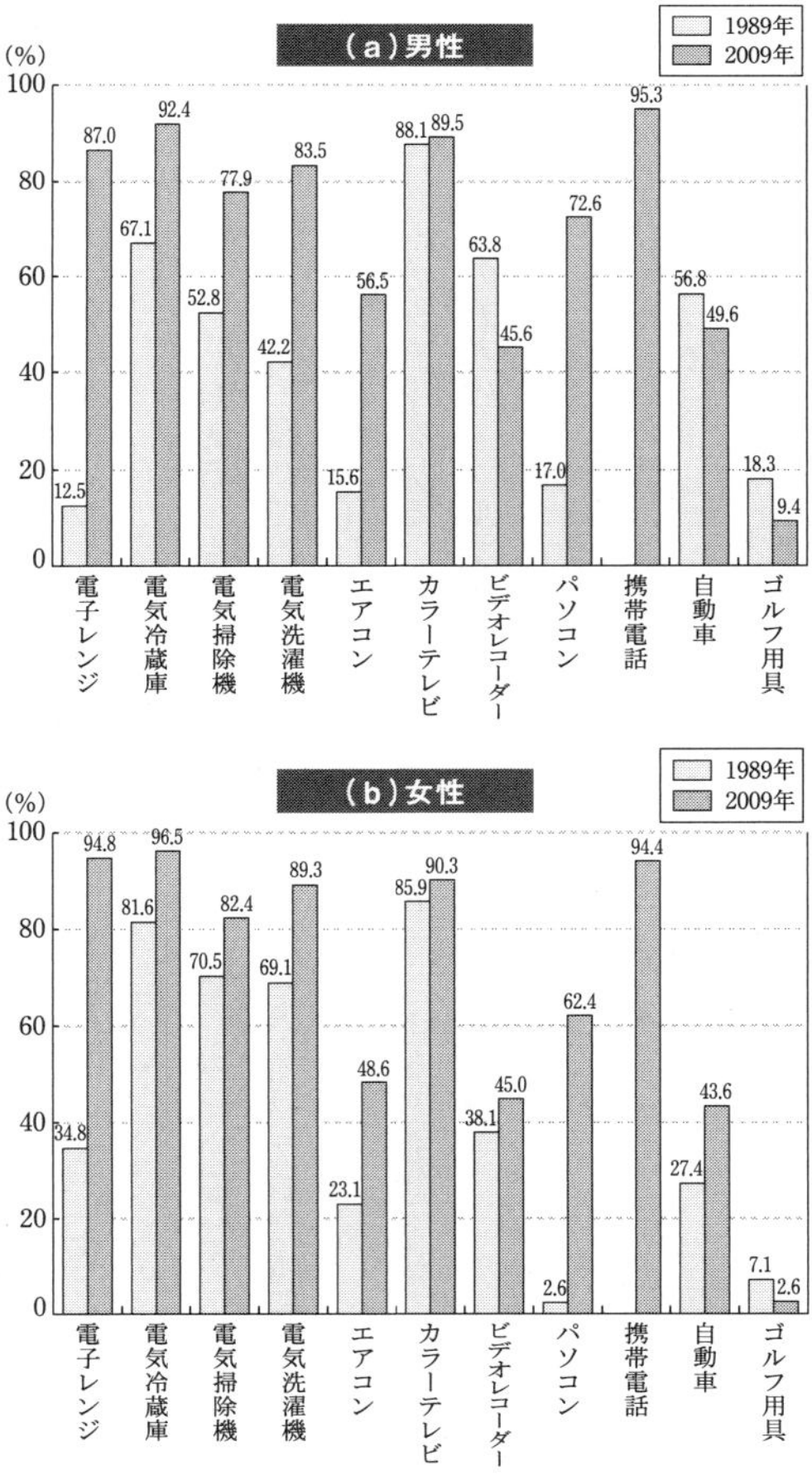

（資料）総務省「全国消費実態調査」より筆者作成

とが指摘できる。例えば、DVDは専用の機器がなくてもパソコンで再生できる。テレビ番組は録画しなくても、携帯電話のワンセグ機能でいつでも視聴することができる。また、見逃してしまった場合も、ネット上で購入して後から見ることもできるし、YouTubeなどにアップされていることもある。また、ひと昔前は映像を楽しみたい場合、テレビか映画などしかなかっただろうが、現在ではそもそも多くの選択肢がある。テレビ番組を録画して見たいという欲求が、相対的に低下していることもあるだろう。

また、耐久消費財の保有率を見ると、ゴルフ用具の保有率は男女とも低下している。**やや地味な変化だが、今の若者は「ゴルフ離れ」しているのかもしれない。**

次に、「教養娯楽」に費やす金額の変化を見ると、男性では89年から09年にかけて、「教養娯楽サービス」や「教養娯楽用品」、「教養娯楽耐久財」は増えているが、「書籍・他の印刷物」は減っている。なお、「教養娯楽耐久財」はCPIの低下が著しいため、支出額は減少しているが、実質増減率は上昇している（図表47）。

一方、女性では、「教養娯楽耐久財」に充てる支出額が増加し男性と同様になったことで、実質増減率は大きく上昇しているが、そのほかの項目は全て低下している。

家電製品の保有率は男女とも全体的に上昇しているが（図表49）、この背景には家電製品の著しい価格下落があるだろう。つまり、現在の若者は技術進化による家電製品の価格下落の恩恵を受けて、バブル期の若者よりも便利で豊かな生活を送っている。なお、家電製品のコモディティ化による価格競争で企業が疲弊する問題については多数の報告がある。[*10]

ところで、男性で増加している「教養娯楽サービス」だが、その内訳を見ると、特に「パック旅行費」が増えている。男性の「パック旅行費」に充てる支出は、89年から09年にかけて1597円から4217円（＋2620円）へと増加している。

航空便と現地での宿泊がセットになる「パック旅行」という旅行形態は以前から存在していたが、「格安航空券」を利用した「パック旅行」は最近のサービスのようだ。バブル期は航空法の規制により航空券を割り引ける仕組みがなく、航空券の割引という概念はなかっただろうが、航空法の改正により割引が可能となり、今では当たり前のものである。

日本の航空輸送産業は1951年に制定された航空法により規制されてきた。しかし、国民の所得水準の上昇によるニーズの増加・多様化、また、諸外国における規制緩和の進行などにより、航空法が改正されている。以前は、同一路線は全て同一金額で運航されていたが、94年に航空券の割引が認可された。また、96年には幅運賃制度が認可され、一定の範囲内であれば事業者が運賃を設定できるようになった。さらに、98年には35年ぶりに事業者の新規参入が認められ、2000年の改正航空法では運賃の設定が原則自由化された。より最近では、従来と比べて低コストで低運賃を実現するＬＣＣ事業者もあらわれ、10年頃から日本にも海外のＬＣＣ事業者が本格参入している。ＬＣＣを使うと、例えば、Ｐｅａｃｈでは大阪（関西空港）―香港便は片道８８８０円、大阪（関西空港）―東京（成田空港）は片道２０００円と、バス並みの運賃だ（13年10月31日現在）。

つまり、今の若者は航空業界の規制緩和・競争激化による価格下落の恩恵を受けて、バブル期の若者より安価な旅行をしやすい環境にある。

＊10　延岡健太郎ほか「コモディティ化による価値獲得の失敗：デジタル家電の事例」内閣府経済社会総合研究所ディスカッションペーパー２００５年度、06-J-017.

「海外離れ」は本当か

今は格安航空券などもあり、バブル期より旅行しやすい環境が整っている。しかし、20代の海外渡航者数は減少しており、「今の若者は海外へ行かない」、「内向き志向が強い」などという声も聞く。しかし、若年単身世帯の男性では旅行の支出が増えている。海外旅行とは限らないが、バブル期よりも旅行意欲は高まっている。20代の出国状況を見ると、**海外渡航者数の減少は少子化の影響が大きく、海外渡航者の割合を見ると、必ずしも「海外離れ」をしているとは言えない。**

法務省「出入国管理統計表」によると、20代の出国者数は確かに減少している（図表50）。しかし、75年生まれ以降は少子化が進行した世代であり、渡航者数で議論するのではなく、渡航者率で議論すべきである。そうすると、20代の出国者率は、85年から96年までは右肩上がりで上昇している。96年の出国者率は24・２％であり、４人に１人は海外へ行った計算となる。しかし、97年から出国者率は低下傾向を示している。特に01年と03年の低下幅は比較的大きい。01年には米国同時多発テロ、03年にはＳＡＲＳ（Severe Acute Respiratory Syndrome：重症急性呼吸器症候群）の流行やイラク戦争の勃発があり、これらの影響によるものだろう。

20代の出国者率は08年頃まで低下傾向が続いているが、09年以降は上昇に転じている。12年には23・４％まであがり、90年代のピーク時に次ぐ高水準である。

年代別に近年の出国者率を見ると、08年頃から、20代だけでなく全ての年代で上昇傾向を示している（図表51）。08年までは、20代より30～40代の出国者率の方が高かったが、09年以降は20代の出国者率が最も高い。20代の出国者率は、08年から12年にかけて、18・４％から23・４％（＋5.1％）へと上昇し、全ての年代の中で最も上昇幅が大きい。

なお、出国目的には旅行や出張、海外赴任、留学、永住など様々なものがあるが、国民全体で出国者率が上昇している背景には、**特に海外旅行者数の増加がある。**

図表50　20代の出国者数と出国者率の推移

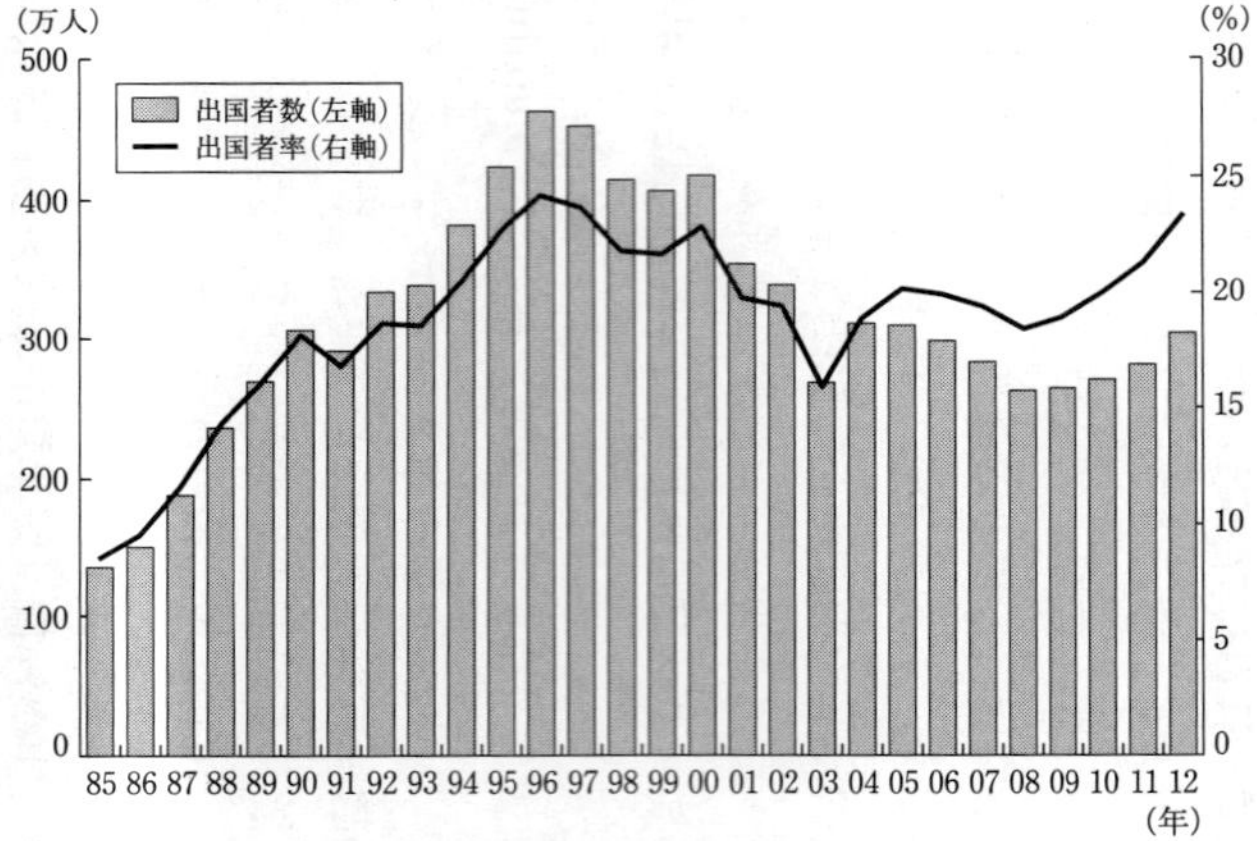

(資料) 法務省「出入国管理統計表」および総務省「人口推計」より筆者作成

図表51　出国者率の推移

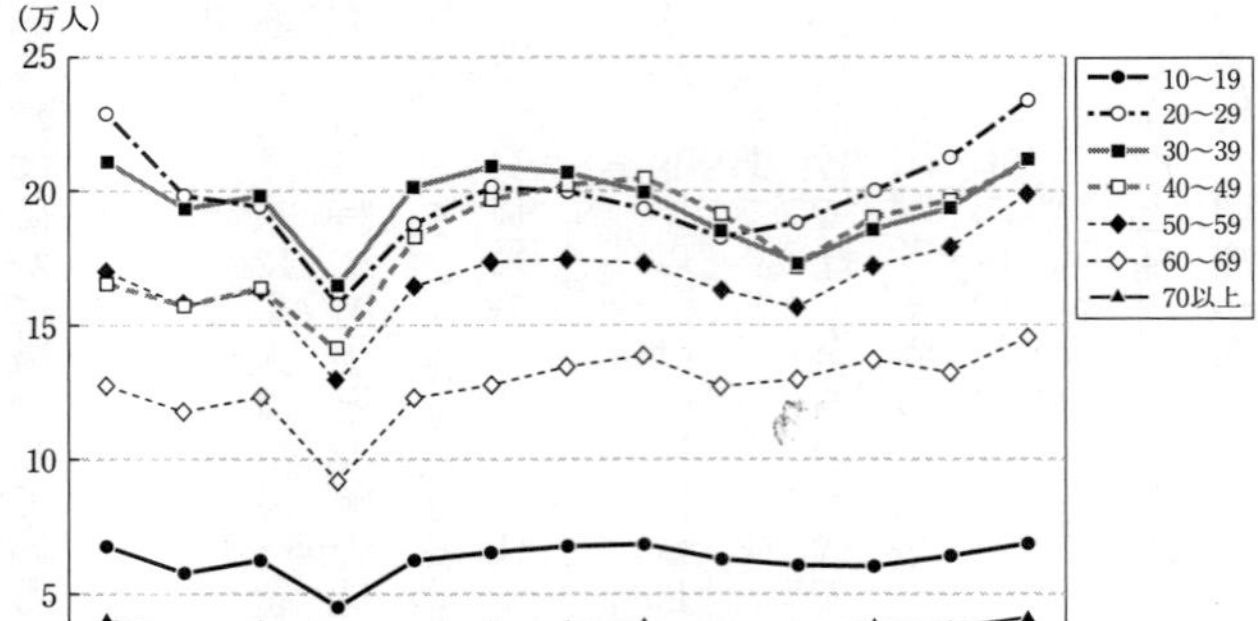

(資料) 一般社団法人日本旅行業協会「保存版 旅行統計 (2013年度)」より筆者作成

図表52　海外旅行者数の推移

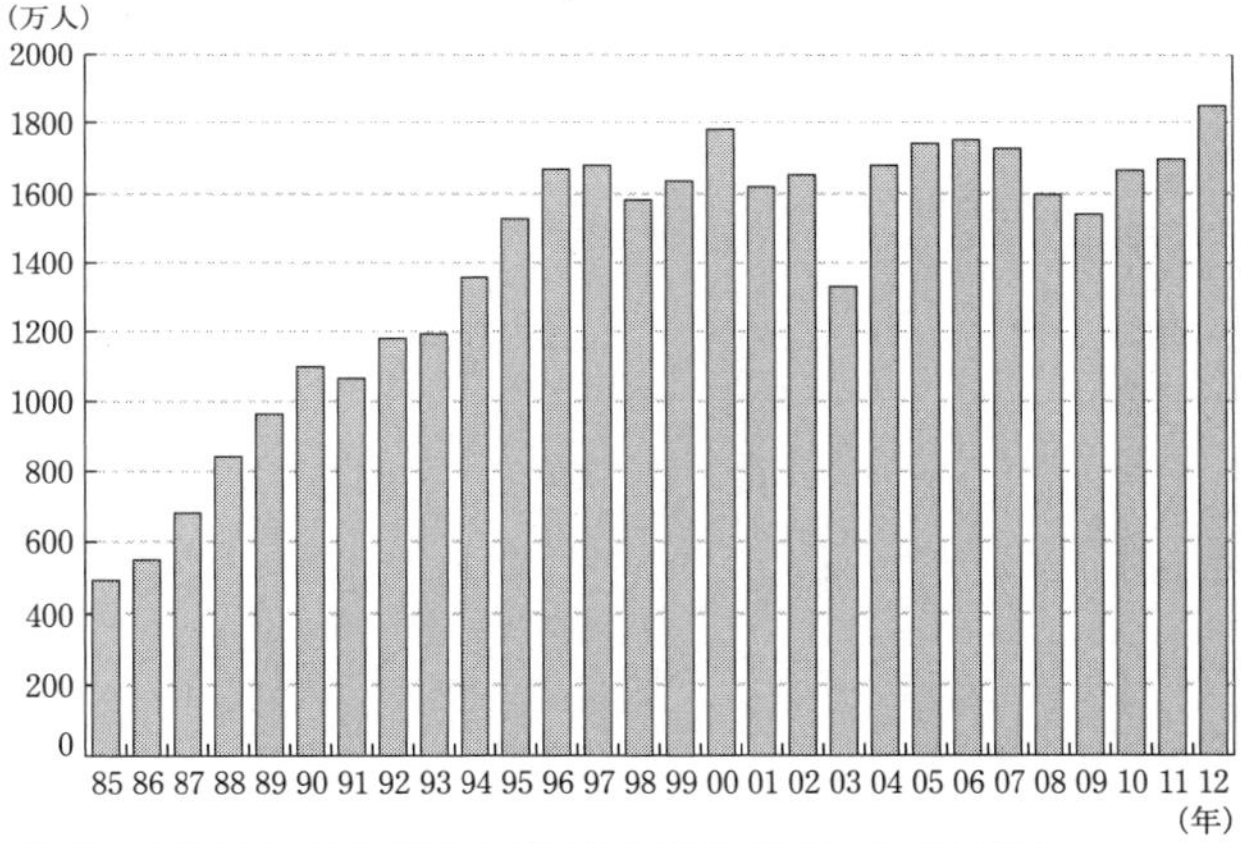

（資料）一般社団法人日本旅行業協会「保存版 旅行統計（2013年度）」より筆者作成

一般社団法人日本旅行業協会「保存版 旅行統計」によると、海外旅行者数は２０００年頃までは増加傾向が続いていたが、その後、やや減少傾向に転じている（図表52）。しかし、ここ数年は増加が続いており、12年の海外旅行者数は１８４９万人と、２０００年の１７８２万人を超えた。

この背景には、ＬＣＣの登場による航空料金の低下や、10年に羽田空港で新国際線ターミナルがオープンし、利便性が向上したことなどがあげられる。また、リーマン・ショック直後の景気の冷え込みが一旦、落ち着いたこともあるだろう。

このように国民全体で海外旅行意欲が高まる中で、比較的、自由に時間を使いやすい20代で特に海外旅行意欲が高まったことが、出国者率の上昇につながっている可能性がある。

「留学離れ」は本当か

若者の出国目的の大半は海外旅行だろうが、では、今の若者の留学状況はどうなっているのだろうか。よく世間では、若者の留学が減り「内向き志向」などと言われているが、実際はどうなのだろうか。

「はじめに」で示した通り、留学生の数自体が減っているのは、出国状況と同様に少子化の影響である。留学者率は実はバブル期より高いため、一概に若者の「留学離れ」、「内向き志向」とは言えない。しかし米国では、日本以外のアジア諸国の留学生の存在感が増す一方、日本人留学生の存在感が薄れているという状況はあるようだ。

日本人の留学者率は07年頃までは上昇・横ばい傾向が続いている（図表53）。しかし、08年から低下に転じている。とはいえ、10年（0・36％）とバブル期（86～91年で0・07～0・15％）とを比べると、実は2～5倍にもなる。今の若者の留学意欲はバブル期の若者より強い。

また、留学者率は08年から低下に転じているが、同年にはリーマン・ショックがあり、このことで経済状況が悪化した家庭もあっただろう。最近の留学者率の低下は、若者の意識が

図表53　日本人の留学者数と留学者率の推移（図表1再掲）

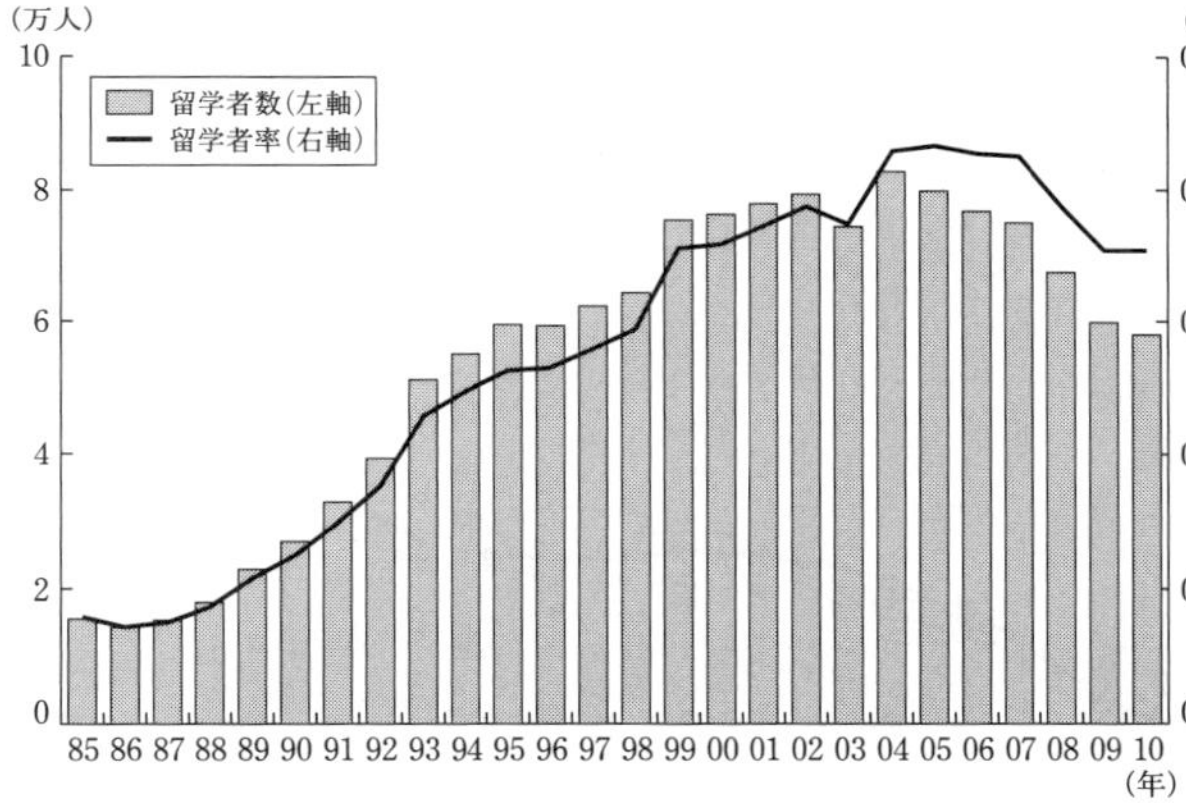

（注）留学者率は18～29歳人口に占める留学者数の割合。
（資料）文部科学省「日本人の海外留学状況」および総務省「人口推計」より筆者作成

変化したというよりも、留学資金を出す親の経済状況が影響しているのではないだろうか。

それでは、なぜ日本人留学生の存在感が弱まっているという話題が出るのだろうか。この背景には日本以外のアジア諸国との勢いの違いがあるようだ。

米国国際教育研究所「Open Doors 2013」にて、米国における主なアジア諸国の留学者数の推移を見ると、中国人が著しく増加し、インド人や韓国人も高水準で推移しているが（図表54）、日本人は２０００年頃から減少している。中国やインドは人口規模が大きく、また教育状況も発展段階にあるため、留学者数は増えやすい。少子化が理由とはいえ、日本人留学生が減少すれば、その存在感が薄まることに違いはない。また、韓国では日本以

図表54　米国における主なアジア諸国の留学者数の推移

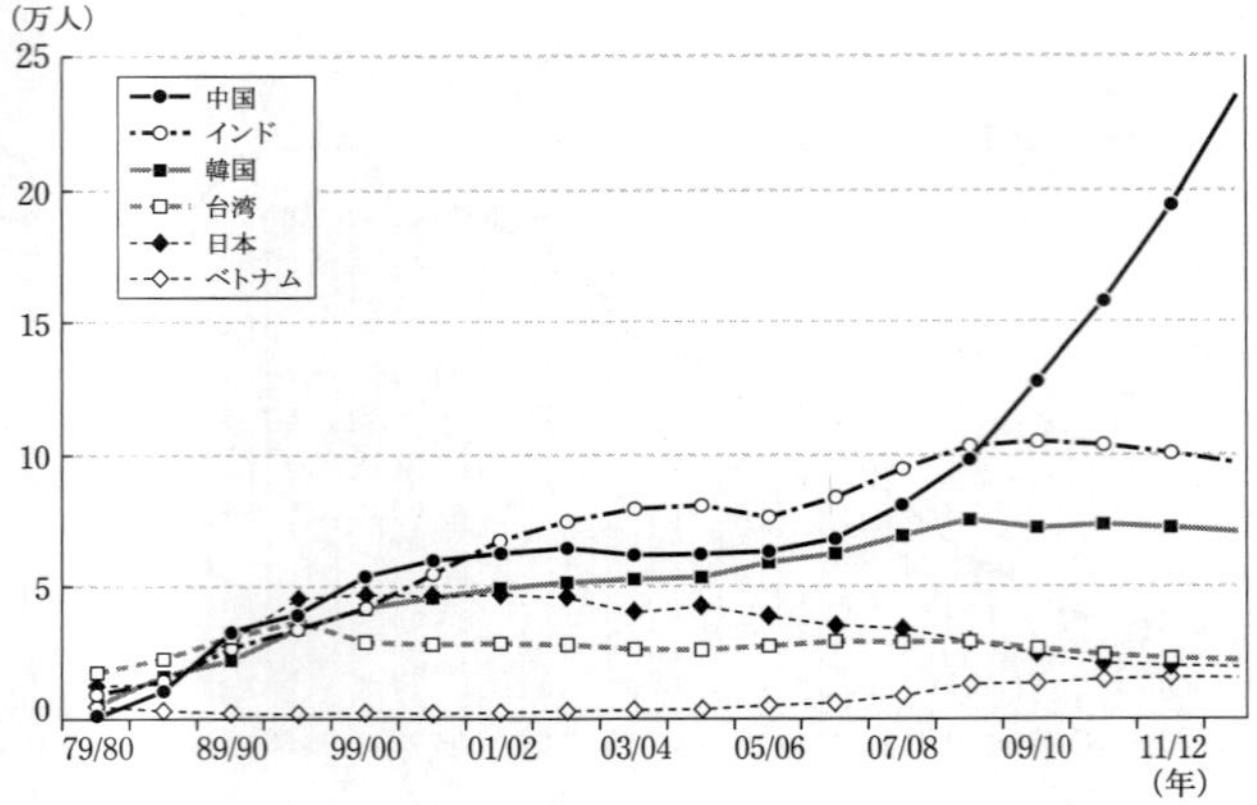

(資料) InstITute of International Education, "Open Doors" より筆者作成

図表55　米国における主なアジア諸国の留学生のアカデミック・レベル (2012/13)

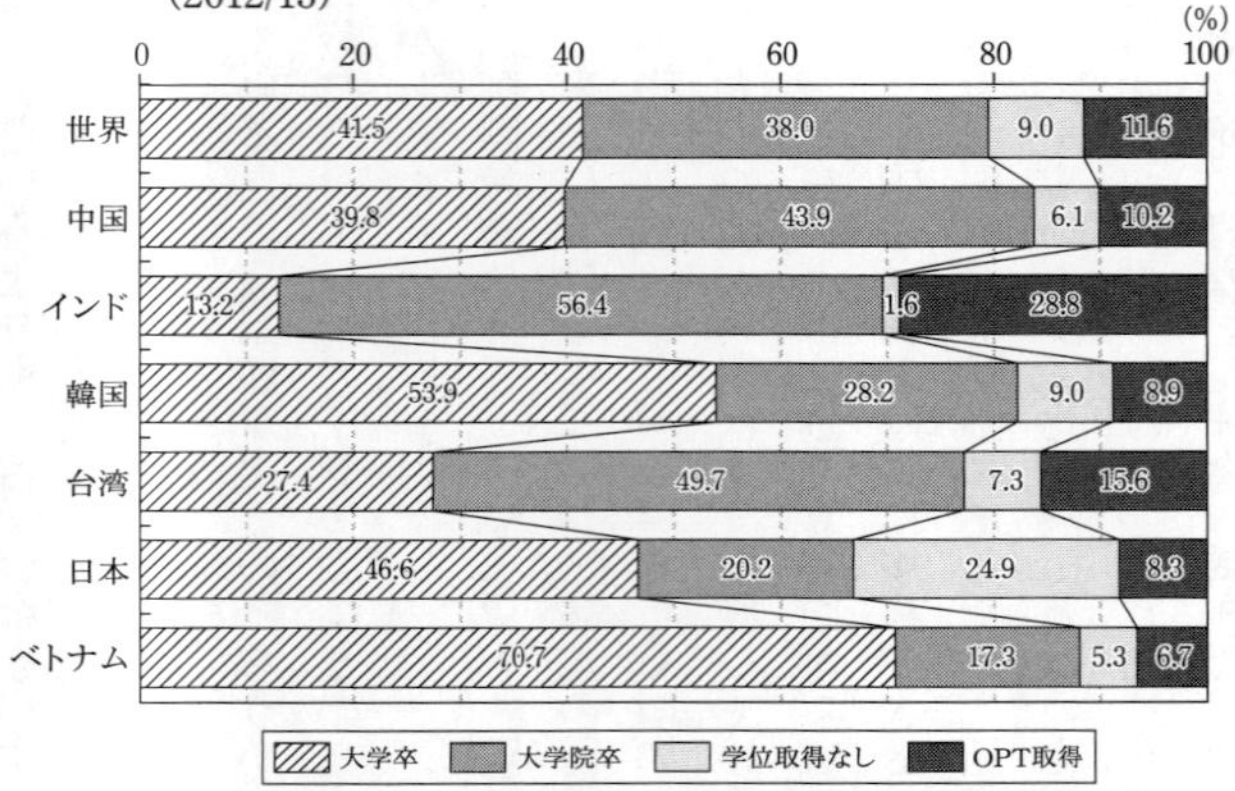

*OPT (Optional Practical Training) ＝1年間米国で働ける権利のこと。

(資料) InstITute of International Education, "Open Doors" より筆者作成

上に少子化が進行しているが、米国への留学者数は高水準を保っているという状況もある。

さらに、米国における主なアジア諸国の留学生のアカデミック・レベル（学部・大学院などの別）を見ると、日本人は半数程度が大学生であるのに対して、インド人や台湾人、中国人は半数程度が大学院生である（図表55）。中国人やインド人は留学生の人数も多く、さらに、大学院生も多いとなると、日本人留学生の存在感が薄まるのは仕方ないだろう。

このようなアジア諸国との状況の違いが、日本人の若者は「内向き志向」という論調につながっている可能性がある。

2000年前後の若者の「旅行離れ」

話は戻るが、20代の出国者率は近年上昇傾向にある。しかし、2000年前後は低下していた。近年の出国者率の上昇の背景には海外旅行者数の増加があるように、出国者率が低下していた背景には旅行意欲の減退があったようだ。

今一度、若年単身世帯の「教養娯楽サービス」に充てる支出の推移を見ると、男女ともバブル期と比べれば増加しているものの、94年をピークにやや低水準で推移している（図表56）。なお、この値は名目上の数値であり、CPIを考慮すると減少幅はやや小さくなる。

旅行業界では2000年代に入ってから若者の「旅行離れ」が共通認識としてあり、観光

図表56　30歳未満の単身勤労者世帯の「教養娯楽サービス」費の推移

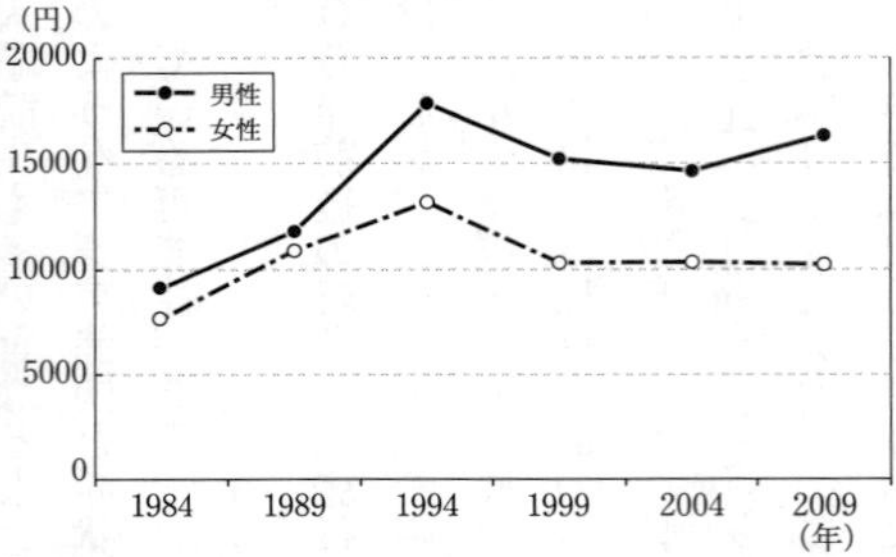

(資料) 総務省「全国消費実態調査」より筆者作成

庁では10年に、産官学の関係者を集めて「若者旅行振興研究会」を発足させている。

同研究会では、若者の旅行実態についての調査・分析をもとにして、若者の旅行振興に関する方策を提案している。このほか業界団体や民間企業でも、若者の「旅行離れ」に関する報告がいくつか存在する。[*11] これらによると、若者の「旅行離れ」の背景には費用や時間の余裕のなさがあるほか、娯楽の多様化、テロや感染症などに対する忌避感などもある。

政策研究大学院大学准教授の日比野直彦らは、観光統計調査や国民生活に関する調査を用いて、若者の「旅行離れ」の背景を分析している。[*11] この分析によると、若年層が旅行をしない理由には「時間的余裕がない」や「経済的余裕がない」が大きくあがるが、生活時間や所得の分析から、この20年間で、**実は余暇時間は増加しているものの旅行以外に費やされており、さらに、所得の実質額は減少していない**（本書で述べてきた生活時間や所得の変化とも一致）。よって、時間的余裕のなさや経済的余裕のなさは、若者の「旅行離れ」

の間接的理由ではあるかもしれないが、直接的理由ではないと結論づけている。

また、日比野らは、若年層が旅行に行かない理由として「なんとなく」が比較的多いことに注目している。この背景をとらえるために、若年層の観光の活動の種類や参加人数などの観光行動を分析した結果、これまで主要なアクティビティであったスポーツ（20年で8割減）や温泉が大幅に減少していること、参加人数が減少し団体旅行のような形のものが減っていること、友人・知人や、職場・学校など所属する組織の人などと一緒に行く旅行が減っていることが分かった。

これまでは本人の志向に関係なく、大学のサークルや同好会などが主催するスキー旅行などへの参加を検討する機会があったが、それも少なくなり、**「なんとなく」旅行に参加していた人が減り、「なんとなく」参加しなくなった人が増えている**と考察されている。

このように若年層の観光行動が変わった背景には、友人・知人とのコミュニケーションや娯楽の変化・多様化があるだろう。

国土交通省「日本人の観光旅行の状況に関する調査・分析等報告書（２００９）」では、若年層の近年のライフスタイルの変化から予想される、旅行低迷の原因についての仮説をいくつか提示し、それぞれに対する支持状況を見ている。

若者が旅行に行かなくなった理由は、「携帯電話やネットの普及により、娯楽が増え、旅行に行かなくても情報が手に入るから」の支持率（「一般的にその通りだと思う」割合の合計）が比較的高く、大学生で44・4％、社会人で46・4％を占める（図表57）。特に大学生では「自分もそうだ」と答える割合がやや高い。大学生では、社会人より時間の自由度が高いために、支持率も高いのだろう。

一方、「携帯電話やネットの普及により、それらにお金を使っているから」の支持率は、大学生より社会人の方が「自分もそうだ」と答える割合がやや高い。また、「就職活動が大変になり、お金や時間を使っているから」の支持率は、大学生でやや高い。

一方で、いずれも「そうは思わない」の割合も高い。しかし、「一概には言えない」というグレーゾーンも考慮すると、やはり、携帯電話やネットの普及、就職活動などが若者の旅行低迷に一定の影響を与えている可能性が高い。

国土交通省では「海外旅行者満足度・意識調査報告書（２００８）」でも、若者の「海外旅行離れ」を分析している。報告書によると、20代の女性は、ある程度の海外旅行意欲はあるが、男性では余暇の過ごし方として、そもそも海外旅行に行きたいとはあまり思っていない。また、男女とも海外旅行に行かなかった人は、「テロや戦争、感染症、風土病」や「異なる言葉、文化」などに対する不安感・負担感が大きい。また、男性では収入の低さも海外旅行の抑制要因として作用している。

図表57　20代の旅行低迷に対する意識

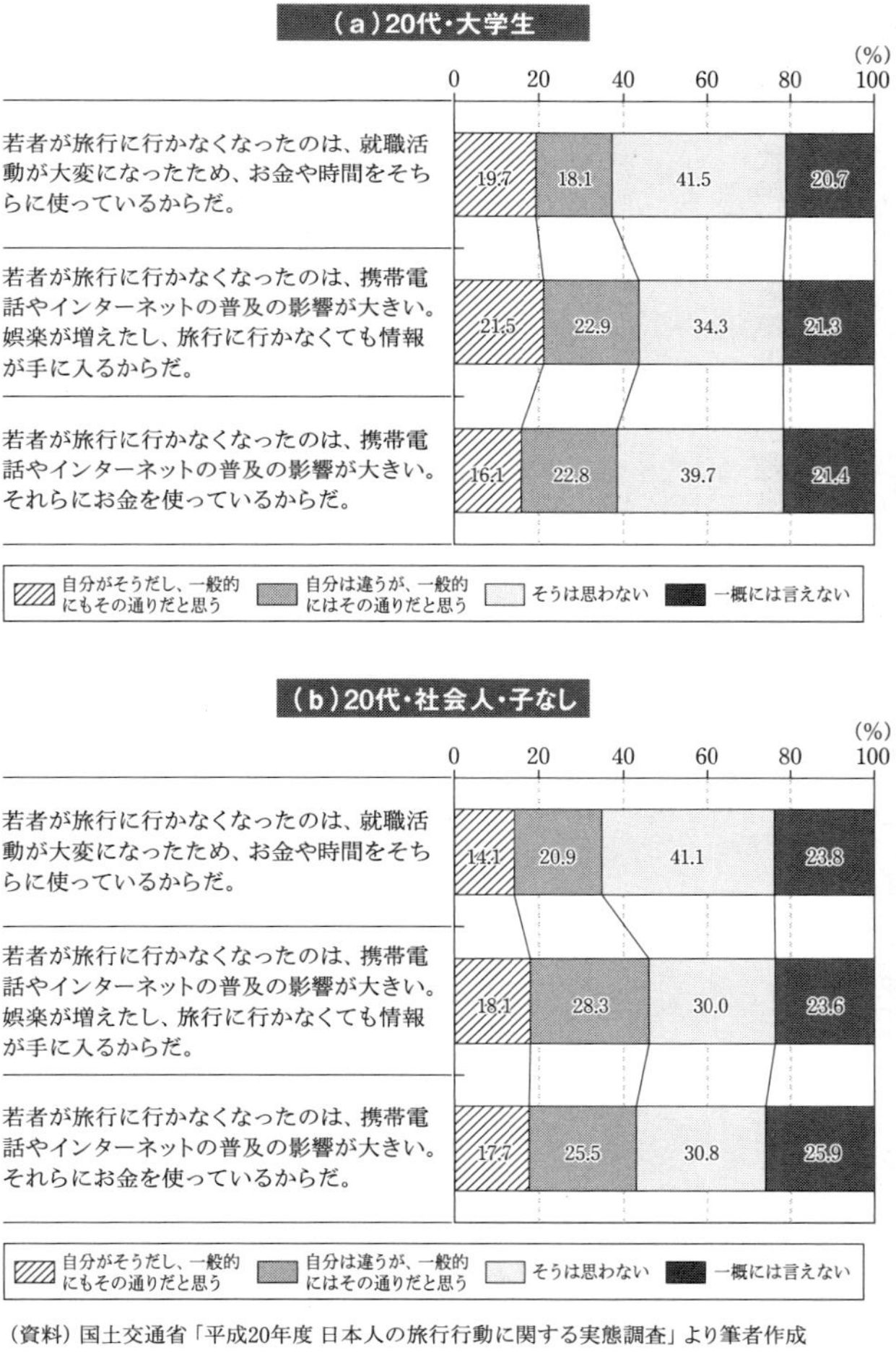
(a)20代・大学生
(%)
0 20 40 60 80 100
若者が旅行に行かなくなったのは、就職活動が大変になったため、お金や時間をそちらに使っているからだ。
19.7 18.1 41.5 20.7
若者が旅行に行かなくなったのは、携帯電話やインターネットの普及の影響が大きい。娯楽が増えたし、旅行に行かなくても情報が手に入るからだ。
21.5 22.9 34.3 21.3
若者が旅行に行かなくなったのは、携帯電話やインターネットの普及の影響が大きい。それらにお金を使っているからだ。
16.1 22.8 39.7 21.4
自分がそうだし、一般的にもその通りだと思う
自分は違うが、一般的にはその通りだと思う
そうは思わない
一概には言えない
(b)20代・社会人・子なし
(%)
0 20 40 60 80 100
若者が旅行に行かなくなったのは、就職活動が大変になったため、お金や時間をそちらに使っているからだ。
14.1 20.9 41.1 23.8
若者が旅行に行かなくなったのは、携帯電話やインターネットの普及の影響が大きい。娯楽が増えたし、旅行に行かなくても情報が手に入るからだ。
18.1 28.3 30.0 23.6
若者が旅行に行かなくなったのは、携帯電話やインターネットの普及の影響が大きい。それらにお金を使っているからだ。
17.7 25.5 30.8 25.9
自分がそうだし、一般的にもその通りだと思う
自分は違うが、一般的にはその通りだと思う
そうは思わない
一概には言えない

（資料）国土交通省「平成20年度 日本人の旅行行動に関する実態調査」より筆者作成

収入については、これまでも述べてきた通り、過去と比べて必ずしも少ないわけではないが、非正規雇用者の拡大や終身雇用の崩壊により、若者では旅行より貯蓄を優先することもあるだろう。[*12]

以上のように、若者の「旅行離れ」の根底には、ライフスタイルの変化によって、旅行への興味関心が相対的に低下していることがある。今の若者は、**必ずしも手元にお金がないわけでも余暇時間がないわけでもない。しかし、将来の所得不安や雇用不安が経済的余裕のなさ、時間的余裕のなさにつながり、「旅行離れ」が生じているようだ。**

＊11　国土交通省「海外旅行者満足度・意識調査報告書（2008）」や「日本人の観光旅行の状況に関する調査・分析等報告書（2009）」、「若年層の旅行性向・意識に関する調査・分析報告書（2011）」や日比野直彦・佐藤真理子（2010）「若者と旅―若年層の国内観光行動の時系列分析」国際交通安全学会誌、Vol.37, No.2, pp.58-66. など。
＊12　永井知美「旅行業界の現状と課題―ビジネスモデルの転換迫られる旅行会社、『観光立国』の行方は?」東レ経営研究所、経営センサー（09／12）

08年以降の20代の出国者率上昇の理由

しかし、先に見たように、08年以降の20代の出国者率は上昇している。観光庁「若者旅行振興研究会」による若者の旅行振興施策が功を奏している可能性もあるだろうが、前述の通り、やはりＬＣＣの登場や羽田空港新国際線ターミナルのオープンなどの影響が大きいのではないだろうか。ＬＣＣによる航空料金の低下や羽田空港の利便性向上による時間短縮は、コストの低減が非常に明確な形で分かる。若者の「旅行離れ」を直接的に引き起こしている経済的余裕のなさは、ＬＣＣによる航空料金の低下によって、また、時間的余裕のなさは、海外旅行に羽田空港が使えることで、分かりやすい形で低減される。これらによって、20代の出国者率が上昇しているのではないだろうか。

さらに、旅行の目的を明確化して旅行プランを提供すると響きやすいという指摘もある。[*13] ＬＣＣの登場や羽田空港で国際便が利用できることで、経済的余裕がなくても、時間的余裕がなくても「旅へ行ける理由」が明確化したことが出国者率の上昇につながっている可能性もある。

なお、旅行目的の明確化については、先の観光庁「若者旅行振興研究会」の報告によると、若者にとって旅行は目的ではなく、「何か」をするための手段になりつつあり、「〇〇の効能があるから温泉に行く」、「△△を学ぶために工場見学に行く」、「◇◇に効くパワースポットに行く」、「この時期しか味わえない□□を食べる」、「××で社会貢献をしたい」というように、目的を具体的かつ明確にする必要がある。また、若者の生活の一部であるスマートフォンやインターネットなどのＩＴツールを活用して旅行情報を訴求することも効果があるそうだ。

報告書によれば、今の若者の旅行実態についてキーワードをあげると、①旅行する人／しない人の二極化、②思い立ったら旅立ち（SNS上でのふとした偶然やきっかけを大切にしている）、③口コミ・実体験の声を重視、④「体験＋効能」・「自己投資」的な旅に価値、⑤「絆」を重視、⑥価格そのものではなく費用対効果を意識、ということだ。

情報通信技術の進化は、若者の旅行にまつわる意思決定プロセスに変化を与えている。また、多様な娯楽が普及することによって、旅行への相対的な興味が低下し、旅行が与える具体的な価値、費用対効果を吟味している様子がうかがえる。裏を返すと、現在の社会では、旅行をはじめとした娯楽の数が増え、質も上がっており、若者の心に響かせるには、価値がある、費用対効果が高いといった何らかの付加価値が必要である。

＊13　観光庁「若者旅行振興研究会 第一期の研究結果について（２０１１）」

商品購入先の変化

前項まで、今の若者の消費支出の実態をとらえながら、現在の消費社会の変化に注目してきた。ここでは、若者の商品購入先の変化を確認する。

今はコンビニエンスストアで24時間買い物をすることができ、ネット通販市場も拡大している。ひと昔前と比べると、格段に便利な世の中だが、実際のところ今の若者はどこでどれくらい買い物をしているのだろうか。

総務省「全国消費実態調査」から、若年単身世帯の商品購入先について、インターネットが普及しはじめた99年（普及率は21・4％）[*14]と09年を比べると、男性では「一般小売店」や「コンビニエンスストア」、「百貨店」の割合が低下する一方、「スーパー」や「ディスカウントストア」、「通信販売」は上昇している（図表58）。つまり、**男性では値引き率の高い店舗での購入が増えており、価格感度が高まっている。**なお、「通信販売」の大半はネット通販が占めている。

一方、女性では、男性ほど減少幅は大きくないが、同様に「一般小売店」や「コンビニエンスストア」、「百貨店」が若干低下している。さらに、女性では「スーパー」も低下しているが、「ディスカウントストア」は男性以上に増加率が高い。つまり、**男性と比べて女性では、より値引き率の高い店舗での購入が増えている。**99年の時点で、女性の方が男性より価格感度が高い傾向にあったが、その感覚は一層増している。また、女性では「通信販売」も若干増えているが、男性と同様、その大半はネット通販によるものだ。

＊14　総務省「通信利用動向調査」

図表58　30歳未満の単身世帯の商品購入先の変化

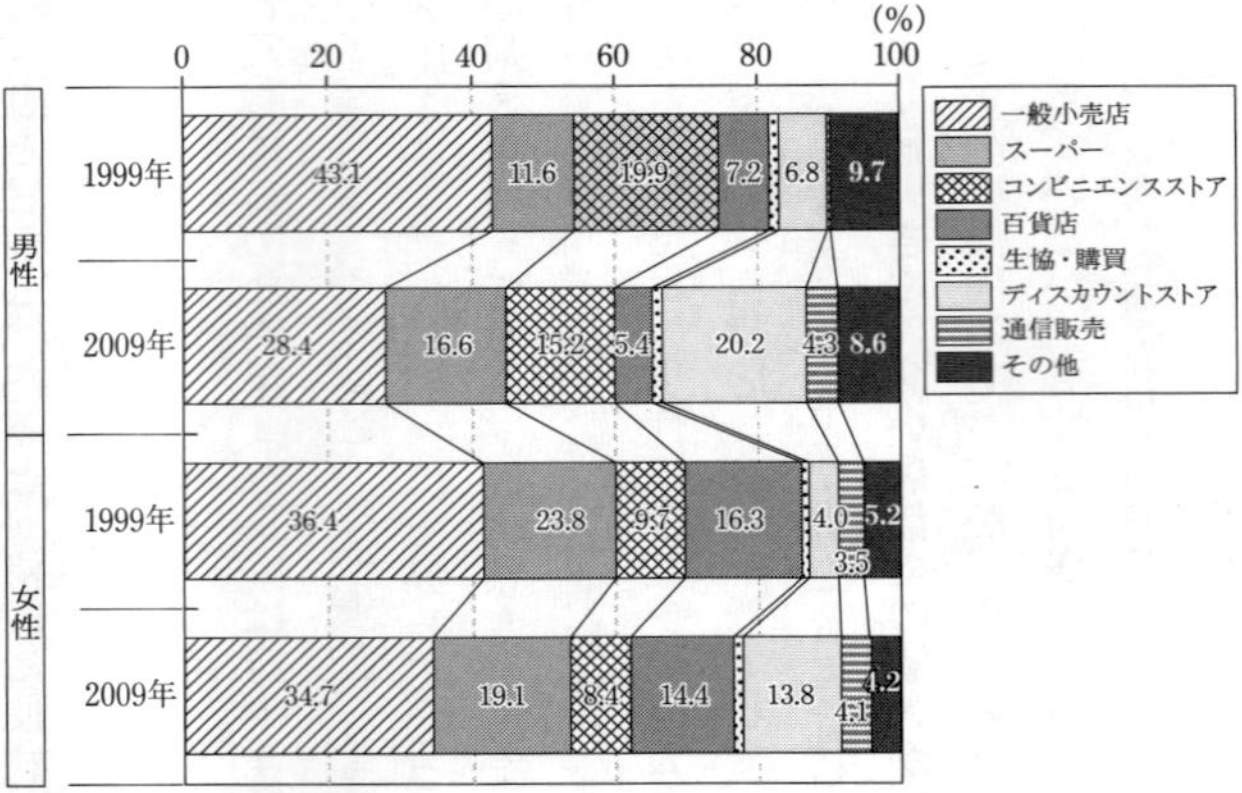

（注）3%未満の数値は省略。
（資料）総務省「全国消費実態調査」より筆者作成

若者の購買行動は5つの要因が決定

若者の消費内容や購入先は変化しており、その背景にはインターネットの普及をはじめとした様々な社会変化がある。

これまでは若者の消費支出の内容の変化を見てきたが、最後に、**若者はどんな情報を参考にして商品を買うのかといった購買行動を見ていきたい**。

著者が所属しているニッセイ基礎研究所の若者の価値観やライフスタイルに関する調査にもとづき、若者の購買行動を分析したところ、それは5つの要因によって決定づけられることが見えてきた。[*15]

20～34歳の未婚者の商品・サービスの購買行動をとらえるために、16の主な購買行動を提示し、購買行動を決定づける要因について

図表59　20〜34歳未婚者の商品・サービスの購買行動要因

	固有値	累積寄与率
①情報収集・比較検討志向	3.446	21.53%
②こだわり志向	1.856	33.13%
③安全・環境配慮志向	1.574	42.97%
④ブランド志向	1.150	50.16%
⑤価格志向	1.084	56.93%

（注）因子分析（最尤法、バリマックス回転）により得られた結果。因子数は固有値（1.0以上）とスクリープロットの形状から判断。固有値の値が大きいほど影響の強い因子。

（資料）ニッセイ基礎研究所「若年層のライフスタイルや価値観、消費意向に関する調査（2012）」より筆者作成

分析した。分析には、因子分析という多変量解析手法を使っている。

その結果、若者の購買行動要因には「情報収集・比較検討志向」や「こだわり志向」、「安全・環境配慮志向」、「ブランド志向」、「価格志向」の5つが存在することが分かった（図表59、60）。

図表59をご覧いただきたい。ここでは、固有値が大きいほど影響の大きな要因と解釈する。この中では「情報収集・比較検討志向」が圧倒的に影響の大きな要因であり、これはインターネット利用頻度が高い若者の状況と一致する。

なお、「こだわり志向」は、図表60の因子負荷量（各変数に対して因子がどれくらい影響しているかを示すもの）の大きさを見ると、「自分のライフスタイルにこだわって商品を選ぶほうだ」の値が大きい（0・659）。つまり、ライフスタイルへのこだわりといった意味合いが強いことが分かる。この背景には、未婚で、行動や生き方の自由度が比較的高いことがあるのだろう。

図表60　20～34歳未婚者の商品・サービスの購買行動要因の内訳

購買行動	①情報収集・比較検討志向	②こだわり志向	③安全・環境配慮志向	④ブランド志向	⑤価格志向
使っている人の評判が気になるほうだ	0.708	−0.065	0.035	0.106	0.025
事前に情報収集をしてから買うほうだ	0.611	0.185	0.063	0.101	0.017
価格が品質に見合っているかどうかをよく検討する	0.421	0.264	0.195	0.101	0.059
買いものをするとき、詳しい人に説明してもらいたい	0.407	0.050	0.145	0.048	−0.023
自分のライフスタイルにこだわって商品を選ぶほうだ	0.165	0.659	0.144	0.034	−0.080
多少高くても品質の良いものを買うほうだ	0.123	0.488	0.128	0.206	−0.322
自分の感覚をもっとも頼りにして、ものを買うほうだ	-0.013	0.463	0.066	0.039	−0.023
できるだけ長く使えるものを買うほうだ	0.126	0.402	0.355	0.104	0.050
安全性に配慮して商品を買うほうだ	0.139	0.111	0.748	0.093	0.002
環境に配慮して商品を買うほうだ	0.023	0.177	0.662	−0.009	−0.023
無名なメーカーよりは有名なメーカーのものを買う	0.139	0.160	−0.042	0.854	−0.117
いつも買うと決めているブランドがあるほうだ	0.087	0.353	0.056	0.408	−0.122
とにかく安くて経済的なものを買うほうだ	0.119	-0.169	0.023	−0.088	0.974
買いものはできるだけインターネットですませたい	0.257	0.149	−0.049	0.073	0.060
同等の機能・価格なら外国製より日本製のものを買う	0.165	−0.024	0.163	0.344	0.059
計画的に買い物をするよりも衝動買いをすることが多い	0.036	0.039	−0.124	0.072	0.028

（注）16種類の購買行動のうち因子負荷量が0.4以上のものを網掛け。因子負荷量の値が大きいほどその因子に対する説明力が高い。

（資料）ニッセイ基礎研究所「若年層のライフスタイルや価値観、消費意向に関する調査（2012）」より筆者作成また、「安全・環境配慮志向」は、政府のエコポイント施策などで、近年、生活者全体で環境や省エネに配慮した商品に対する意識が高まっている影響や、東日本大震災の放射能問題などにより、食をはじめとした商品の安全性に対する意識が高まっている影響などが考えられる。

先ほどの「全国消費実態調査」をもとにした若者の商品購入先の分析同様、本項の購買行動についての分析でも、若者の購買行動要因として「価格志向」の存在を確認できるが、固有値の大きさから、実は「価格志向」より、他要因の影響が大きいことが分かる。

分析前は、今の若者ではネット利用が多いことから、購買行動においてもインターネットの利用意向が高いと予想していた。しかし、ネットを使った「情報収集・比較検討志向」は圧倒的に大きな要因としてあがるが、「買いものはできるだけインターネットですませたい」という意向は強くない。若者の購買行動において、インターネットは情報メディアとしてのニーズは大きいが、購買チャネルとしてのニーズは必ずしも強くない。

若者の購買行動要因の強度を性別で見ると、男性の方が「こだわり志向」や「ブランド志向」が強い（図表61)。一方、女性の方が「情報収集・比較検討志向」や「価格志向」、「安全・環境配慮志向」が強い。

男性で強い「こだわり志向」に対して、説明力の高い購買行動における男女の合致度（あ

図表61　20〜34歳未婚者の購買行動要因の強度

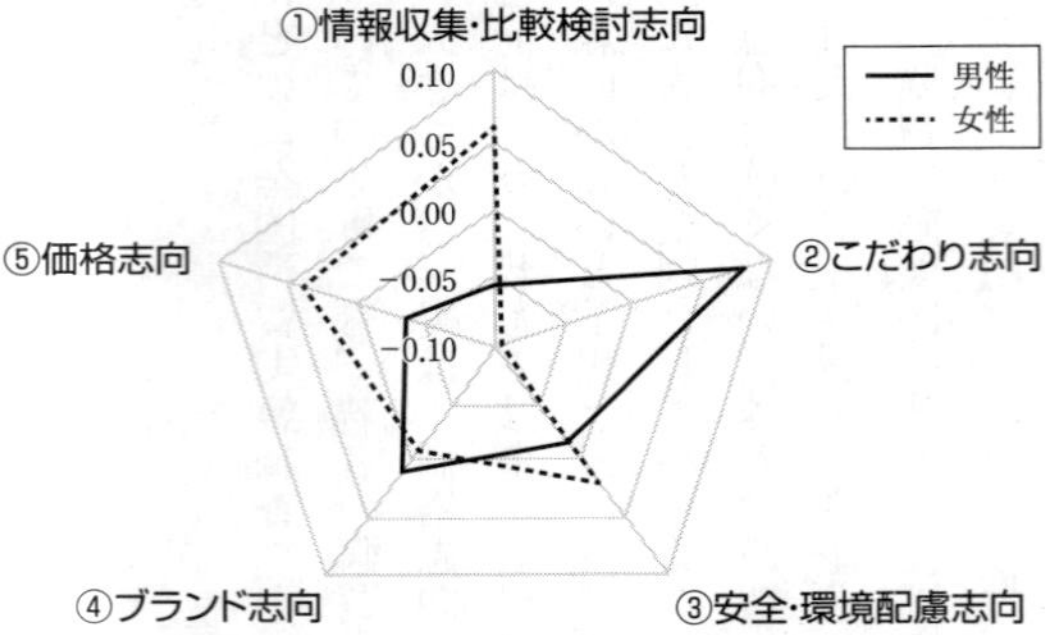

(注) 値は性別に見た因子得点。時計回りに全体で因子負荷量が大きい順。
(資料) ニッセイ基礎研究所「若年層のライフスタイルや価値観、消費意向に関する調査(2012)」より筆者作成

てはまると回答した割合）の違いを見ると（図表62）、「多少高くても品質の良いものを買うほうだ」や「自分のライフスタイルにこだわって商品を選ぶほうだ」で男性の合致度が高いため、若年男性の「こだわり志向」は、品質の良さやライフスタイルへのこだわりという意味合いが強いようだ。

また、同様に男性で強い「ブランド志向」では、「いつも買うと決めているブランドがあるほうだ」で男性の合致度が低いため、若年未婚男性の「ブランド志向」は単一のブランドを好むというより、知名度が高いものを好むという意味合いが強いようだ。

一方、女性で強い「情報収集・比較検討志向」では、「使っている人の評判が気になるほうだ」や「買いものをするとき、詳しい人

図表62　20〜34歳未婚者の商品・サービスの購買行動の合致度

	購買行動	男性（%）	女性（%）	男女差（男性ー女性）
①情報収集・比較検討志向	使っている人の評判が気になるほうだ	48.6	65.2	−16.6
	事前に情報収集をしてから買うほうだ	69.0	64.1	4.9
	価格が品質に見合っているかどうかをよく検討する	69.0	67.4	1.6
	買いものをするとき、詳しい人に説明してもらいたい	52.9	68.9	−16.1
②こだわり志向	自分のライフスタイルにこだわって商品を選ぶほうだ	70.0	64.5	5.5
	多少高くても品質の良いものを買うほうだ	57.7	51.0	6.7
	自分の感覚をもっとも頼りにして、ものを買うほうだ	50.7	46.5	4.2
	できるだけ長く使えるものを買うほうだ	67.0	64.3	2.7
③安全・環境配慮志向	安全性に配慮して商品を買うほうだ	48.2	48.1	0.1
	環境に配慮して商品を買うほうだ	26.3	24.4	1.9
④ブランド志向	無名なメーカーよりは有名なメーカーのものを買う	49.0	47.3	1.7
	いつも買うと決めているブランドがあるほうだ	37.5	43.4	−5.9
⑤価格志向	とにかく安くて経済的なものを買うほうだ	42.3	47.9	−5.6
その他	買いものはできるだけインターネットですませたい	28.0	22.3	5.8
	同等の機能・価格なら外国製より日本製のものを買う	65.7	66.9	−1.2
	計画的に買い物をするよりも衝動買いをすることが多い	43.4	49.0	−5.6

（注）各購買行動について「あてはまる」、「ややあてはまる」、「どちらともいえない」、「あまりあてはまらない」、「あてはまらない」の5段階でたずねて得た「あてはまる」「ややあてはまる」の選択割合の合計値。男女差の絶対値が5%pt以上のものを網掛け。

（資料）ニッセイ基礎研究所「若年層のライフスタイルや価値観、消費意向に関する調査（2012）」より筆者作成に説明してもらいたい」で女性の合致度が高いため、若年女性の「情報収集・比較検討志向」は、人の評判や説明を求めるという意味合いが強いようだ。また、同様に女性で強い「価格志向」は、主に「とにかく安くて経済的なものを買う」という一つの購買行動から成る。

＊15　久我尚子「若年層の購買行動要因～マスメディア離れ、価値観・ライフスタイルの変化がもたらす影響は?」ニッセイ基礎研究所、ニッセイ基礎研レポート（13／2／19）

若者の消費のまとめ

本章では「今の若者はお金がないからお金を使えない」、「今の若者はお金を使わないで節約する」と言われる若者の消費実態についてとらえてきた。

若者の消費実態を俯瞰《ふかん》すると、今の若者は、デフレや流通環境の進化による消費社会の成熟化、情報通信をはじめとする技術進化の恩恵を受けて、バブル期の若者よりもお金をかけずに多様な商品・サービスを楽しめる環境にある。安価で高品質な商品・サービスがあふれ、娯楽も多様化していることで、選択できる対象も増えている。こういった変化によって、今の若者では消費に対するモノサシが変わり、「クルマ」や「高級ブランド品」といったバブル期の若者が欲していたものへの興味関心が相対的に薄れているのだろう。

つまり、「若者はお金を使わない」わけでなく、お金を使わなくて済むようになり、価値観の変化により欲するものが変わってきている。また、お金を使う選択肢も増えている。企業が若者をターゲットに商品・サービスを展開する際は、それらが与える具体的な価値を訴求するとともに、単に低価格だけではなく、費用対効果の高さを実現する必要がある。

若者は「今の独りの生活」を振り返れば、目先の所得は案外あり、日々の消費生活もそこそこ充実しており、これらを背景に生活満足度も高い。

では、「将来の生活」についてはどう考えているのだろうか。次章で見ていこう。

景気と連動する若者の生活満足度と不安感

今の若者は生活に満足しながらも悩みや不安を抱える割合が増えている。

内閣府「国民生活に関する世論調査」では、現在の生活における悩みや不安の有無を調査している。20代では悩みや不安が「ある」割合は上昇傾向にあり、「ない」割合は低下傾向にある（図表63）。2002年には「ある」と「ない」が拮抗《きっこう》していたが、最近では両者の差がやや拡大傾向にある。特に、08年の差は大きく、「ある」は「ない」の2倍以上だ。2000年頃からITバブルによって、景気がやや浮上していたが、再び低迷したことがあるのだろう。一方、13年には「ある」と「ない」の差は若干縮小しており、12年末以降のアベノミクスへの期待感がうかがえる。

これらの様子は、生活満足度と不安や悩みがある割合の推移をあわせて見てもよく分かる

図表63　20代の現在の生活における不安や悩みの有無の推移

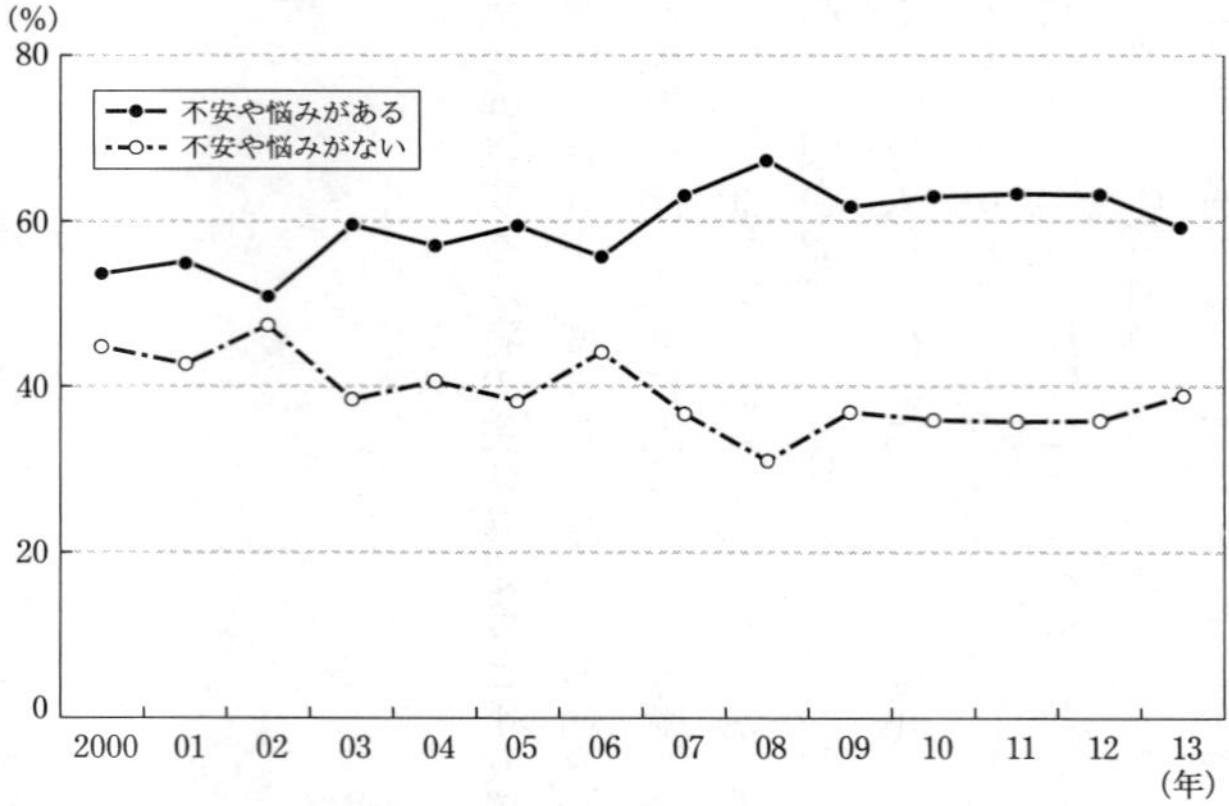

（資料）内閣府「国民生活に関する世論調査」より筆者作成

図表64　20代の現在の生活における生活満足度と不安や悩みがある割合の推移

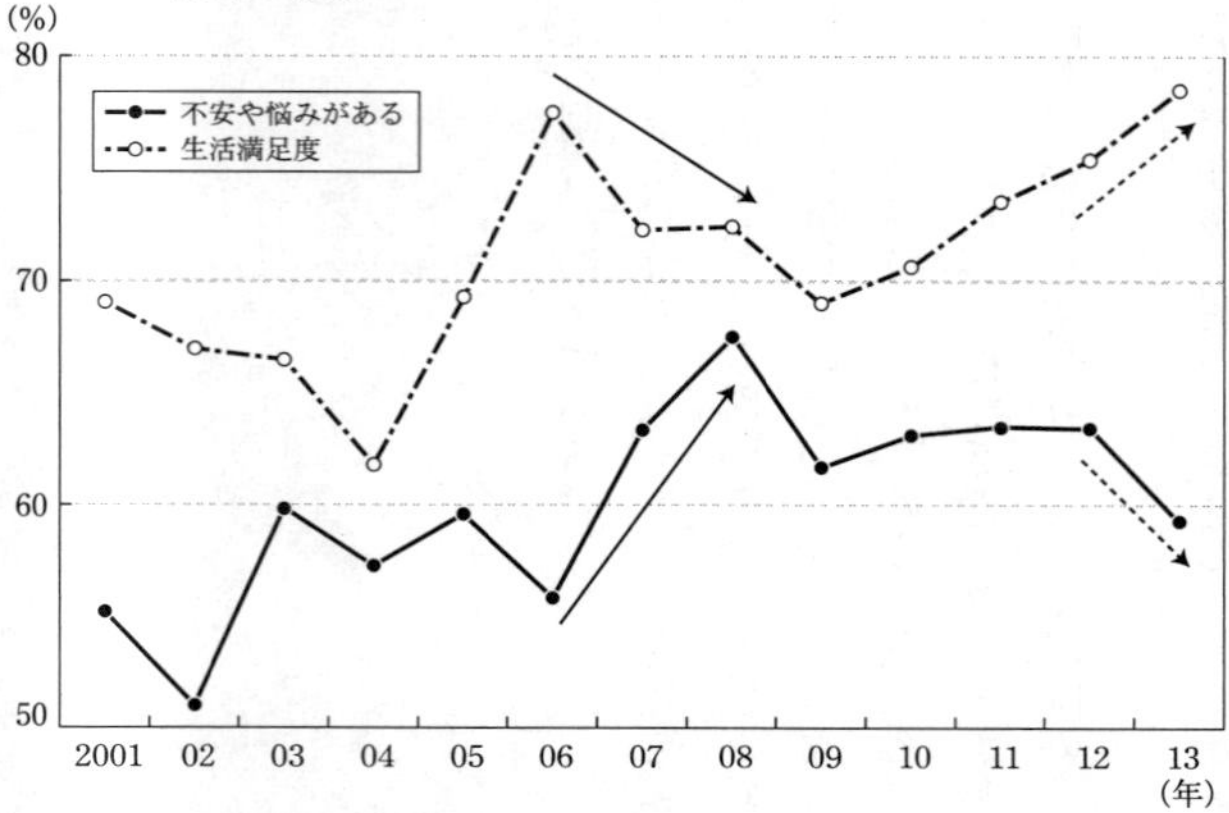

（資料）内閣府「国民生活に関する世論調査」より筆者作成

図表65　20代の不安や悩みの内容

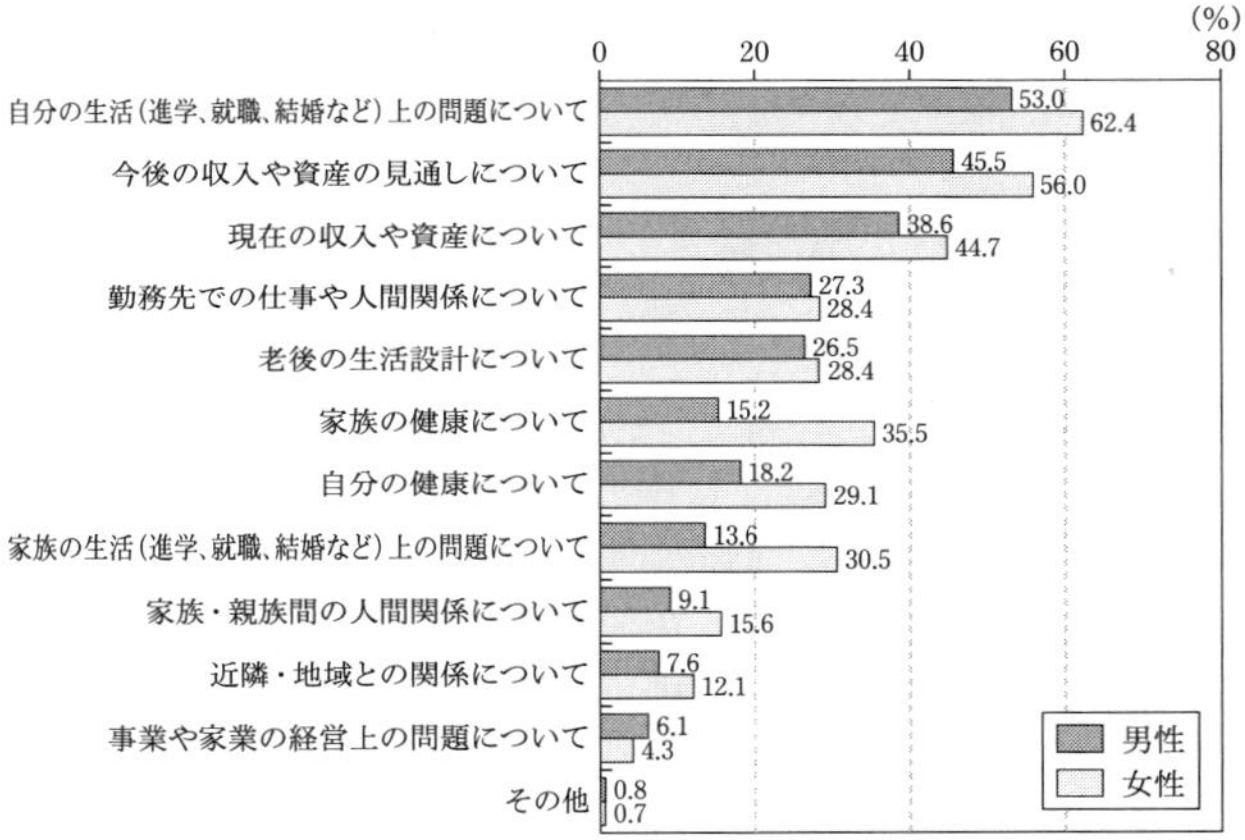

（資料）内閣府「平成25年国民生活に関する世論調査」より筆者作成

（図表64）。05年から07年にかけては景気低迷の影響により生活満足度は低下し、不安や悩みがある割合は上昇している。また、12年から13年にかけては景気がにわかに活性化しはじめたことにより、生活満足度はやや上昇し、不安や悩みがある割合はやや低下している。

若者の不安や悩みの内容

若者の不安や悩みの内容は、就職や結婚など将来の生活や経済状況に関するものが大きい。

20代の不安や悩みの1位は、男女とも「自分の生活（進学、就職、結婚など）」であり、男性は過半数、女性は6割以上を占める（図表65）。次いで、「今後の収入や資産の見通しについて」、「現在の収入や資産について」が多い。いずれの項目も女性の選択割合の方が高く、特に健康面に関するものでは男女差が開いている。これは、女性の方が健康をはじめとした諸問題に対して不安を感じやすいという性差によるものだろう。

なお、「自分の生活（進学、就職、結婚など）」に対する不安は、過去の調査でも20代では首位にあがる傾向が強い。しかし、過去と比べて選択割合は上昇している。今の若者は「今の独りの生活」には満足しているが、「将来の生活」に対する不安感は強まっている。

第2章で、若者を取り巻く厳しい雇用情勢や高齢化の進行による負担増を述べてきた。「今の独りの生活」を考えた場合には、目先の所得は案外あり、そこそこ充実した消費生活を送れている。よって、若者の生活満足度に、雇用情勢や高齢化が直接的に影響を与えることはないようだ。しかし、「将来の生活」――就職して家庭を持つことなどを考えた場合には、これらの状況が大きな不安としてのしかかるようだ。

社会貢献意識の強まり

今の若者は将来への不安感が強いせいか、社会貢献意識が高い。

内閣府「社会意識に関する世論調査」によると、20代では「何か社会のために役に立ちたいと思っている」という割合が上昇傾向にある（図表66）。04年では「思っている」は「あ

図表66　20代の社会貢献意識

「社会の一員として何か社会のために役に立ちたいと思っているか」

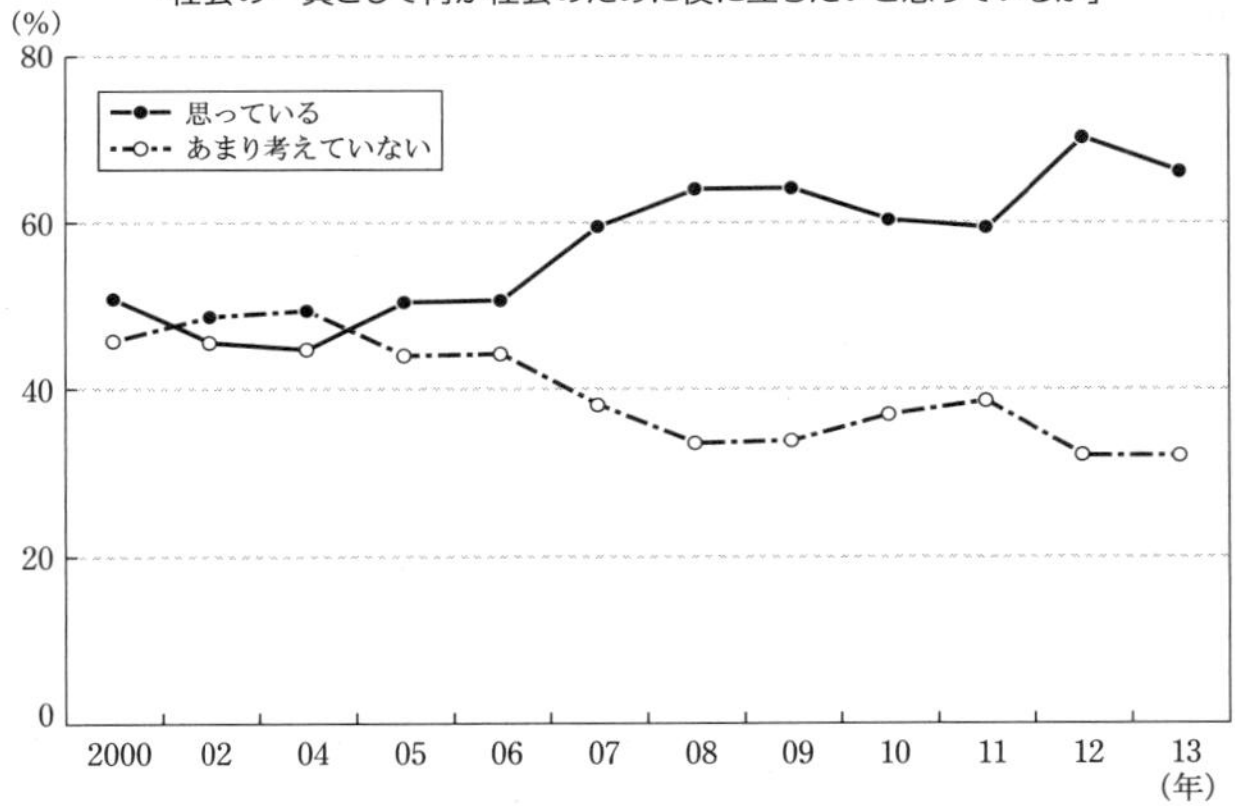

（資料）内閣府「平成25年社会意識に関する世論調査」より筆者作成

まり考えていない」を下回っていたが、05年から逆転し、両者の差は拡大している。特に11年の東日本大震災直後の調査（12年）では、「思っている」が著しく上昇し、「あまり考えていない」の2倍以上に達した。

　マズローの欲求の段階説でも言われるように、人は、生理的欲求や安全の欲求などの基本的な欲求が満たされると、他者との親和欲求、そして、他者からの承認欲求、自己実現欲求と、欲求が高次元になっていく。今の若者を取り巻く社会は、技術進化などによって成熟し、基本的な欲求はほぼ満たされるようになったため、欲求も高次元になっていくのだろう。そのような中で、将来の社会不安、東日本大震災という未曽有の危機が加わり、今の若者は社会貢献意識が強まっているのではないだろうか。若者の社会貢献意識の強まりは、裏を返すと、不安の強まりなのだろう。

最近、若者を中心としたボランティア活動について耳にする機会も増えている印象がある。しかし、20代がボランティア活動・社会参加活動に費やす時間は、この15年間で変化がない。[*1]今の若者は、**社会貢献意識は強いが、実際にボランティア活動に勤《いそ》しむのは、ごく一部のようだ。**

また、今の若者の社会貢献意識には、特徴もある。

適切な統計が見あたらないが、東日本大震災などの大規模災害において、ボランティア・復興支援活動に積極的な若者の姿を多数目にした印象がある。また近年、ビーチクリーン活動や、都会の繁華街ではオールナイトでゴミ拾いをする活動などもあるようだ。さらに、ボランティアとアルバイトをあわせた「ボラバイト」という言葉も耳にする。「ボラバイト」は、お金が第一目的ではなく、未経験の仕事を体験したり、地方の人々と触れ合うことを目的としている。例えば、農家の農繁期やリゾート宿泊施設の繁忙期など人手を必要とする際に、食費や居住費込みで時給500円など、比較的安い賃金で手伝いをするというようなものだ。こういった形で、人の役に立つような活動が増えている印象がある。

一方で、ボランティア活動の一種である献血については、20代では献血者率が低下している（図表67）。献血は、震災ボランティアやゴミ拾い、農業などと異なり、人とのコミュニ

図表67　献血者率の推移

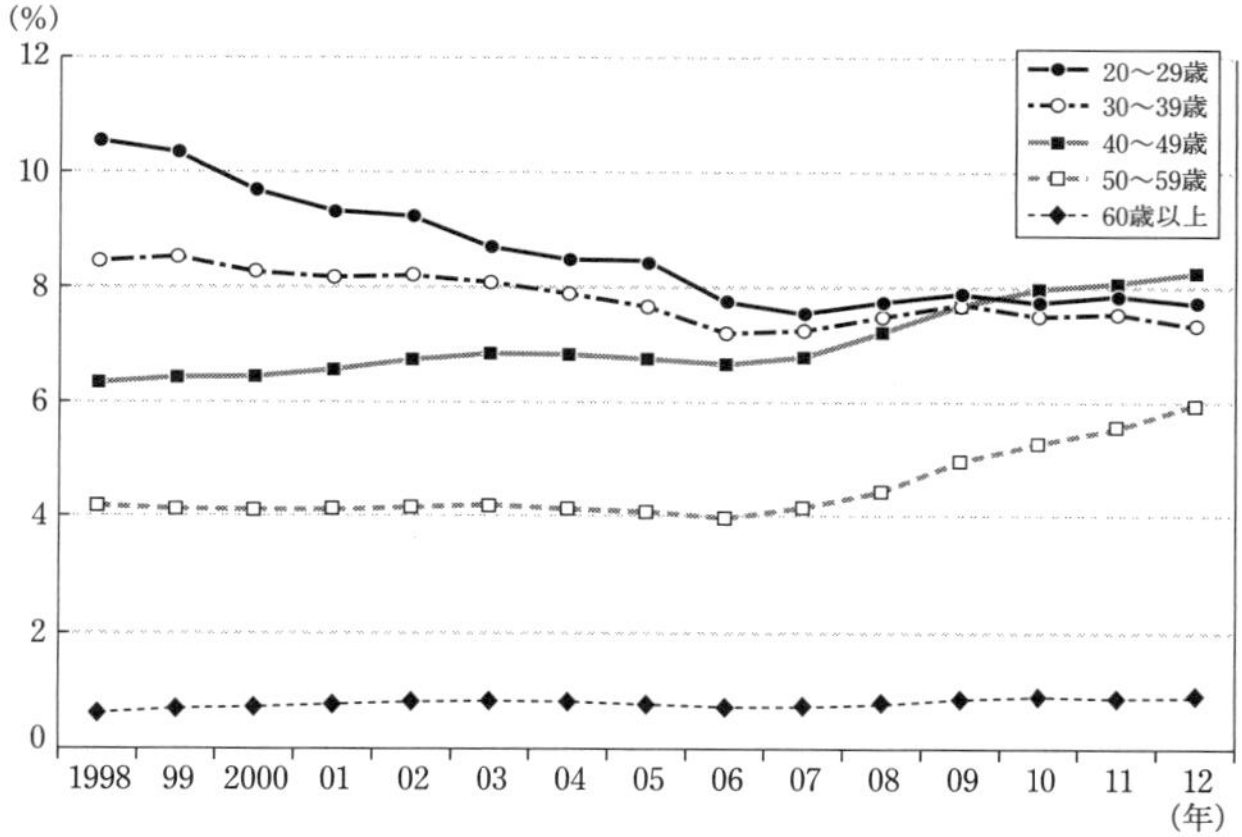

（資料）日本赤十字社「血液事業の現状」および厚生労働省「人口動態調査」より筆者作成

ケーションがなく、誰のどんなことに役立っているのか、直接的な実感が得にくい。

考察するための統計データが十分ではないが、20代では献血者率が低下していること、ボランティア活動に費やす時間は変わっていないこと、一方で新しいボランティア活動が増えている印象もあることなどをあわせると、今の若者は、**直接的に社会貢献をしていることが実感できる活動を好んでいる**ように見える。将来への不安が強く、社会貢献意識も強まる中で、「感謝されている」という実感を得やすい活動が好まれるのかもしれない。

さて、今の若者は将来への不安が強い。恵まれない経済状況は、「今の独りの生活」においては問題ないだろうが、「将来の結婚生活」には大きな影響を与えるだろう。一方、今の若者については「草食系男子」といったキーワードも登場し、「恋愛離れ」、「結婚離れ」なども囁《ささや》かれている。

若者は将来の結婚について、どのように考えているのだろうか。

＊1　総務省「社会生活基本調査」

第6章　若者は結婚したくないのか？

未婚化の進行

日本では未婚化が進行している。ひと昔前は30歳も過ぎると多くが結婚し、30代の未婚者は少数派だったが、現在ではそうではない。

30〜34歳の未婚率は、1980年から2010年にかけて、男性は21・5％から47・3％へ、女性は9.1％から34・5％へと上昇している（図表68）。現在では、30代前半の男性は半数、女性は3人に1人が未婚である。

35〜39歳の未婚率も上昇している。80年から10年にかけて、男性は8.5％から35・6％へ、女性は5.5％から23・1％へと上昇している。もはや30代後半でも未婚者は少数派とは言えない。

各年代で未婚率が上昇することで、生涯未婚率も上昇している。10年の生涯未婚率は男性

図表68　未婚率の推移

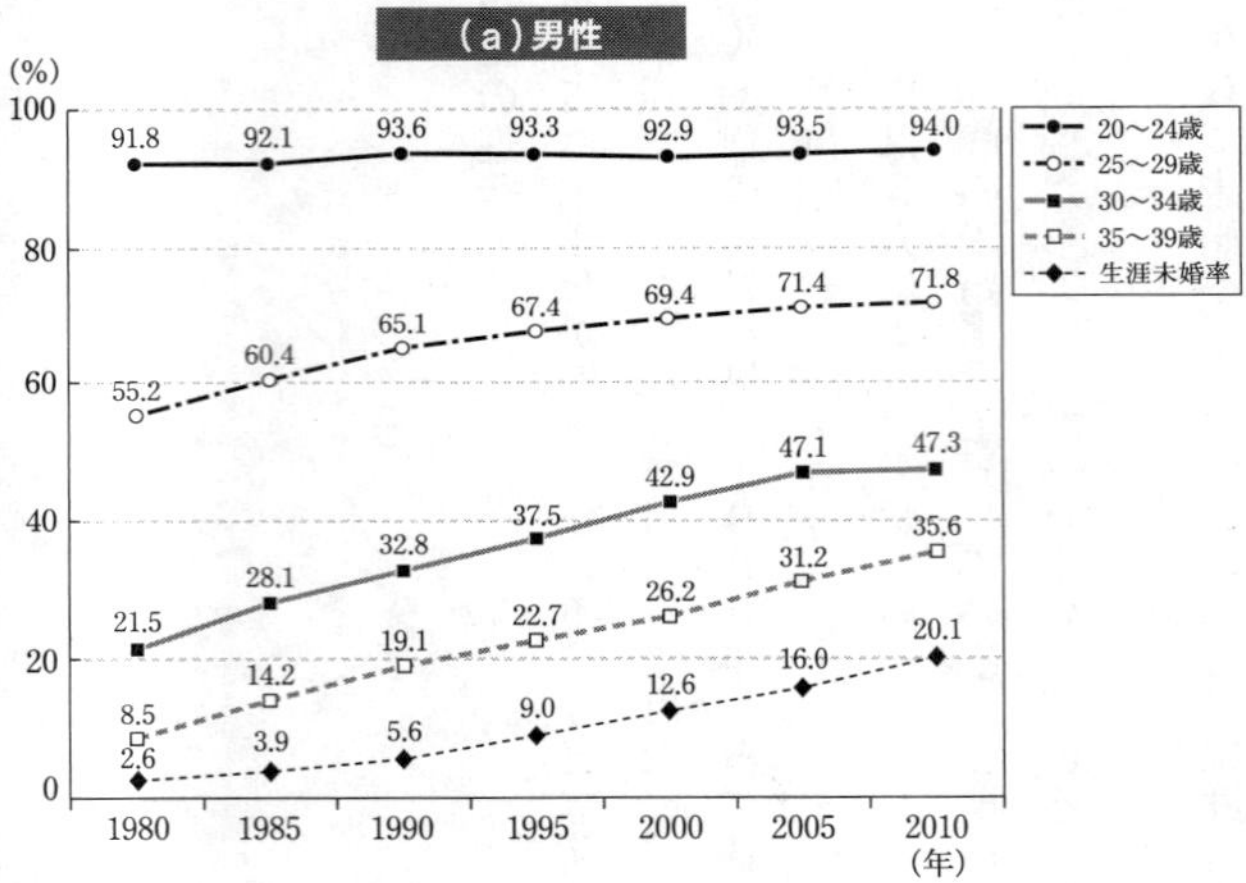

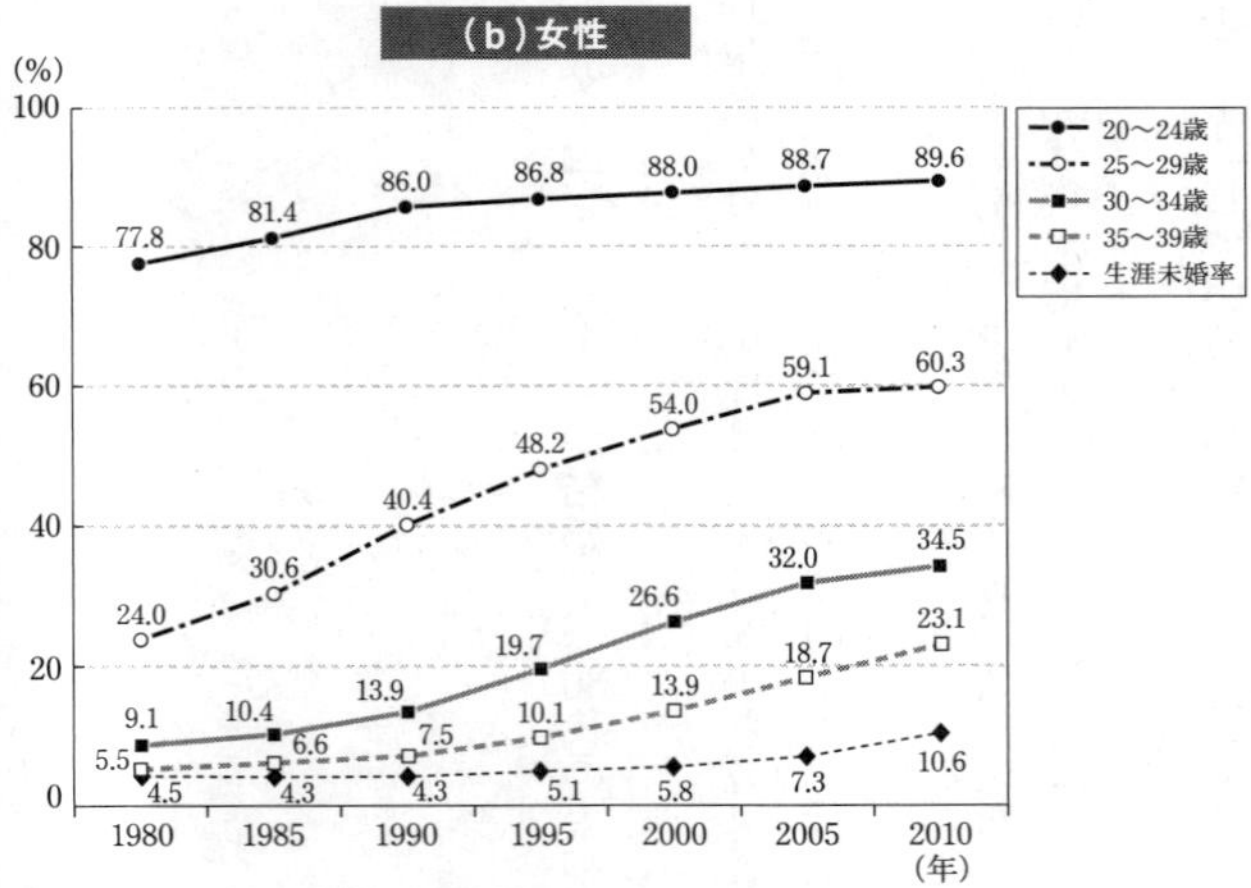

（資料）国立社会保障・人口問題研究所「人口統計資料集（2014）」より筆者作成

20・1％、女性は10・6％であり、今の日本は男性の5人に1人、女性の10人に1人は一生結婚しないという世の中になった。なお、生涯未婚率は、正確には一生未婚である確率ではなく、50歳時点での未婚率である。50歳までに結婚しなければ一生結婚しない確率が高いだろうという推測のもと、推計されている。

生涯未婚者の増加は深刻な問題を抱えている。

一生未婚ということは、配偶者や子どもなどの血縁者を持たないということであり、一人暮らしの高齢者の増加につながる。最近、「孤立死」や「孤独死」が社会問題化しているが、これらの問題に直結する可能性がある。

近年、65歳以上の高齢者のいる世帯が増加しており、10年では総世帯の4割を占める。[*1] 高齢者世帯のうち、特に一人暮らしの高齢者世帯が増加し、10年では4分の1を占めるようになり、今後も増加する見込みである。

＊1　内閣府「平成24年版　高齢社会白書」

晩婚化の進行

未婚化の一方、晩婚化も進行している。

平均初婚年齢は上昇しており、12年では男性が30・8歳、女性が29・2歳である（図表

図表69　平均初婚年齢および第1子平均出生年齢の推移

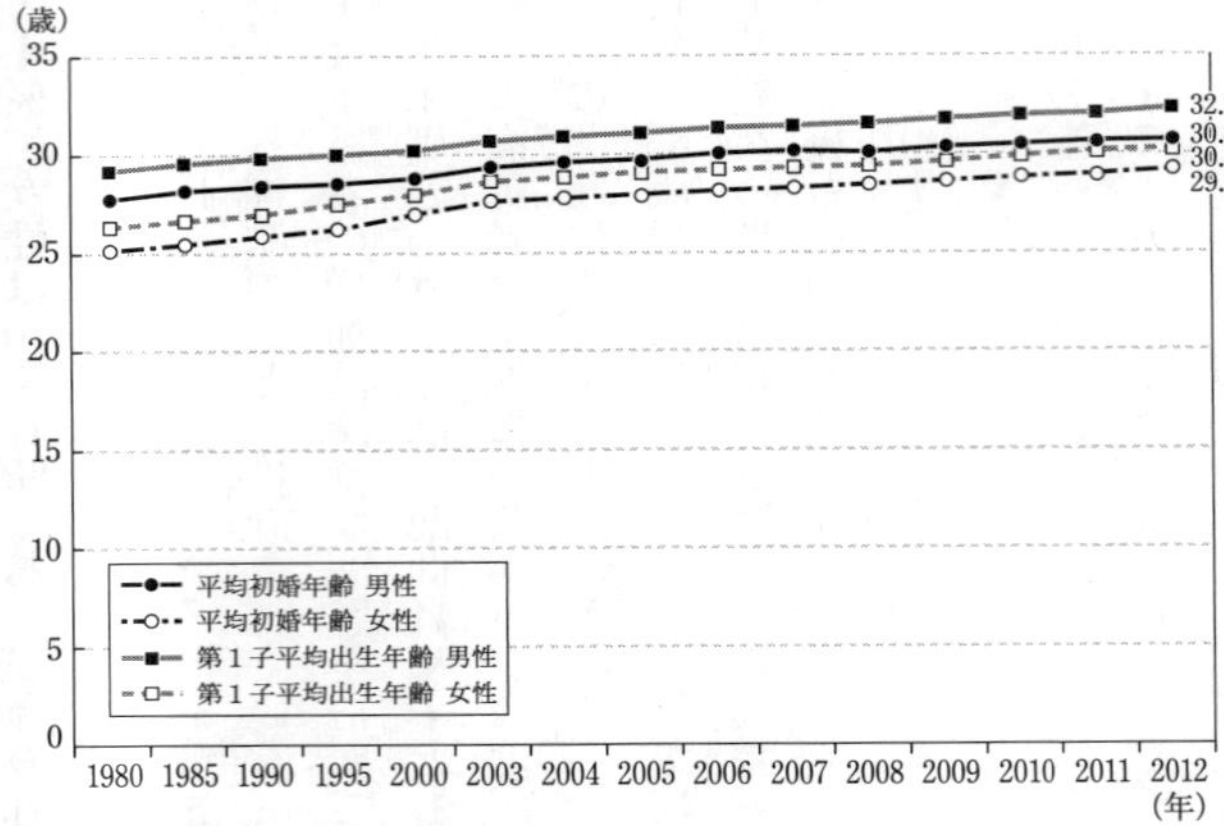

（資料）厚生労働省「人口動態調査」より筆者作成

69）。80年と比べると、男性は＋3.0歳、女性は＋4.0歳も上昇している。平均初婚年齢は、都市部で高く、東京都では男性は32・1歳、女性は30・3歳である（12年）。

晩婚化が進むと、子どもを生む年齢も上がり、晩産化も進む。

第1子平均出生年齢は上昇しており、12年では男性が32・3歳、女性が30・3歳である。80年と比べると、男性は＋3.2歳、女性は＋3.9歳も上昇した。女性では11年に初めて30歳を超えた。

少子化の進行

未婚化、晩婚化、晩産化を背景に、少子化も進行している。

出生率は低下傾向にあり、出生数も減少し

図表70　出生数と合計特殊出生率の推移

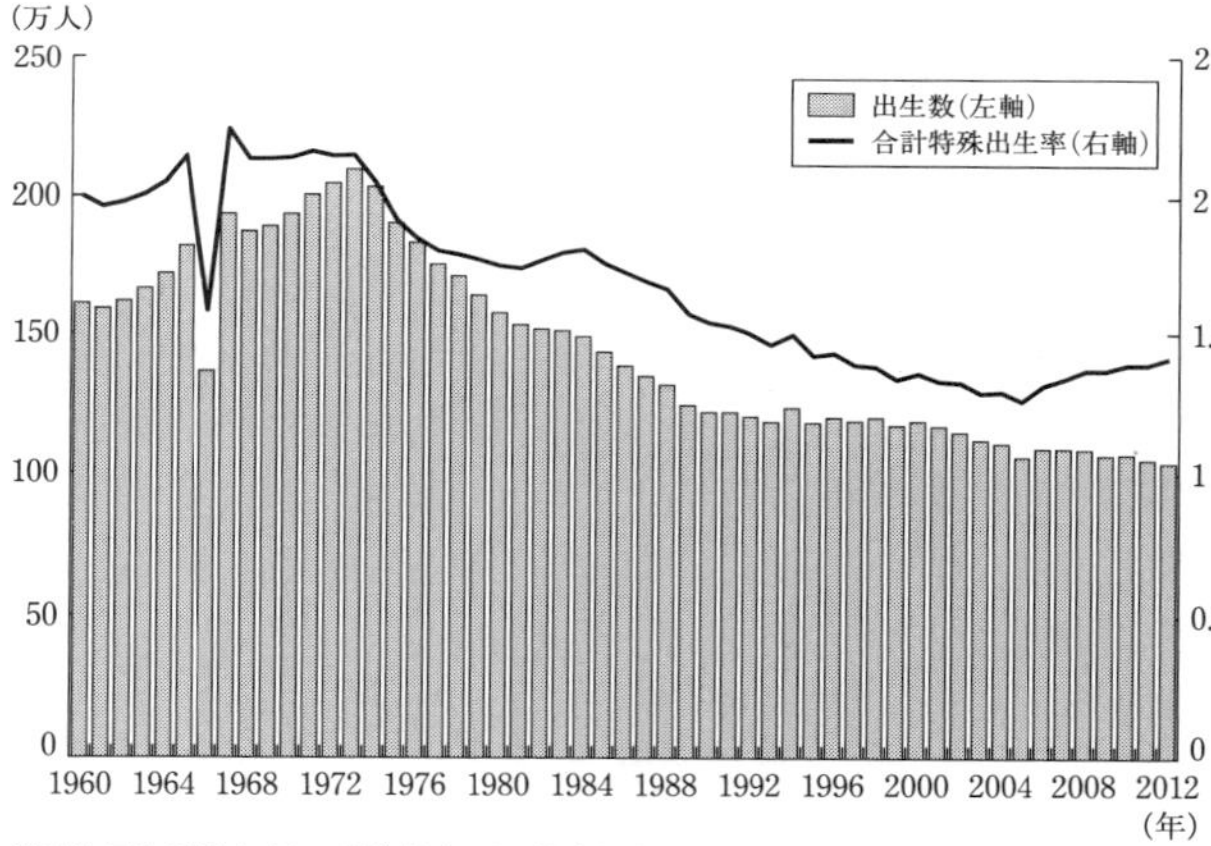

（資料）厚生労働省「人口動態調査」より筆者作成

ている。

1人の女性が一生のうちに生む平均子ども数を合計特殊出生率と言うが、この合計特殊出生率は、75年に2人を割った後、低下傾向にある（図表70）。しかし、最近では05年に1・26と底を打った後、やや上昇しており、12年では1・41まで上昇している。しかし、子を生む母親自体が少子化世代に入っており、出生数は減少が続いている。

最近の合計特殊出生率の上昇は、国の政策や企業の子育て整備などが功を奏して、女性たちの意識が変わってきたということではなく、**人口の多い団塊ジュニア世代の出産が増えた影響のようだ。**

出生数について母親の年齢別に内訳を見ると、近年、20代が減少し、30代以上が増加し

図表71　母親の年齢別に見た出生数の割合の推移

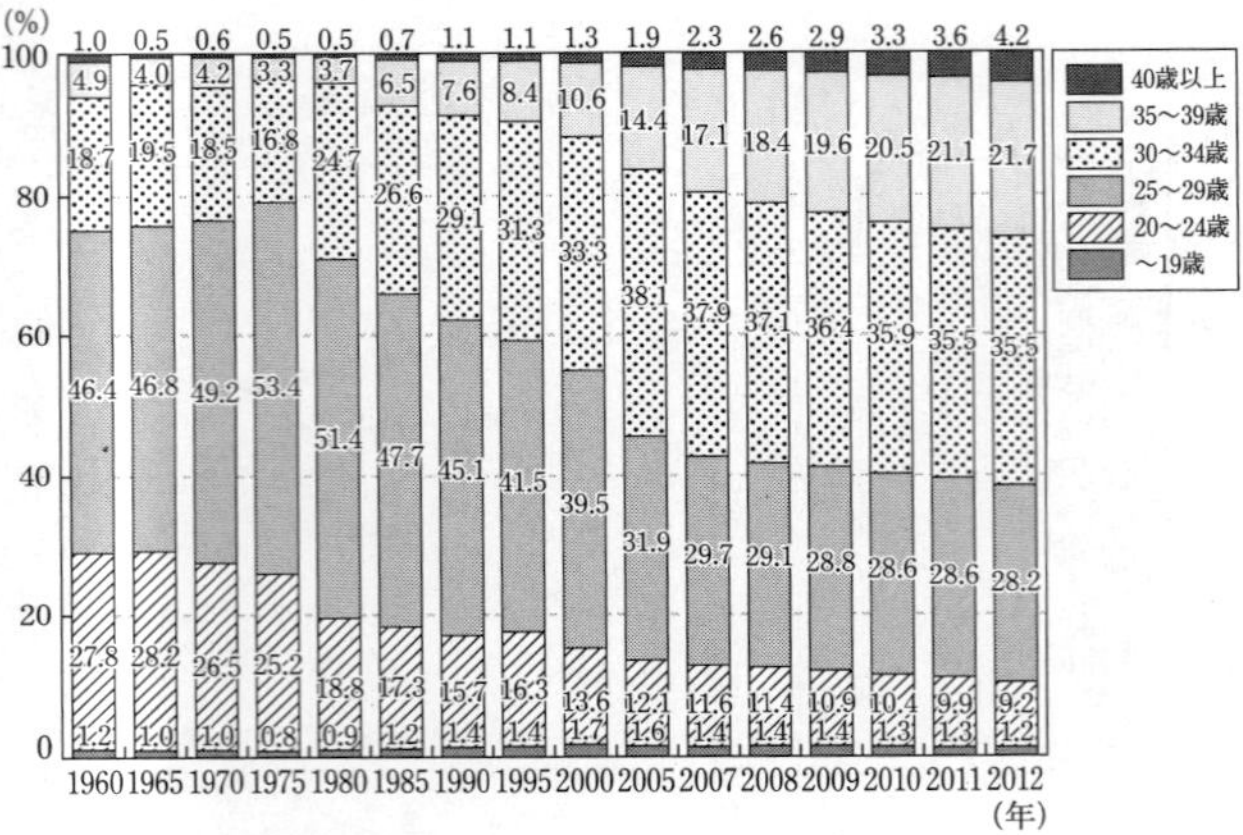

（資料）厚生労働省「人口動態調査」より筆者作成

ている（図表71）。

２０００年までは25〜29歳が４割を占めて最も多く、30〜34歳、20〜24歳と続いていた。しかし、05年から順位が入れ替わっている。30〜34歳が４割程度で最も多くなり、次いで25〜29歳、そして３番目には、20〜24歳ではなく、35〜39歳が続いている。

なお、12年でも30〜34歳の出生数が最も多いが、全体に占める割合は、わずかに低下している。一方、30代後半や40歳以上は増加している。現在の日本では、妊婦のほぼ４人に１人は30代後半である。

30代後半以上の割合は、05年から12年にかけて、35〜39歳は14・４％から21・７％へと1.5倍に増え、40歳以上は1.9％から4.2％へと２倍に増えている。35歳以上をあわせると、12

年では25・９％であり、全体の４分の１を超える。

71〜74年生まれの団塊ジュニア世代は、06年から30代後半に達しはじめている。出生数に占める母親の年齢内訳は、05年から30代後半が３位に入り、全体に占める割合も上昇し続けている。よって、06年からの合計特殊出生率の上昇には、団塊ジュニア世代による出産の増加が影響している可能性が高い。しかし、団塊ジュニア世代は14年には40代に達するため、今後は合計特殊出生率の低下が予想される。

夫婦の子ども数の変化

ところで、合計特殊出生率は、計算の際に15〜49歳の全ての女性を対象としている。[*2] つまり、子どもを持つ女性だけでなく、子どもを持たない既婚女性や結婚をしていない未婚女性も含めて計算している。よって、婚外子が少なく、未婚化も進行している日本では未婚者の影響が大きくあらわれてしまう。

未婚者を除いた既婚夫婦の状況を見ると、夫婦の最終的な平均子ども数（完結出生児数）は、直近調査で２人をわずかに下回っているものの、70年代から最近までおおむね２人程度で推移している（図表72）。つまり、この30年余りの間、結婚すればおおむね２人の子どもを持つ時代が続いていた。

図表72　夫婦の完結出生児数の推移
（結婚持続期間15～19年の初婚同士の夫婦）

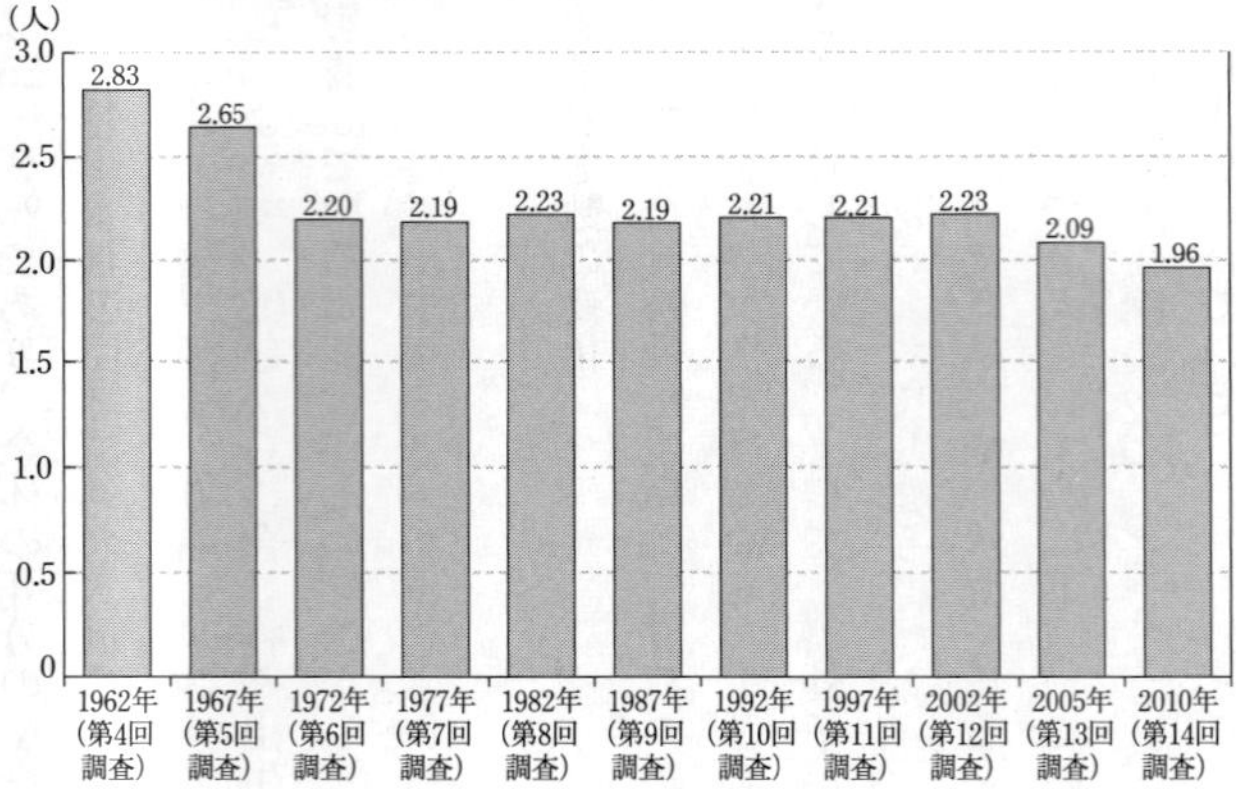

（資料）国立社会保障・人口問題研究所「第14回出生動向基本調査」より筆者作成

なお、夫婦の完結出生児数は、結婚持続期間15～19年の初婚同士の夫婦の平均出生子ども数を計算している。よって、10年調査の完結出生児数の算出で対象となる夫婦は、90年代前半までに結婚している夫婦である。90年代前半の平均初婚年齢は男性が28歳、女性が26歳であるため、10年調査で結婚15～19年の夫婦となると、男性は45歳前後、女性は43歳前後以上となる。つまり、団塊ジュニアの少し上の世代までは、結婚すればおおむね２人の子どもを持っているということになる。

先の合計特殊出生率の推移と完結出生児数の推移をあわせて見ると、**少子化には未婚化が大きな影響を与えている様子がよく分かる。**

前述の通り、完結出生児数は70年代からごく最近まで２人程度で推移している。しかし、合計特殊出生率はすでに75年から2.0を下回り、低下傾向が続いている。完結出生児数を算出する対象は、結婚持続期間15～19年の夫婦と限定的ではあるものの、合計特殊出生率が低下するスピードの方が遥かに速い。つまり、少子化には未婚化が大きく影響している様子がうかがえるのだ。

なお、70年代から２０００年までの合計特殊出生率の低下は、７割が結婚行動（すなわち未婚）、３割が夫婦の出生行動で説明できるとの研究報告もある。[*3]

＊２　厚生労働省「平成24年人口動態統計月報年計（概数）の概況―参考：合計特殊出生率について」

＊３　岩澤美帆（２００２）「近年の期間ＴＦＲ変動における結婚行動および夫婦の出生行動の変化の寄与について」人口問題研究、58-3、pp.15-44.

団塊ジュニア世代以下の夫婦の子ども数

団塊ジュニアの少し上の世代までは、結婚すればおおむね２人の子どもを持っていた。しかし、団塊ジュニア世代以下の状況はどうだろうか。

結婚持続期間別に平均出生子ども数を見ると、最近では結婚持続期間が10年を超えても、子どもの数が２人未満の夫婦も増えている。

平均出生子ども数は、02年までは結婚後10～14年から２人を超えていたが、05年では２人を超えるのは15～19年から、10年では20年以上からである（図表73）。

図表73　結婚持続期間別に見た平均出生子ども数

（人）

	1977年（第7回調査）	1982年（第8回調査）	1987年（第9回調査）	1992年（第10回調査）	1997年（第11回調査）	2002年（第12回調査）	2005年（第13回調査）	2010年（第14回調査）
0〜4年	0.93	0.80	0.93	0.80	0.71	0.75	0.80	0.71
5〜9年	1.93	1.95	1.97	1.84	1.75	1.71	1.63	1.60
10〜14年	2.17	2.16	2.16	2.19	2.10	2.04	1.98	1.88
15〜19年	2.19	2.23	2.19	2.21	2.21	2.23	2.09	1.96
20年以上	2.30	2.24	2.30	2.21	2.24	2.32	2.30	2.22

（注）2.0人以上を網掛け。

（資料）国立社会保障・人口問題研究所「第14回出生動向基本調査」より筆者作成

また、結婚持続期間ごとに、平均出生子ども数の推移を見ると（つまり、表の右方向に数値の変化を見ていくと）、おおむね減少傾向にあるが、結婚持続期間が0〜4年のみ異なる傾向を示している。

結婚持続期間が0〜4年の平均出生子ども数は、97年に0・71人まで減少した後、02年、05年と増加している。しかし、これらの5年経過後の結婚持続期間5〜9年の05年、10年の値を見ると、平均出生子ども数は増加していない。つまり、02年と05年の結婚持続期間0〜4年の平均出生子ども数の増加は、夫婦の完結出生児数の増加・維持にはつながっていないようなのだ。

この背景には晩婚化により、出産年齢が上がり、第2子をもうけにくいことなどがあるだろう。また、10年の結婚持続期間0〜4年の平均出生子ども数が減少に転じていることもあわせると、子どもを持たない夫婦も増えている（非産化）可能性がある。

結婚持続期間が短いほど夫婦の子ども数は減少している傾向はあるが、やはり合計特殊出生率の低下と比べると、その変化は緩やかだ。結婚持続期間別に見た夫婦の子ども数の推移と、合計特殊出生率の推移を線形近似して得た数式の傾きの値を比較すると、やはり合計特殊出生率の傾きが最も大きい。**晩婚化や晩産化も少子化に影響を与えているが、未婚化の影響が最も大きい**と言える。

オリンピック開催決定後の大量ツイート

ところで、13年9月8日。20年夏季五輪の開催地に東京が決まったとたん、
「7年後は子どもと一緒にオリンピックを見たい！」
「オリンピックまでに結婚して、子どもを生みたい！」
というツイートが、若者たちの間で大量にあらわれたそうだ。

未婚化・晩婚化、少子化が進行している現在の日本。若者たちからこのようなツイートが発生することに、多くのネットユーザーは驚いたようだ。オリンピックという大規模で華々しいイベントを前に、気分が高揚した若者が多かったのだろう。

では、日本では過去にも、オリンピックをきっかけに結婚や出産は増えていたのだろうか。

これまでに日本では、計3回の五輪が開催されている。64年の東京五輪（夏季）、72年の札幌五輪（冬季）、98年の長野五輪（冬季）だ。それぞれの開催が決定されてから開催されるまでの出生率の推移を見ると、**五輪前に大きく増えるといった変化は見られない**。

図表74　合計特殊出生率の推移

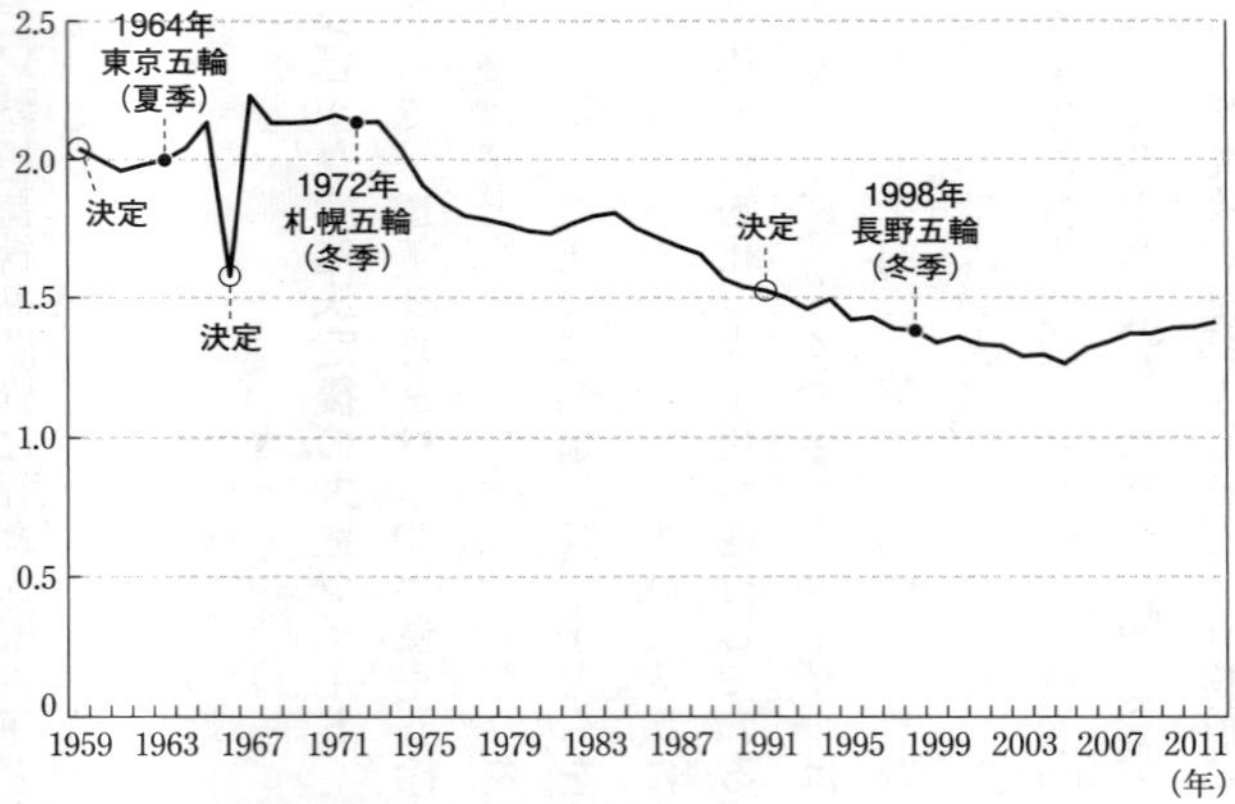

（資料）厚生労働省「人口動態調査」より筆者作成

64年の東京五輪開催時は、開催が決定した59年から数年は逆に低下している（図表74）。59年より64年の方がややあがっているが、その差はわずか＋0・01ポイント。また、72年の札幌五輪開催時については、開催が決定した66年は「ひのえうま」の年で出産が控えられたため、翌年は出生率があがっているが、その後は横ばいで推移している。また、71～74年は第2次ベビーブームと重なっており、五輪の影響は見えにくい。98年の長野五輪開催時は、第2次ベビーブーム後に少子化が進行した時期である。開催が決定した91年の出生率はすでに1・53と低く、さらに五輪開催の98年にかけて1・38にまで低下している。

つまり、過去3回の五輪開催時を見る限り、日本では五輪と出産には関係がないようだ。

図表75　未婚者（18～34歳）の結婚意思の推移

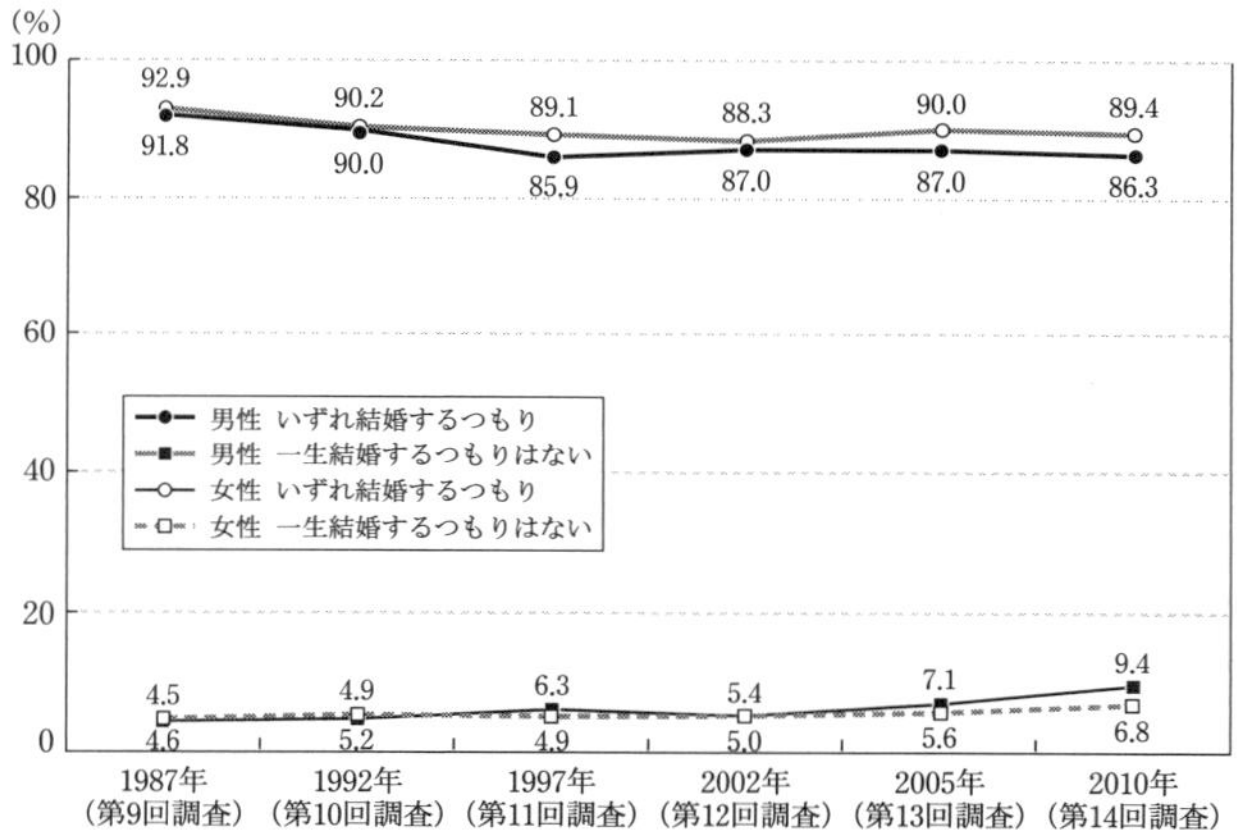

（資料）国立社会保障・人口問題研究所「第14回出生動向基本調査」より筆者作成

また、婚姻の状況についても、五輪との関係は見られない。

それでは、なぜ若者たちの間で「結婚したい」、「子どもが欲しい」というようなツイートが増えたのだろうか。

強い結婚願望と先延ばし意識の薄らぎ

日本では未婚化・晩婚化、少子化が進行している。しかし、実は、**今の若者の大半に結婚願望があり、最近では結婚に対する先延ばし意識も薄らいでいる。**

国立社会保障・人口問題研究所「出生動向基本調査」によると、80年代から10年の直近調査まで、18～34歳の未婚者の9割が「いずれ結婚したい」と答えている（図表75）。近年、「いずれ結婚したい」がわずかに減少し、

図表76　結婚する意思のある未婚者（18〜34歳）の結婚希望時期の推移

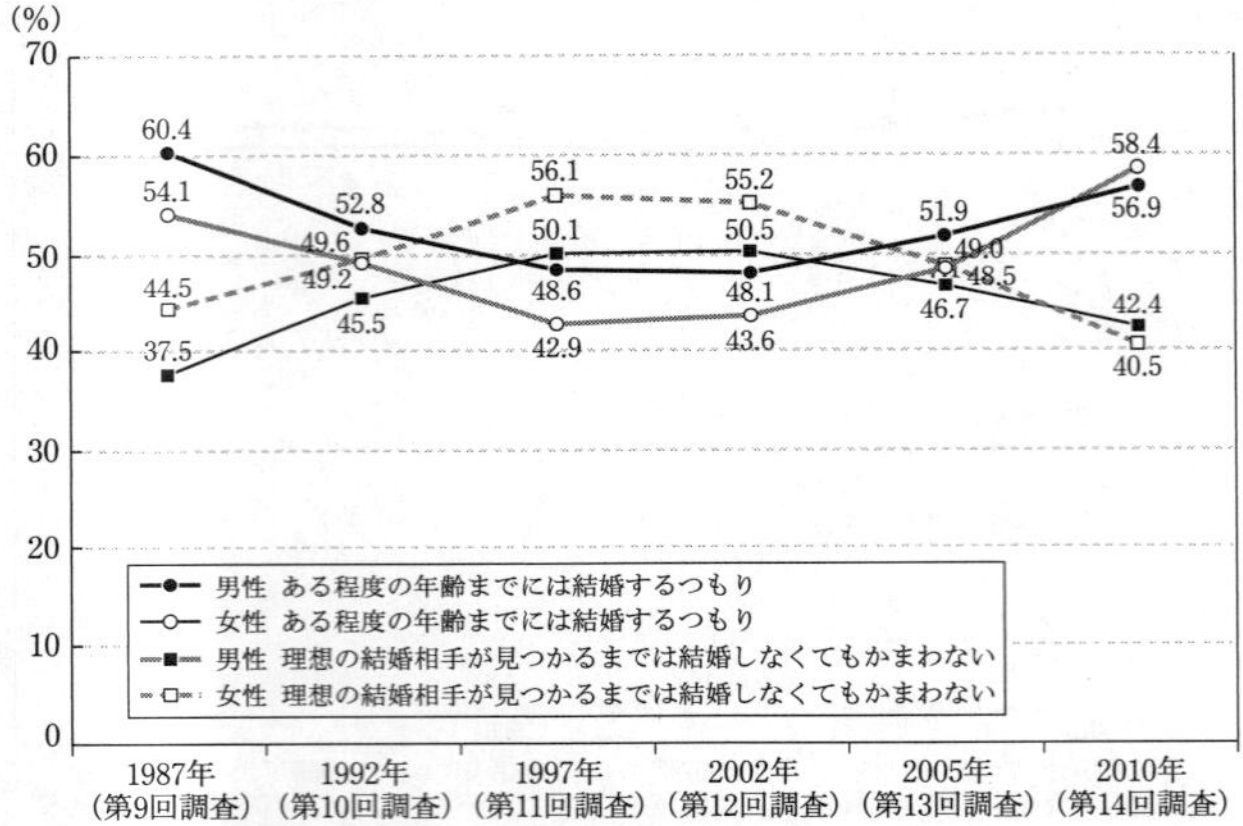

（資料）国立社会保障・人口問題研究所「第14回出生動向基本調査」より筆者作成

「一生結婚するつもりはない」がわずかに増加しているが、「一生結婚するつもりはない」は依然として1割に満たない。

さらに、結婚の意思がある未婚者の結婚希望時期の推移を見ると、結婚に対する先延ばし意識が薄らいでいる様子が分かる。

先の調査で「いずれ結婚したい」と答える未婚者に対して、いつまでに結婚したいか、「理想の相手が見つかるまでは結婚しなくてもかまわない」と「ある程度の年齢までには結婚するつもり」の二択でたずねると、2000年頃までは「理想の相手が見つかるまでは結婚しなくてもかまわない」が増加傾向にあり半数を超えていたが、近年は逆転し、「ある程度の年齢までには結婚するつもり」が6割を占めている（図表76）。

つまり、理想の相手があらわれなくても、ある程度の年齢までには結婚したいと考える未婚者が増えており、結婚に対する先延ばし意識が薄らいでいるようだ。ただし、この20年で平均初婚年齢が男性は+2歳、女性は+3歳程度あがっており、「ある程度の年齢」もややあがっている可能性はある。

結婚に対する先延ばし意識は、2000年頃から薄らいでいるようだが、この背景には何があるのだろうか。バブル崩壊後に続く日本経済の低迷が一層進んだことで、将来の経済面や家族形成面に対する危機感が高まった可能性もある。しかし、ここで「負け犬」ブームの影響にも注目したい。

「負け犬」ブームとは、エッセイストの酒井順子氏の著書『負け犬の遠吠え』(講談社、2003)が発端となり、30代の未婚女性のライフスタイルや価値観の変化に注目が集まったものだ。酒井氏は同書の中で、どんなに美人で仕事ができても、30代以上・未婚・子ナシは「負け犬」と表現している。同書は「負け犬」を批判しているのではなく、逆説的にエールを送っているような内容だ。酒井氏自身も「負け犬」であり、自らのライフスタイルをはじめ、「負け犬」の特徴をとらえている。なお、「負け犬」という言葉は、04年度のユーキャン新語・流行語大賞のトップテンにもノミネートされた。また、当時、「負け犬」をテーマにしたテレビドラマや雑誌の企画も多くあった。

ところで、同書が出版された当時の30代は、団塊ジュニア世代からバブル世代が占めていた。これらの世代の未婚女性は「負け犬」に共感を覚える一方で、より下の世代、つまり当時の20代では「負け犬にはなりたくない」、「負け犬とは呼ばれたくない」という気持ちも生じたのではないだろうか。当時の20代は就職氷河期を経験したり、物心ついた頃から日本経済が低迷していた世代であり、もともと経済面や家族形成面に対する危機意識が強い。2000年以降、日本経済の低迷が一層進み、さらに「負け犬ブーム」が危機感を強めた可能性もある。

このように「負け犬にはなりたくない」という意識が強まったことが、結婚に対する先延ばし意識の薄らぎにつながったのではないだろうか。

家族を持つ価値の高まり

社会環境の変化によって、若者の結婚に対する先延ばし意識は弱まっている。社会環境の変化は、さらに結婚の価値にも変化を与えているようだ。

未婚者が結婚に対して感じる利点の変化を見ると、今の若者は、結婚によって精神的な安らぎの場が得られることよりも、子どもや家族が持てることを利点として強く感じている。今の若者では家族を持つことの価値が高まっているようだ。

図表77　未婚者（18～34歳）が考える結婚することの利点の推移

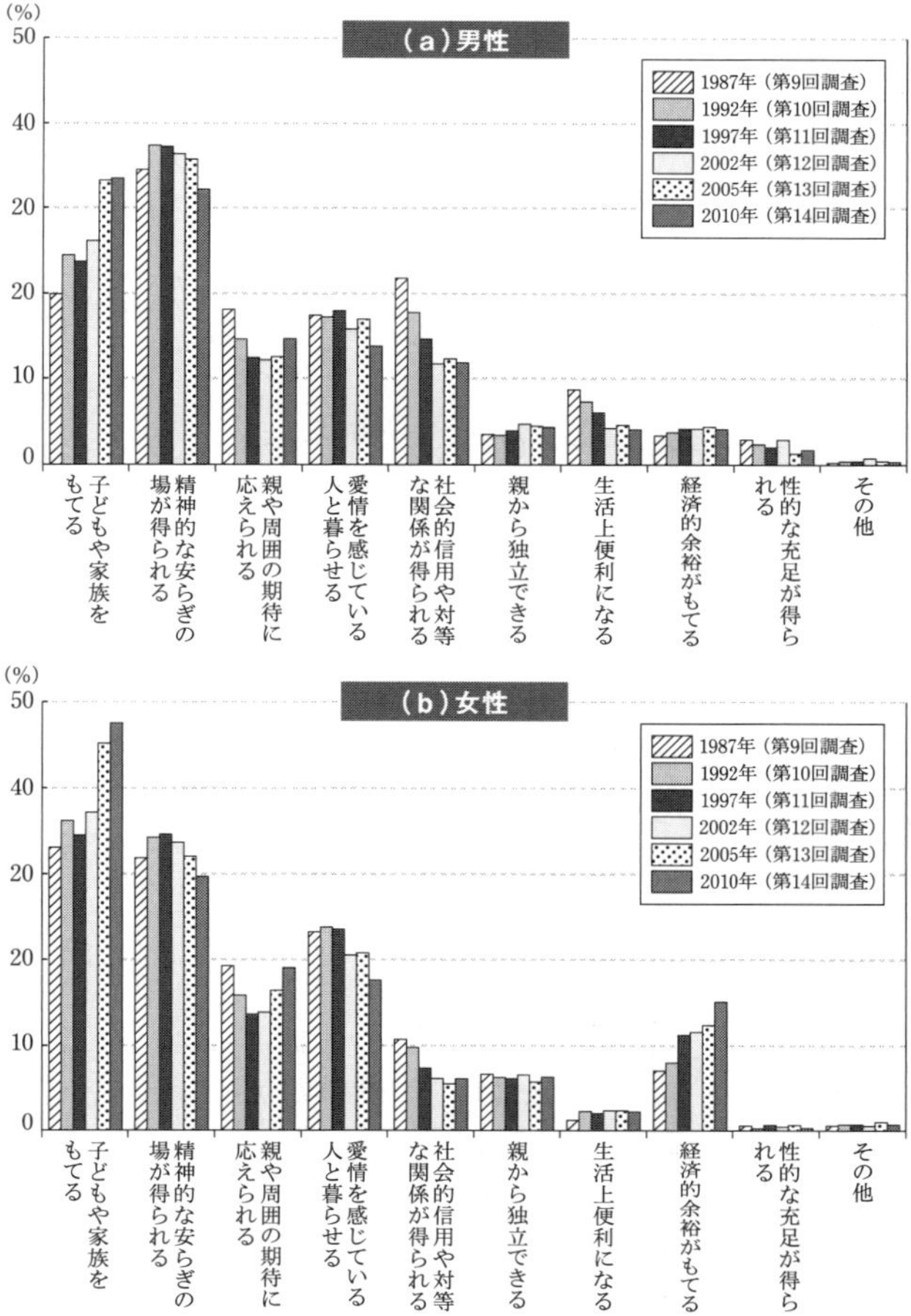

（注）左から2010年（第14回調査）において、男性で多かった順。
（資料）国立社会保障・人口問題研究所「第14回出生動向基本調査」より筆者作成

図表78　20代の考える一番大切なもの（単一回答）

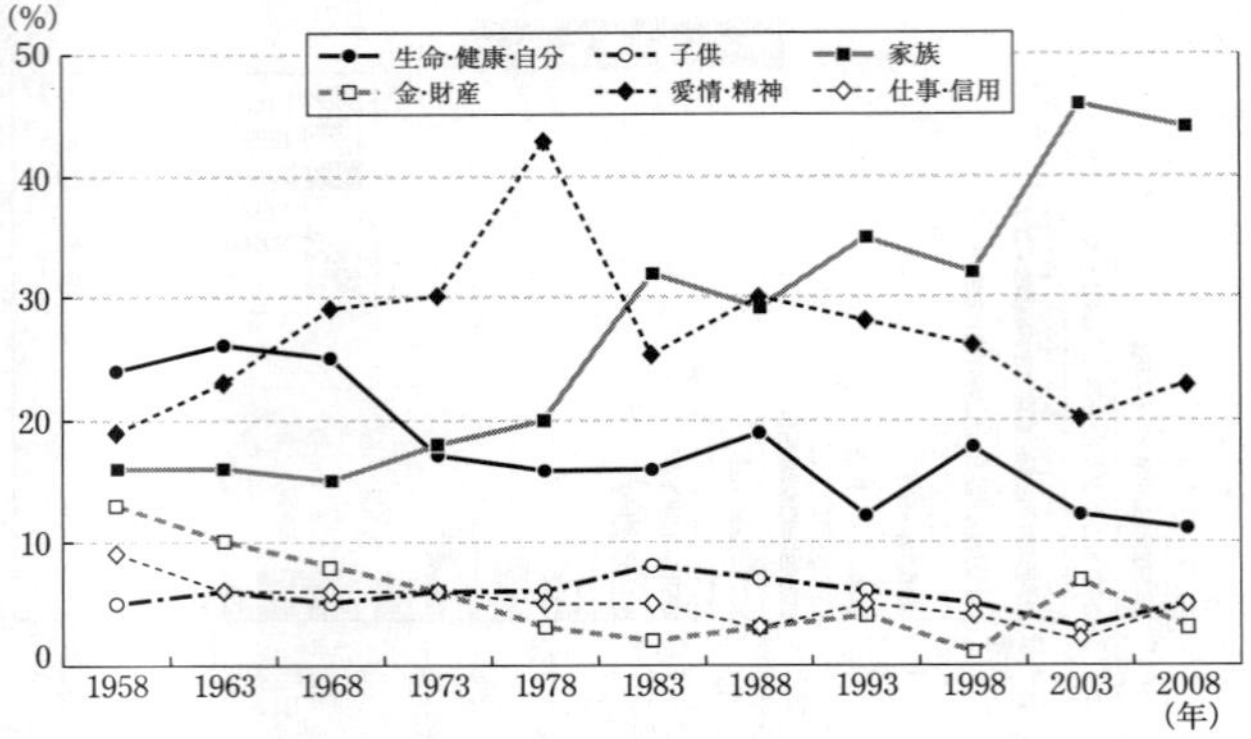

（注）選択肢はこのほか「家・先祖」、「国家・社会」、「その他」、「特になし」があり、直近調査で上位のものを図示。30代や国民全体でも同様の推移を示す。
（資料）大学共同利用機関法人情報・システム研究機構統計数理研究所「日本人の国民性調査」より筆者作成

「出生動向基本調査」にて、18～34歳の未婚者が考える結婚の利点は、男性では05年まで「精神的な安らぎの場が得られる」が最も多かった（図表77）。しかし近年、「子どもや家族をもてる」が増え、10年には首位となった。女性では以前から同項目が最も多かったが、近年、選択割合が大きく上昇し、10年では半数近くを占める。

つまり、現在の若者は、結婚の最大の利点を「家族を持てること」と考えており、近年、その意識が強まっているのではないだろうか。東日本大震災以降、家族の絆を大切にする風潮が強まっているが、この調査結果は震災前のものだ。ほかの調査を見ても、実は以前から、若者では家族を重視する傾向が強まっていた。

図表79　一般世帯数と平均世帯人員数の推移

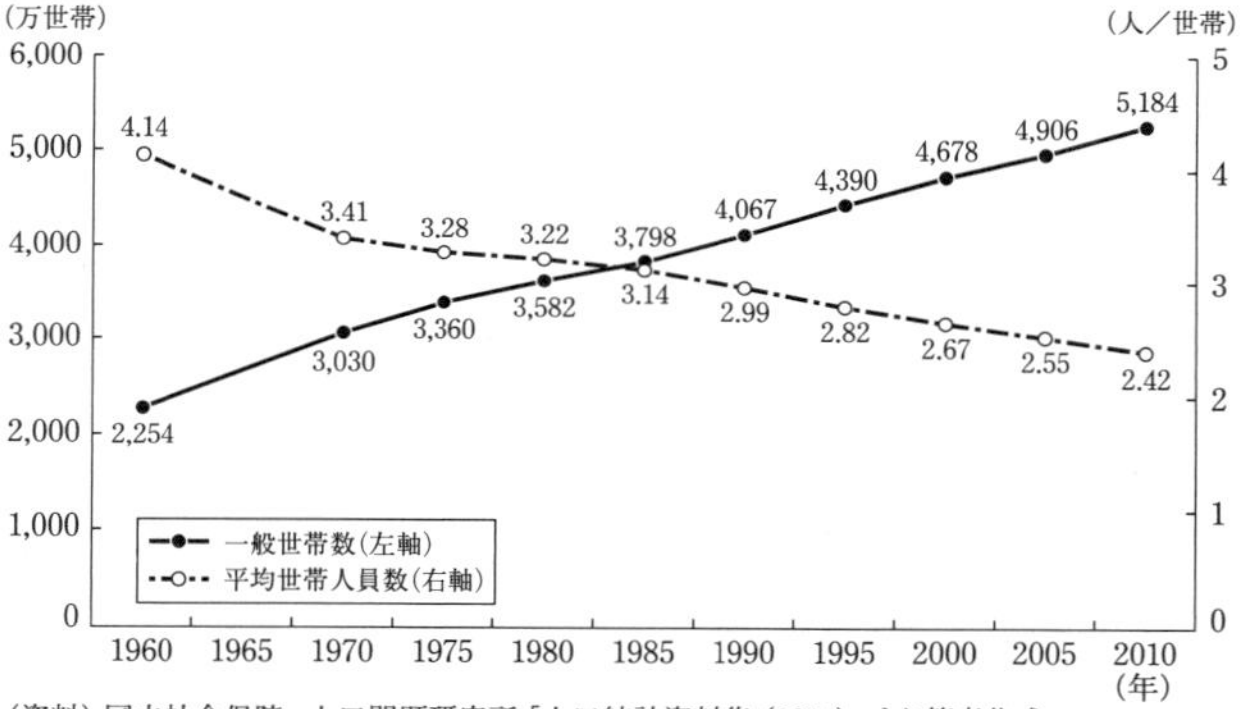

（資料）国立社会保障・人口問題研究所「人口統計資料集（2014）」より筆者作成

統計数理研究所「日本人の国民性調査」にて、20代の考える一番大切なものの推移を見ると、以前は「生命・健康・自分」や「愛情・精神」が首位を占めていたが、80年代から「家族」が大きく上昇し、最近では圧倒的に首位を示している（図表78）。

この背景には少子化や核家族化の進行があるのではないだろうか。近年、平均世帯人員数は減少傾向にあり、60年では4人を超えていたが、現在では2・42人にまで減っている（図表79）。これと反比例するように、20代では一番大切なものとして家族を選ぶ割合が上昇している。

ところで、図表77で、「子どもや家族をもてる」以外の変化を見ると、男性では「社会的信用や対等な関係が得られる」や「生活上便利になる」が低下している。

「社会的信用や対等な関係が得られる」が減少して

いる背景には、ひと昔前は結婚して家庭を持たないと一人前と見做《みな》されないような風潮があったが、現在では薄まっていることがあるだろう。

以前は家庭を持たないと会社での昇格に影響が出たこともあったようだ。しかし、現在ではプライベート意識の高まりやハラスメント防止対策への取り組み強化もあり、職場で結婚や家族の話を出しにくくなっている。また、個人的な事情を業績評価に含めることは、パワー・ハラスメントやセクシュアル・ハラスメントにつながる可能性がある。パワハラが発覚した場合、行為者は、内容によっては刑事責任や民事責任を負うこともある。また、男女雇用機会均等法では、事業主にセクハラを防止することを義務づけている。

「生活上便利になる」の低下については、今の若い男性では、結婚したからといって女性に家事をやってもらえるという意識が薄まっていることがあるのだろう。女性の社会進出や進学率の上昇によって、男性と同様に働く女性が増えているためだ。なお、90年代半ばから、共働き世帯数は専業主婦世帯数を上回っており、増加傾向が続いている。[*4]

一方、女性では「経済的余裕がもてる」の増加が目立つ。長らく続く不景気により、今の若者は将来の年収増が望みにくい（詳しくは後述）。よって、1人より2人の方が経済的に安定するという意識が強まっているのだろう。

＊4　厚生労働省「平成25年版 労働経済の分析」

子どもは２人くらい欲しい

結婚意思のある未婚男女が希望する子どもの数の推移を見ると、男性では、いずれの年代でも減少傾向にあるが、30～34歳を除くと、２人以上を保っている（図表80）。女性では、90年代までは、いずれの年代でも減少傾向にあった。しかし、最近では下げ止まっており、30歳前後の出生が増える年代では、むしろ増加傾向にある。

男女を比べると、97年調査までは男性より女性の方が、希望する子どもの数が少ない年代が多い。しかし、02年調査の頃から逆転しており、20歳前後の若い年代で、その傾向が強い。

夫婦の実際の子ども数は、団塊ジュニア世代以下では２人を下回る傾向があるが、今の若者はおおむね２人は子どもを欲しいと考えている。

家族観の伝統回帰

若者では家族を持つことの価値が高まっているだけでなく、家族観も伝統回帰している。

前述のように、結婚に対する先延ばし意識も、２０００年頃までは強まっていたが、近年は反転し薄らいできている。

家族についての伝統的な価値観の支持率について、97年と10年を比べると、男女とも「結

図表80　結婚する意思のある未婚者（18～34歳）の平均希望子ども数の推移

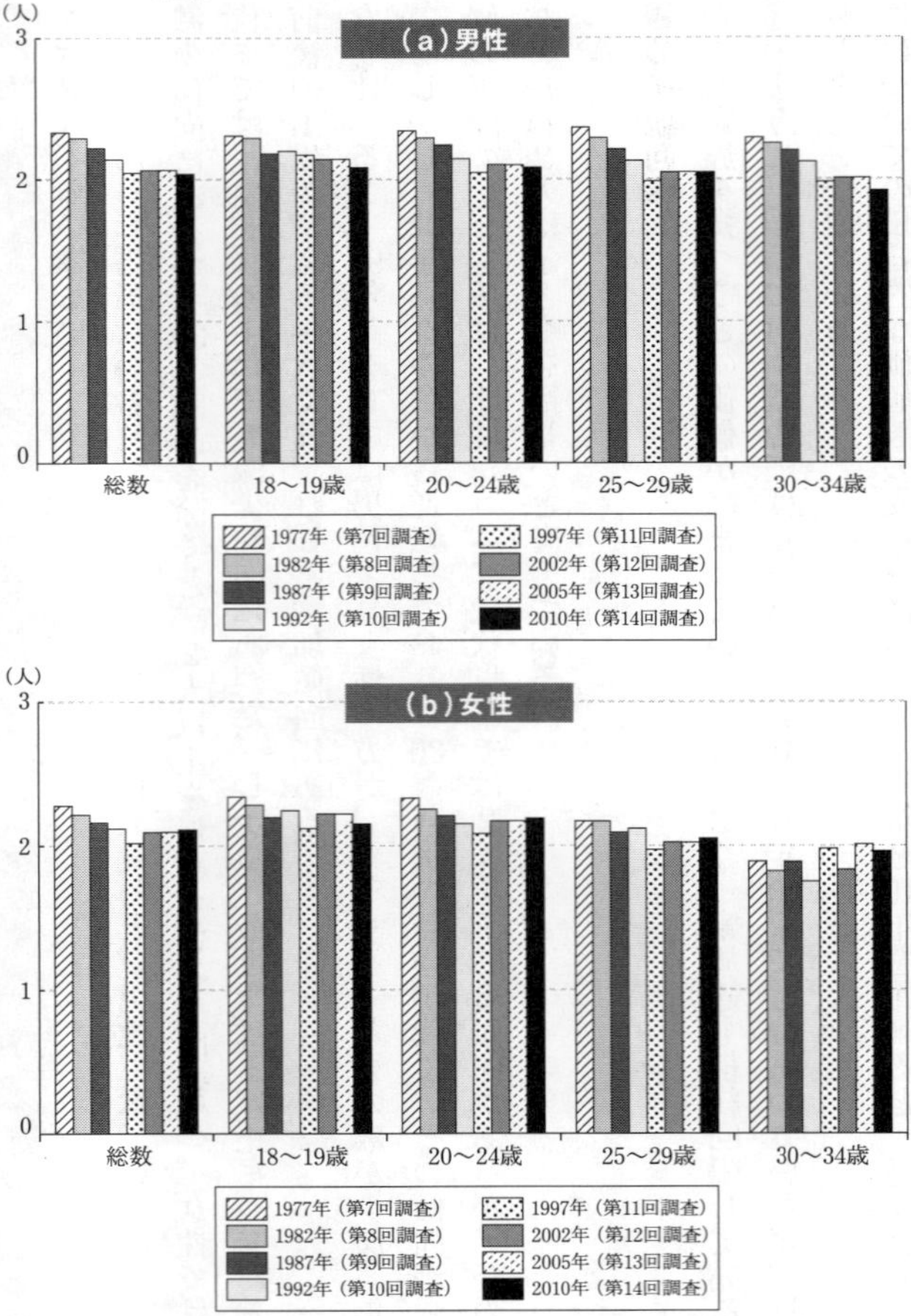

（資料）国立社会保障・人口問題研究所「第14回出生動向基本調査」より筆者作成

婚したら、家庭のためには自分の個性や生き方を半分犠牲にするのは当然」や「いったん結婚したら、性格の不一致程度で別れるべきでない」、「生涯を独身ですごすというのは、望ましい生き方ではない」、「男女が一緒に暮らすなら結婚すべきである」が男女とも高まっている（図表81）。

男女を比べると、いずれの項目も男性の支持率の方が高い傾向にあり、女性より男性の方が伝統的な価値観に対する意識が強い。しかし、選択割合の変化を見ると、女性の方が変化幅は大きく、伝統回帰傾向が強くあらわれている。

この背景について考えてみたい。

高度経済成長期は、働く父親と専業主婦の母親、そして、２人の子どもという４人家族が平均的な家族像だった。この頃の女性のライフコースは、学校卒業後に就職し、結婚を機に退職するというのが一般的で、「寿退職」という言葉もあった。しかし、86年に男女雇用機会均等法が施行され、女性の社会進出が盛んに言われるようになった。全体からすると数は多くなかっただろうが、家庭を持つことよりもキャリアを選ぶ女性の生き方も注目されるようになった。さらに、バブル期には夫婦共働きで子どもを持たないＤＩＮＫＳ（Double Income No Kids）という新しい家族観も登場し、家族形成に関する新たな選択肢もあらわれた。当時、世の中は好景気で浮き足立っており、ＤＩＮＫＳは、同世代の子どもを持つ世

図表81　未婚者（18～34歳）の結婚・家族に関する意識の変化

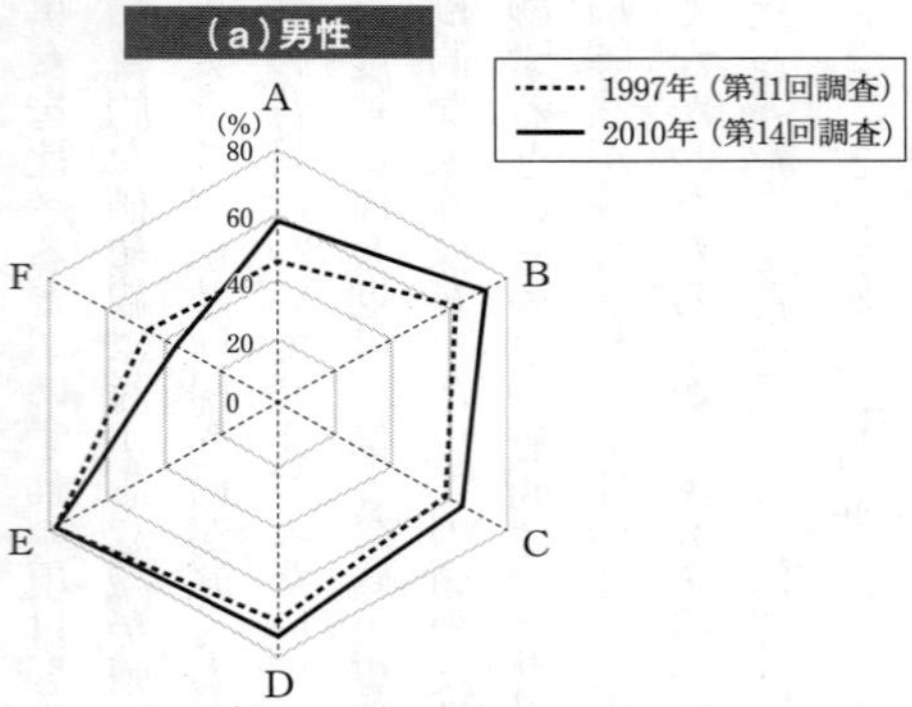

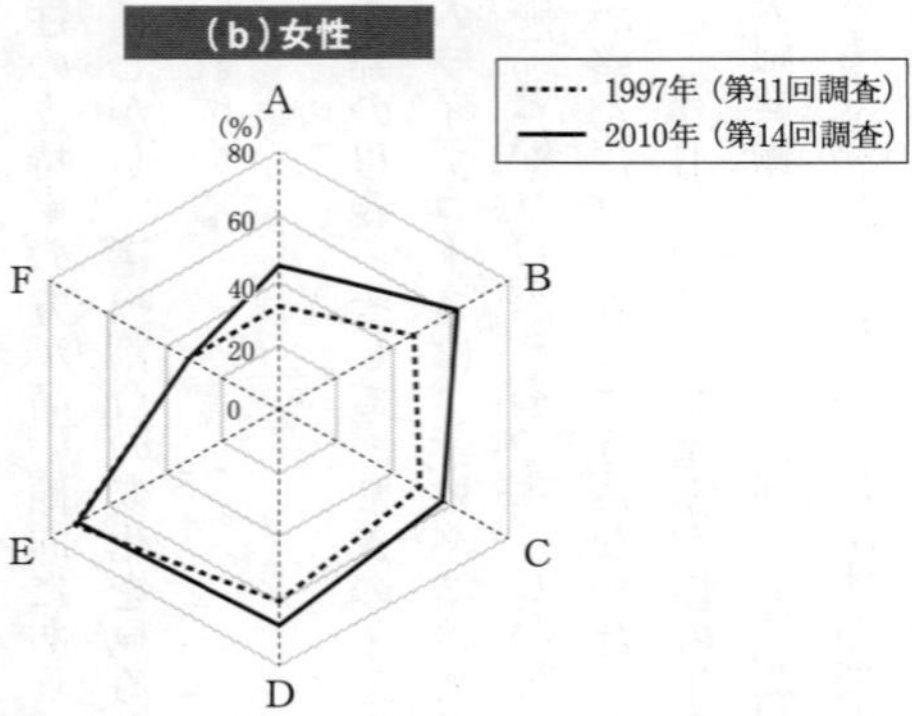

A「結婚したら、家庭のためには自分の個性や生き方を半分犠牲にするのは当然」
B「いったん結婚したら、性格の不一致程度で別れるべきでない」
C「生涯を独身ですごすというのは、望ましい生き方ではない」
D「男女が一緒に暮らすなら結婚すべきである」
E「結婚したら、子どもは持つべき」
F「結婚後は、夫は外で働き、妻は家庭を守るべきだ」

（注1）数値は「まったく賛成」、「どちらかといえば賛成」、「どちらかといえば反対」、「まったく反対」の4段階でたずねて得た上位2つの選択割合の合計。

（注2）時計回りに2010年と1997年の男性の結果で差が大きかったもの。

（資料）国立社会保障・人口問題研究所「第14回出生動向基本調査」より筆者作成

帯と比べて経済的に豊かな生活を送れるなどと、ややもてはやされていたような印象もある。

その後、景気低迷や若者のライフスタイルの変化により、未婚化・晩婚化、少子化が進行し、現在では先の４人家族は平均的な家族像とは言えない。今の若者は、従来型の家族を望んでも必ずしも得られるわけではない。景気低迷によって将来への不安感も強まっている。このような状況では、バブル期にあらわれたような革新的な家族志向は影をひそめ、保守的な志向が色濃くなるだろう。こういった変化を背景に、家族についての価値観は伝統的なものへと回帰しているのではないだろうか。

夫は外で働き、妻は家庭を守るべき

図表81では、男女とも、Ｆの「結婚後は、夫は外で働き、妻は家庭を守るべきだ」はほかの項目のように上昇していない。しかし、実はこの項目についても、細かく見ると伝統回帰傾向があらわれている。

内閣府「男女共同参画社会に関する世論調査」では、この項目について、より頻繁に調査している。20代の男女では、02年から09年までは支持率が低下傾向にあったが、12年では大きく上昇している（図表82）。

先の「出生動向基本調査」（10年）におけるこの項目の支持率は、男性が36・０％、女性

図表82　「結婚後は、夫は外で働き、妻は家庭を守るべきだ」の推移（20代）

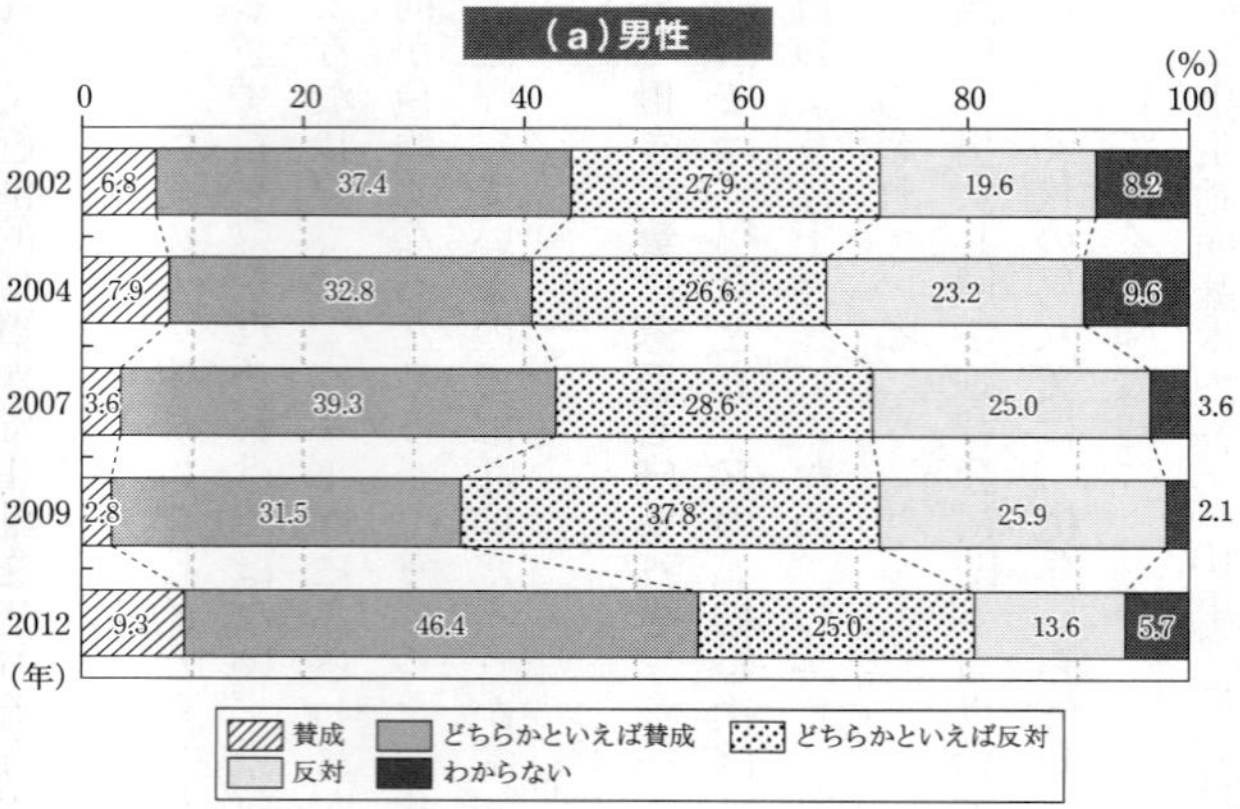

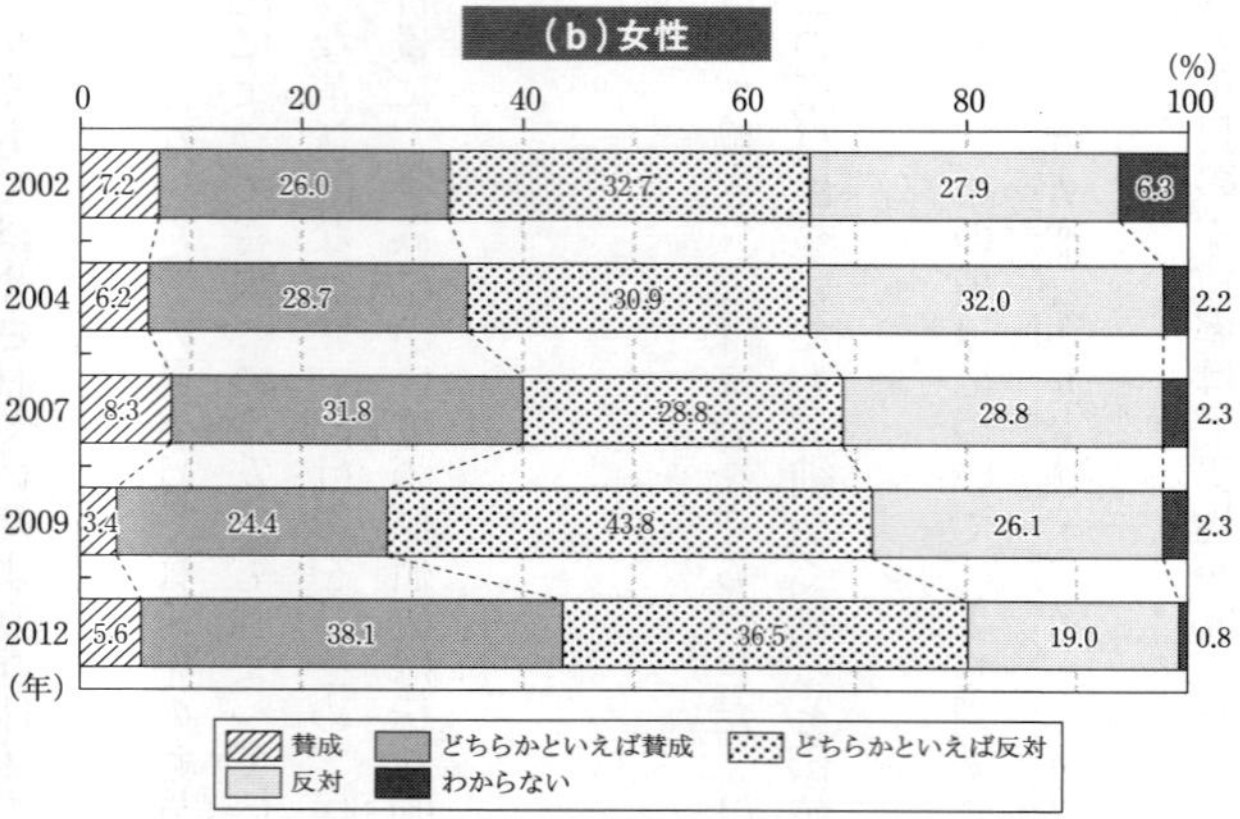

（資料）内閣府「男女共同参画社会に関する世論調査」より筆者作成

が31・9％だった。これは調査対象が未婚者であるため、内閣府の調査に比べて限定的だが、内閣府の09年の結果（「賛成」と「どちらかといえば賛成」の合計＝男性：34・3％、女性：27・8％）と比べると、いずれもわずかに上昇している。また、図表82を見ると、12年の支持率は、男女ともさらに大きく上昇している。

10年調査から12年調査の間には東日本大震災があり、家族の「絆」の大切さを改めて重視する風潮が強まっていた。若者ではもともと「結婚後は、夫は外で働き、妻は家庭を守るべきだ」の支持率は上昇傾向にあったが、東日本大震災により、さらにその志向が強まった可能性がある。

以上、見てきたように、日本では未婚化・晩婚化、少子化が進行しているが、**若者の大半は結婚を望んでいる。また、結婚に対する先延ばし意識も薄らいでいる。家族を持つことの価値意識も高まっており、家族観も伝統回帰している。**多くの若者たちは、これまでと同じように、結婚して子どもを持つことを望んでいる。このような若者の意識が、五輪開催決定をきっかけに、大量ツイートとして表に湧き出たのではないだろうか。

それでも結婚しない理由

若者たちの大半は結婚を望んでいるにもかかわらず、なぜ未婚化が進行しているのだろう

図表83　結婚する意思のある未婚者が未婚にとどまる理由

(%)

		男性			女性	
18〜24歳	1位	まだ若すぎる	47.3	1位	まだ若すぎる	41.6
	2位	まだ必要性を感じない	38.5	2位	まだ必要性を感じない	40.7
	3位	仕事（学業）にうちこみたい	35.4	3位	仕事（学業）にうちこみたい	39.4
	4位	適当な相手にめぐり会わない	31.0	4位	適当な相手にめぐり会わない	35.1
	5位	結婚資金が足りない	23.8	5位	結婚資金が足りない	20.8

		男性			女性	
25〜34歳	1位	適当な相手にめぐり会わない	46.2	1位	適当な相手にめぐり会わない	51.3
	2位	まだ必要性を感じない	31.2	2位	自由さ・気楽さを失いたくない	31.1
	3位	結婚資金が足りない	30.3	3位	まだ必要性を感じない	30.4
	4位	自由さ・気楽さを失いたくない	25.5	4位	趣味や娯楽を楽しみたい	20.7
	5位	趣味や娯楽を楽しみたい	21.2	5位	仕事（学業）にうちこみたい	16.9

（注）選択肢は「まだ若すぎる」、「まだ必要性を感じない」、「仕事（学業）にうちこみたい」、「趣味や娯楽を楽しみたい」、「自由さ・気楽さを失いたくない」、「適当な相手にめぐり会わない」、「異性とうまくつき合えない」、「結婚資金が足りない」、「住居のめどがたたない」、「親や周囲が同意しない」、「その他」、「すでに結婚が決まっている」の計12で最大3つまで選択可能。

（資料）国立社会保障・人口問題研究所「第14回出生動向基本調査」より筆者作成

か。この背景には、**結婚を意識する年齢があがっていることや、出会いがないことがある。**

結婚する意思のある未婚男女が未婚にとどまる理由は、18〜24歳の若い年代では、男女とも「まだ若すぎる」、「まだ必要性を感じない」、「仕事（学業）にうちこみたい」が上位にあがる（図表83）。平均初婚年齢が30歳前後の現在では、20代前半までに結婚を考える若者は少ないだろうし、そもそも学生が多いため、当然の結果だ。

一方、結婚適齢期である25〜34歳の未婚理由は、男女とも圧倒的に「適当な相手にめぐり会わない」が首位であり、出会いがないことが大きな課題となっている。

また、2位以下では男女で異なる傾向が見られ、男性では、「まだ必要性を感じない」、「結婚資金が足りない」、「自由さ・気楽さを失いたくない」、「趣味や娯楽を楽しみたい」があがる。女性でもほぼ同様のものがあがるが、「結婚資金が足りない」は上位にあらわれず、代わりに「仕事（学業）にうちこみたい」があがる。つまり、**男性では結婚資金、女性では仕事（学業）が、それぞれの未婚にとどまる理由の特徴としてあげられる**。これは、依然として日本では結婚生活における経済的な責任は男性側にあるという意識が強いこと、そして、女性の社会進出に伴ってキャリアを重視する女性が増えていることがあるだろう。

また、女性では、２位に「自由さ・気楽さを失いたくない」があがるが、男性の選択割合と比べると５％以上多い。男女平等が進んだ今の世の中であっても、男性より女性の方が、結婚に対して何らかの不自由さを強く感じているのだろう。

大半は恋愛結婚

結婚適齢期の未婚者が結婚をしない大きな理由には、出会いがないことがあげられる。それでは、既婚者はどのように相手を見つけているのだろうか。

既婚者の出会いのきっかけを見ると、見合い結婚が減り、大半が恋愛結婚となっている。「出生動向基本調査」によると、50年代は見合い結婚が半数を超えていたが、60年代に逆転し、現在では恋愛結婚が９割程度を占める（図表84）。

図表84　恋愛結婚・見合い結婚の推移

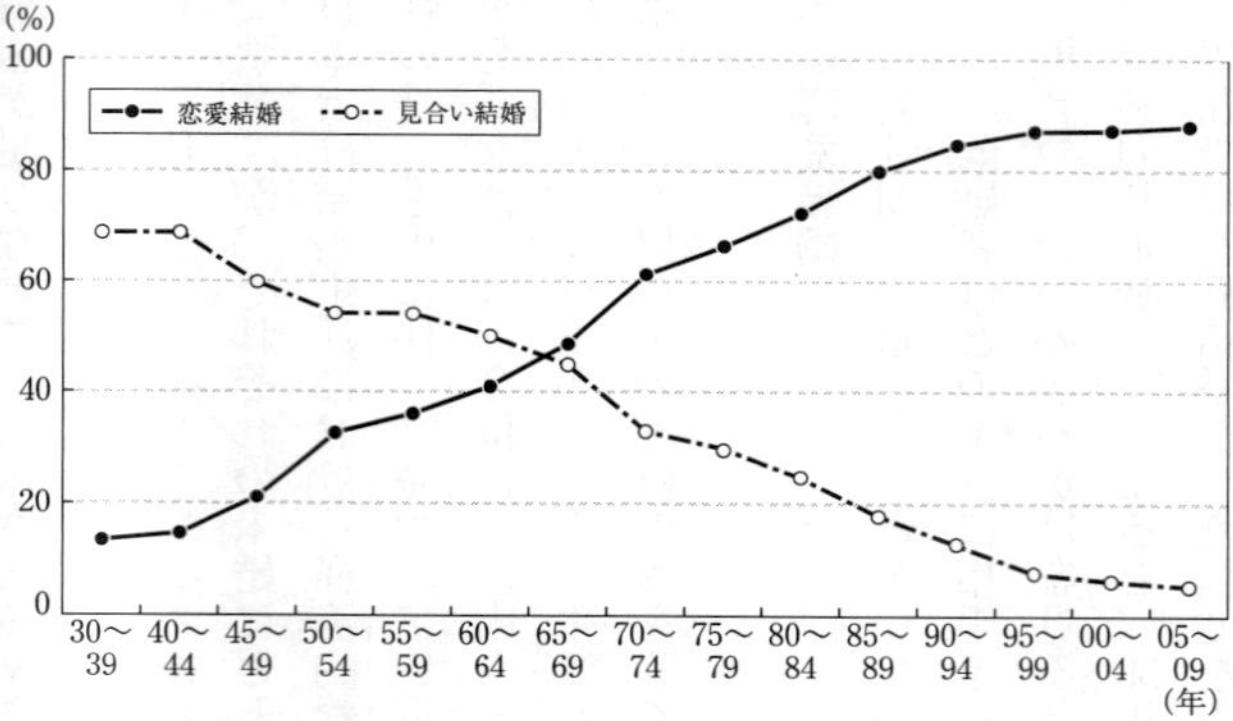

（注）初婚同士の夫婦。見合い結婚は出会いが「見合いで」、「結婚相談所で」の結婚であり、恋愛結婚は出会いが「職場や仕事で」、「友人・兄弟姉妹を通じて」、「学校で」、「街なかや旅先で」、「サークル・クラブ、習いごとで」、「アルバイトで」、「幼なじみ・隣人」の結婚。

（資料）国立社会保障・人口問題研究所「第14回出生動向基本調査」より筆者作成

既婚者の出会いのきっかけを詳しく見ると、50年代は見合い結婚の次に、「幼なじみ・隣人」という地縁による恋愛結婚が続いている。[*5] しかし、70年代に入ると、見合い結婚を恋愛結婚が上回ると同時に、恋愛結婚の中身も変わり「職場や仕事で」という職縁が増加している。さらに、05年以降では、職縁結婚を「友人・兄弟姉妹を通じて」という友縁結婚が超えている。[*6] なお、10年では見合い結婚（5.2％）を「学校で」（11・9％）という学縁結婚や「サークル・クラブ、習いごとで」（5.2％）が超えている。

＊5　岩澤美帆・三田房美（２００５）「職縁結婚の盛衰と未婚化の進展」日本労働研究雑誌、47(1), 16-28.

＊6　国立社会保障・人口問題研究所「第14回出生動向基本調査」

既婚者は30歳までに出会っている

出会いのきっかけによって、出会った年齢と交際期間には大きな違いがある。恋愛結婚では出会った年齢は若く、交際期間は長い傾向にあるが、見合い結婚では出会った年齢は遅く、交際期間は短い傾向にある。

初婚同士の夫婦の出会い年齢と交際期間について分析した報告[*7]によると、学生時代に出会う学縁結婚では、平均出会い年齢が著しく低く、結婚までの交際期間は長い。

学縁結婚の出会いの状況を詳しく見ると、出会いが「学校で」の場合、男女とも平均出会い年齢は18歳頃で平均結婚年齢は25歳頃（交際期間は7年程度）、「アルバイトで」の場合、女性の平均出会い年齢は20歳頃で平均結婚年齢は25歳頃（男性は＋2歳、交際期間は5年程度）、「サークル・クラブ、習いごとで」の場合、女性の平均出会い年齢は23歳頃で平均結婚年齢は27歳頃（男性は＋2歳、交際期間は4年程度）である。一方、職縁結婚や友達の紹介などによる友縁結婚の場合、女性の平均出会い年齢は23〜24歳頃、平均結婚年齢は26〜27歳頃（男性は＋2歳、交際期間は3年程度）である。これらは学縁結婚より平均出会い年齢が高く、交際期間が短い。また、見合い結婚の場合、女性の平均出会い年齢は29歳頃、平均結婚年齢が30歳頃（男性は＋4歳）であり交際期間は1年前後である。

つまり、見合い結婚を除くと、いずれの出会いのきっかけでも、**出会い年齢は30歳より前であり、既婚者は結婚相手と30歳になるまでには出会っているということになる。**

ただし、これらは02年のデータをもとにした分析であり、現在では、それぞれのケースで平均結婚年齢があがっているだろう。先に述べた通り、この10年で平均初婚年齢は男女とも＋2歳程度上昇している。結婚を意識する年齢があがることで、特に、友縁結婚などの出会い年齢は上昇している可能性がある。一方で、学縁結婚や職縁結婚などは出会い年齢が大きく変わらないことが予想され、交際期間が長期化している可能性がある。

＊7　金子隆一・三田房美（2004）「夫妻の結婚過程」『わが国夫婦の結婚過程と出生力　第12回出生動向基本調査』国立社会保障・人口問題研究所、pp.12-36.

交際期間の長期化、結婚に踏み切らない層の増加

話が前後するようだが、恋愛結婚全体の出会い年齢と交際期間の状況を確認すると、やはり交際期間は長期化している。しかし、出会い年齢は結婚年齢ほど上昇しておらず、晩婚化が進行する現在でも、既婚者の大半は30歳までに結婚相手に出会っている。

恋愛結婚における出会い年齢と交際期間の状況を見ると、87年から10年にかけて、夫の平均出会い年齢は24歳程度で変わっていない（図表85）。一方、平均初婚年齢は＋2歳上昇し

図表85　平均出会い年齢と平均結婚年齢、交際期間の推移（恋愛結婚）

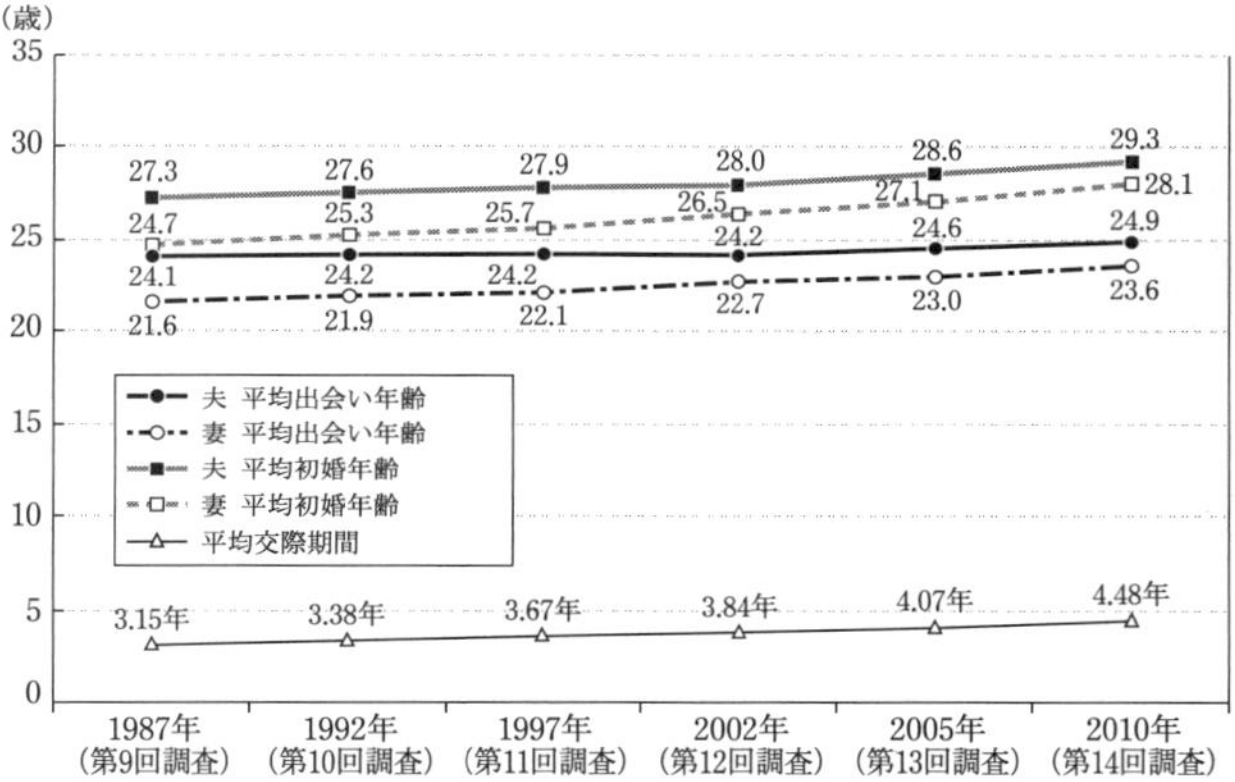

（注）各調査時点より過去5年間に結婚した初婚同士の夫婦。
（資料）国立社会保障・人口問題研究所「第14回出生動向基本調査」より筆者作成

ている。また、妻の平均出会い年齢は＋２歳、平均初婚年齢は＋３歳上昇している。つまり、夫の出会い年齢は変わらないが結婚年齢は上昇しており、妻では両方上昇しているが結婚年齢の上昇幅の方が大きい。つまり、**男女とも結婚に到るまでの期間が長期化している。**確かに交際期間を見ても、１年以上も延びている。

　また、出会い年齢について、特定の年齢までに結婚相手と出会った割合を見ると興味深い事実が浮かび上がる。

　既婚者が30歳までに結婚相手と出会った割合は、87年から10年にかけて、夫は変わらずに８割前後で推移している（図表86）。一方、妻は９割強から８割強へと１割程度低下しているが、夫より高水準を保っている。つまり、

図表86　夫婦が特定年齢までに出会った割合（%）の推移

		1987年（第9回調査）	1992年（第10回調査）	1997年（第11回調査）	2002年（第12回調査）	2005年（第13回調査）	2010年（第14回調査）
夫	20歳まで	14.3	14.7	17.8	16.9	16.4	17.7
	25歳まで	43.9	49.4	53.3	55.2	49.9	49.6
	30歳まで	79.9	81.1	81.6	82.7	82.5	77.3
	35歳まで	96.5	95.4	94.8	95.7	93.8	91.3
	出会い中位年齢	25.8歳	25.1歳	24.5歳	24.1歳	25.0歳	25.1歳
妻	20歳まで	27.8	26.4	27.9	25.3	23.2	24.4
	25歳まで	71.5	72.4	71.8	68.0	63.7	57.4
	30歳まで	94.5	94.3	93.6	90.8	89.7	82.6
	35歳まで	98.8	99.1	98.9	98.7	97.9	95.4
	出会い中位年齢	22.3歳	22.3歳	22.3歳	22.8歳	23.3歳	23.7歳

（注）各調査時点より過去5年間に結婚した初婚同士の夫婦。
（資料）国立社会保障・人口問題研究所「第14回出生動向基本調査」

男女とも結婚相手に出会う年齢が30歳より上の割合がやや増えているものの、依然として、既婚者の8割程度は30歳までに相手と出会っており、女性の方がその傾向は強い。

晩婚化が進行しているが、結婚相手と出会う年齢には大きな変化はない。既婚者の大半は30歳までに結婚相手に出会っている。晩婚化については、高い年齢での出会いが盛んになったわけではなく、**交際相手がいながらも、なかなか結婚に踏み切らない層が増えている**との見方もある。[*5]

お見合いと職場結婚減少の影響

結婚適齢期の未婚者が未婚にとどまる理由として、「出会いがないこと」が首位にあがっていた。既婚者では見合い結婚が減り、現在では大半が恋愛結婚である。**見合いが減ったことが、未婚者の増加につながっ**

ているという指摘もある。

未婚化の要因として夫婦の出会い方に注目した分析によると、70年代以降の初婚率の低下は、約5割が見合い結婚の減少、約4割が職縁結婚の減少によって説明できるそうだ。[*5]

見合い結婚・恋愛結婚別に、対未婚者初婚率の推移を見ると、70年代以降、見合い結婚は低下の一途をたどっている（図表87）。

なお、対未婚者初婚率とは、ある年の未婚人口に対して、その年に発生した初婚数である。例えばこれが0.1であれば、未婚者10人のうち1人が結婚したことになる。

対未婚者初婚率は、恋愛結婚では70年代前半に大きく上昇し、その後、80年代後半にかけて低下し、横ばいで推移している。つまり、70年代前半は、見合い結婚も恋愛結婚も未婚者の総数に対して比較的多く発生していた。しかし、現在では見合い結婚はほとんど発生せず、恋愛結婚も60年代並みの水準にある。

図表87　恋愛結婚・見合い結婚別に見た対未婚者初婚率の推移

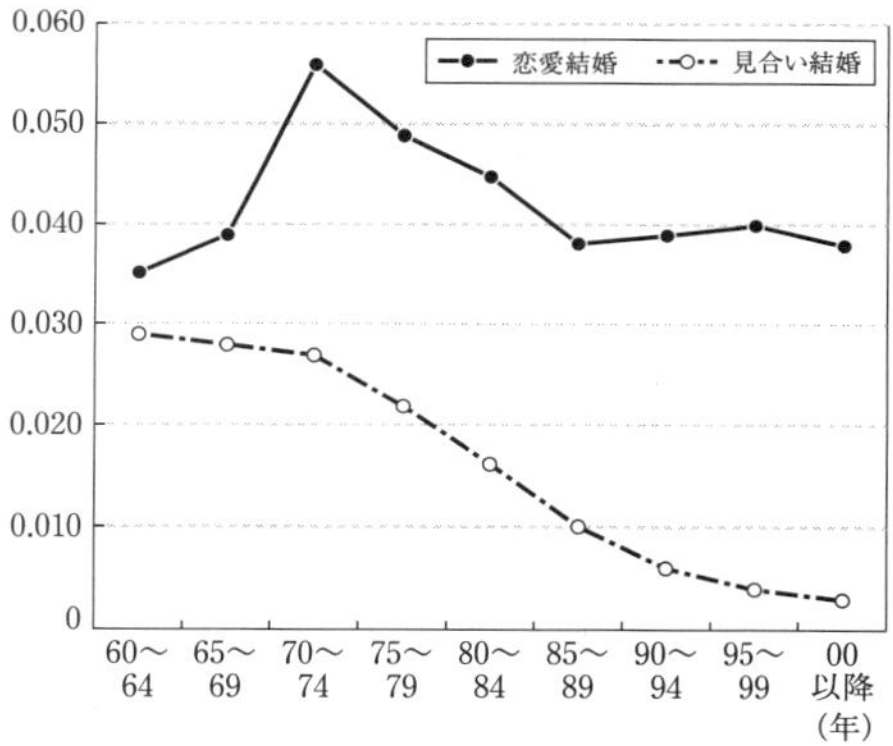

（資料）岩澤美帆・三田房美（2005）「職縁結婚の盛衰と未婚化の進展」日本労働研究雑誌、47(1), pp.16-28

さらに、この報告では恋愛結婚を出会い方別に分析している。その結果、職縁結婚は大きく減少しているが、友縁結婚や学縁結婚、趣味を通じた出会いや街中での出会いによる恋愛結婚は、この40年間でほぼ変わっていない。ただし、友縁結婚はわずかに上昇傾向にある。

職縁結婚の減少は、未婚化の進展に大きな役割を果たしているようだ。

職縁結婚が減った背景

職縁結婚は、なぜ減少したのだろうか。

60~70年代は、企業は年功賃金制と終身雇用制、家族に対する福利厚生の充実により男性従業員の定着と忠誠心を得る中で、企業（上司）側が従業員の結婚問題に気を配ることは自然なことであった。[*5] さらに、企業側は女性従業員の採用に際して、短期間雇用や補助的業務、自宅通勤者の優先採用などの観点を重視していた。つまり、労働力というよりも、男性従業員の結婚相手としての資質を求めており、職場は拡張した見合いの場となることで、マッチング・システムとしての役割を担っていた。

また、当時は第2次産業の興隆によって、若年層が地方から都市部へ移動した時期であった。若者は親類縁者と離れざるを得ないことで職場の上司や同僚と親密な人間関係を築きやすく、企業への帰属意識も強い時代だったようだ。

しかし、その後、女性の採用方法の変化やバブル崩壊による企業業績の悪化、核家族化・少子化、そして、IT化の進行によって個人志向が強まり、職場の状況は大きく変わった。

女性の採用方法について振り返ると、86年以降の男女雇用機会均等法の整備・改正により、職業上の男女差別が是正され、女性の働き方や採用される女性の属性が変化した。バブル景気頃までは、短大卒業後に一般職として採用され、男性の補助的な業務を担う女性が多かっただろう。しかし、96年以降は、女性では大学進学率が短大進学率を上回り、男性と同等の教育を受けた女性が増え、男性のように総合職を目指す女性が増えた。さらに、90年代後半は、オフィスのIT化が急速に進展した時期だ。企業では一般職女性が担っていた事務業務をITで代替することで採用人員を減らすとともに、派遣社員で補うようになった。つまり、かつて男性従業員の結婚相手の候補であった女性たちは、その数が減少するとともに、企業に対する帰属意識や雇用期間が異なる別の属性の集団へと変わった。一方、企業に対して正規従業員男性と同様の帰属意識を持つ女性たちは、男性同様に就業意欲が高い集団となった。

また、最近では個人のプライバシー意識が強まっており、職場で結婚や家族の話を出すとセクハラなどと取られかねない状況がある。

さらに、若年層では男女とも非正規雇用者が増加しており、職場への帰属意識の希薄化が進んでいる。

これらの状況が職縁結婚の減少に拍車をかけている可能性がある。

現在では職場が結婚の出会いの場としての機能を果たしていないが、その職場にいる時間が長い若者も多い。30歳前後の男性の2割程度は、週60時間以上の長時間労働をこなしており、女性でも15%程度が週49時間以上働いている。[*7] つまり、現在では職場は出会いの機能を果たしていないが、**労働時間が長いために職場以外で出会いの場を求める時間的余裕がない若者も多い。**

では、今の若者はどうすれば結婚相手に出会えるのだろうか。職場に代わる出会いの場はどこにあるのだろうか。

これについては、近年、わずかに上昇傾向にある友達や兄弟姉妹を通じた友縁結婚に活路があるのかもしれない。[*5] あるいは従来の見合い結婚の代替となる結婚相談サービスにも可能性があるだろう。

いずれにしろ、労働時間が長く恋愛をする時間的余裕がない中では、まずはなんとか時間をつくる、あるいは合間を見つけて積極的に出会いの場を求める必要がある。ワークライフバランスという言葉は、既婚者が仕事と家族との時間のバランスをとることを想定して使われがちだが、実は、**結婚相手を求めるにもワークライフバランスの見直しが必要だ。**[*9]

＊8　総務省「労働力調査」

＊9　本項は、岩澤美帆・三田房美（２００５）「職縁結婚の盛衰と未婚化の進展」日本労働研究雑誌、47(1), 16-28. を大変参考にさせていただいた。

若者の「恋愛離れ」

ワークライフバランスの見直しが進んだとしても、実はもう一つ問題がある。最近の若者は、そもそも異性との交際に消極的になっている点だ。

18～34歳の未婚者では、異性の交際相手がいない割合は上昇傾向にある（図表88）。現在、若年未婚男性の6割、女性の半数には異性の交際相手がいない。中でも特に18～19歳と30～34歳で、異性の交際相手がいない割合が高い。

なお、この「異性の交際相手」には、恋人としての交際相手だけでなく、友人としての交際相手も含まれている。よって、現在の日本では、**若年未婚男性の6割は日常生活を男同士のみで、女性の半数は女同士のみで過ごしている**ということになる。

なお、10年の調査では、異性の交際相手がいない者に対して、さらに、異性との交際を望んでいるかどうかを調べている。**交際相手がいない者のうち、約半数はそもそも交際を望んでおらず、その傾向は20歳前後の若い層で強い。**

図表88　未婚者（18〜34歳）の異性の交際相手がいない割合の推移

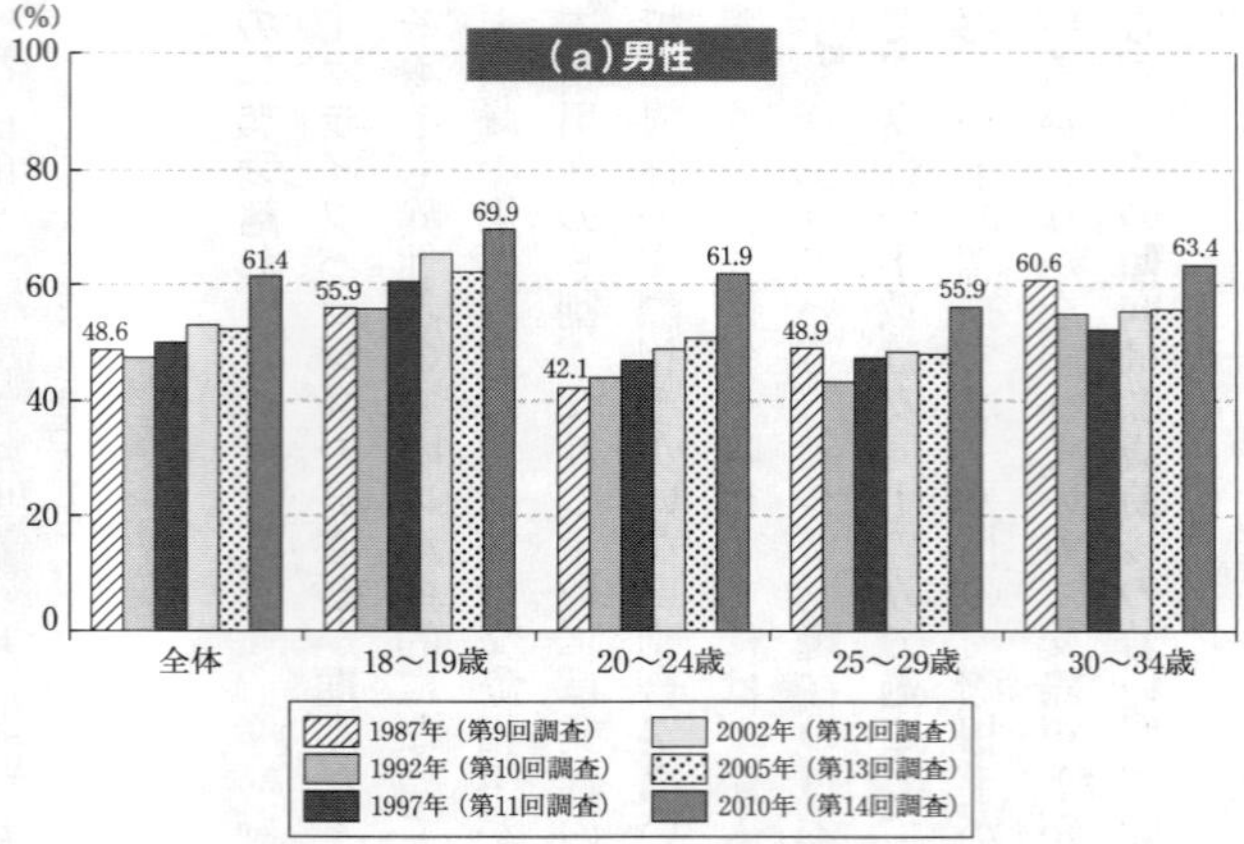

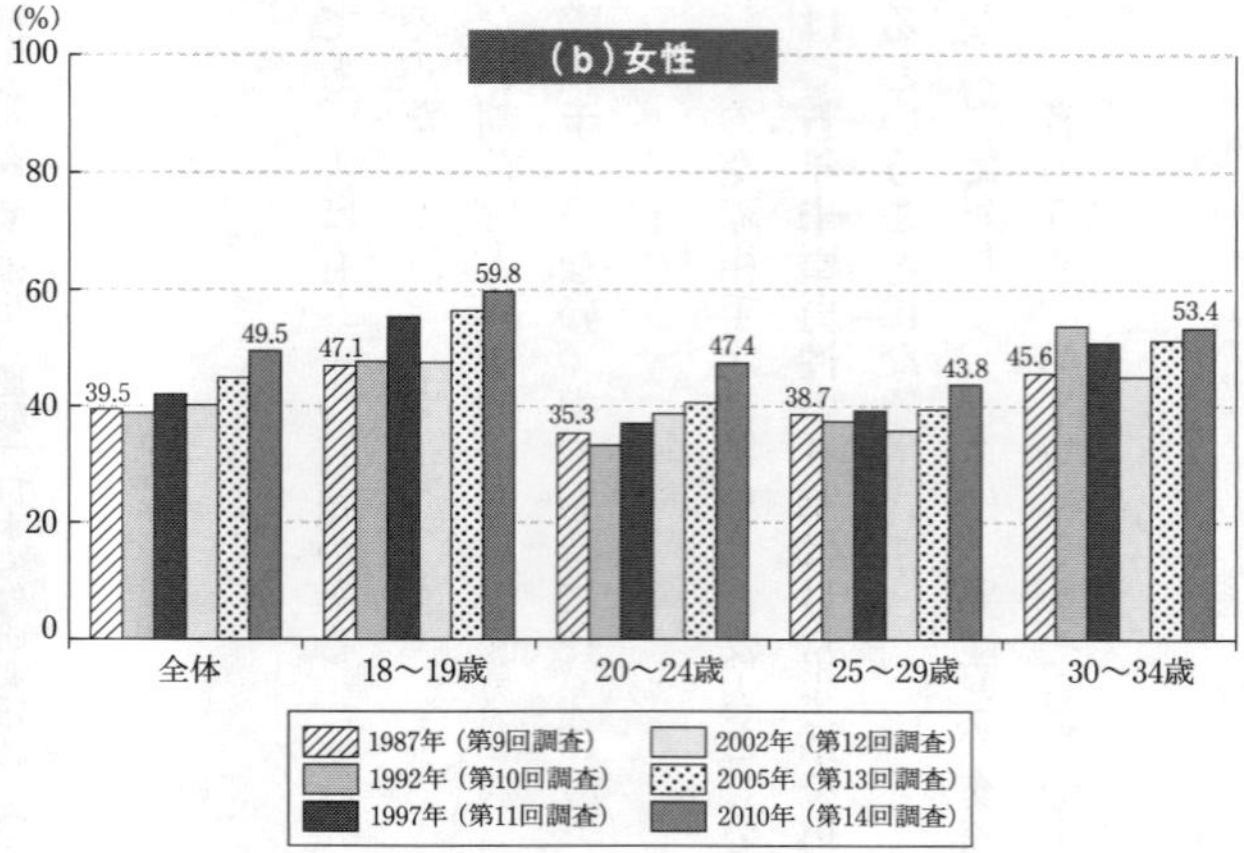

（資料）国立社会保障・人口問題研究所「第14回出生動向基本調査」より筆者作成

図表89　異性の交際相手を持たない未婚者が恋人を欲しいと思わない理由（20～30代）

（%）

男性			女性		
1位	自分の趣味に力を入れたい	55.7	1位	恋愛が面倒	60.1
2位	恋愛が面倒	55.3	2位	自分の趣味に力を入れたい	57.0
3位	仕事や勉強に力を入れたい	36.8	3位	仕事や勉強に力を入れたい	36.1
4位	異性と交際するのがこわい	14.6	4位	異性と交際するのがこわい	22.2
5位	異性に興味がない	11.7	5位	異性に興味がない	19.0

（注）対象は異性の交際相手を持たず、「今、恋人が欲しいと思わない」を選択した者。選択肢は「仕事や勉強に力を入れたい」、「自分の趣味に力を入れたい」、「友人と過ごす時間を大切にしたい」、「過去に恋愛で失敗した」、「恋愛が面倒」、「異性に興味がない」、「異性と交際するのがこわい」、「その他」の計8つの中から複数選択。

（資料）内閣府「平成22年度結婚・家族形成に関する調査」より筆者作成

男性は恋愛方法が分からない、女性は興味が薄れている

なぜ異性との交際に消極的なのだろうか。

その理由は男女で異なり、男性では恋愛以外への興味も強いことや恋愛の方法が分からずに消極的であること、女性ではそもそも恋愛に対する興味が薄れているために消極的になっていることがある。

内閣府「平成22年度　結婚・家族形成に関する調査」によると、20～30代で異性の交際相手を持たない未婚者が恋人を欲しいと思わない理由は、男性では「自分の趣味に力を入れたい」と「恋愛が面倒」が半数を超えて多い（図表89）。このほか、「仕事や勉強に力を入れたい」や「異性と交際するのがこわい」、「異性に興味がない」などが上位にあがる。女性でも同様の理由が上位にあがるが、「恋愛が面倒」が最も多く、しかも6割を超えている。このほか、女性では男性より「異性と交際するのがこわい」や「異性に興味がない」の選択割合が高いことが特徴的である。

図表90　異性の交際相手を持たない未婚者（20〜30代）が異性と交際する上での不安

(%)

男性			女性		
1位	異性に対して魅力がないのではないか	46.0	1位	異性に対して魅力がないのではないか	49.8
2位	異性との出会いの場所がわからない	38.8	2位	異性との出会いの場所がわからない	47.1
3位	どのように声をかけてよいかわからない	37.9	3位	自分が恋愛感情を抱けるか不安だ	40.3
4位	どうしたら恋人になれるのかわからない	33.5	4位	どのように声をかけてよいかわからない	29.9
5位	恋愛交際の進め方がわからない	32.3	5位	恋愛交際の進め方がわからない	29.2

（注）対象は異性の交際相手を持たず、「今、恋人が欲しいと思わない」を選択した者。選択肢は「仕事や勉強に力を入れたい」、「自分の趣味に力を入れたい」、「友人と過ごす時間を大切にしたい」、「過去に恋愛で失敗した」、「恋愛が面倒」、「異性に興味がない」、「異性と交際するのがこわい」、「その他」の計8つの中から複数選択。

（資料）内閣府「平成22年度結婚・家族形成に関する調査」より筆者作成

　また、異性と交際する上での不安は、男女とも1〜2位に「異性に対して魅力がないのではないか」、「異性との出会いの場所がわからない」があがる（図表90）。なお、「異性に対して魅力がないのではないか」では男女の選択割合は大きく変わらないが、「異性との出会いの場所がわからない」は女性の方が高く、男性より女性の方が出会いに困っている。

　3位以降は男女で異なり、男性では「どのように声をかけてよいかわからない」、「どうしたら恋人になれるのかわからない」、「恋愛交際の進め方がわからない」が並ぶ。選択肢の作り方にもよるが、男性では恋愛マニュアルが分からずに消極的なようだ。

　一方、女性では3位に「自分が恋愛感情を抱けるか不安だ」があがり、選択割合も4割を超えて高い。恋人を欲しいと思わない理由で、女性では「恋愛が面倒」が首位だったことや、男性より「異性に興味がない」の選択割合が高かったことをあわせると、**女性では、恋愛に対してそもそも興味が薄れている**様子がうかがえる。

この背景には、今の若い女性にとって魅力的な男性が減っているという可能性もあるかもしれないが、ライフスタイルや価値観の変化によって、相対的に恋愛への興味が薄れていることがあるのだろう。

自立系女子の増加

未婚者のライフスタイルの変化を見ると、自立的な女性が増えているようだ。この背景には、これまでにも述べてきた通り、女性の高学歴化や就業率の上昇、可処分所得の増加などがある。

未婚者のライフスタイルの変化について、男性では大きな変化は見られないが、女性では「趣味・ライフワークあり」の選択割合が1割以上も上昇し、半数を超えている（図表91）。つまり、この10年で、趣味やライフワークといった自分のライフスタイルの軸になるようなものを持つ女性が増えている。

また、この「趣味・ライフワークあり」の選択割合は、結婚の意思別に見ると興味深い。男性では、結婚の意思が強いほど「趣味・ライフワークあり」の選択割合が高いのだが、

図表91　未婚者（18～34歳）のライフスタイルの実態の変化

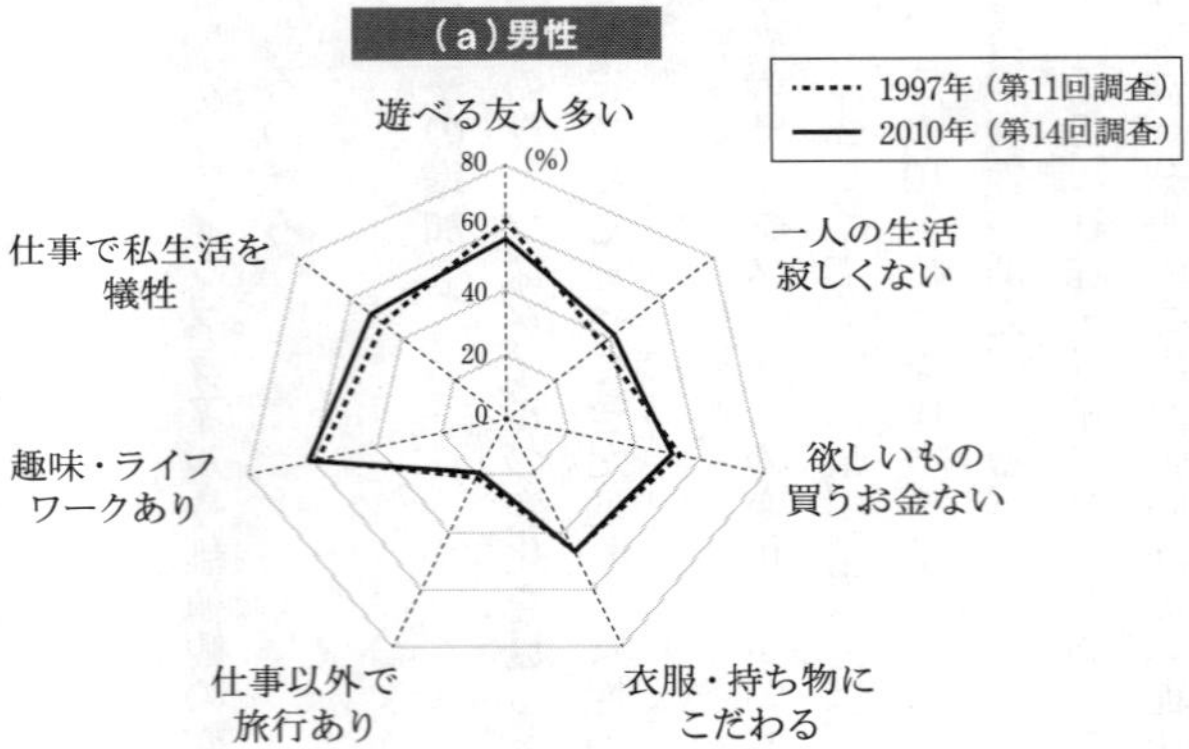

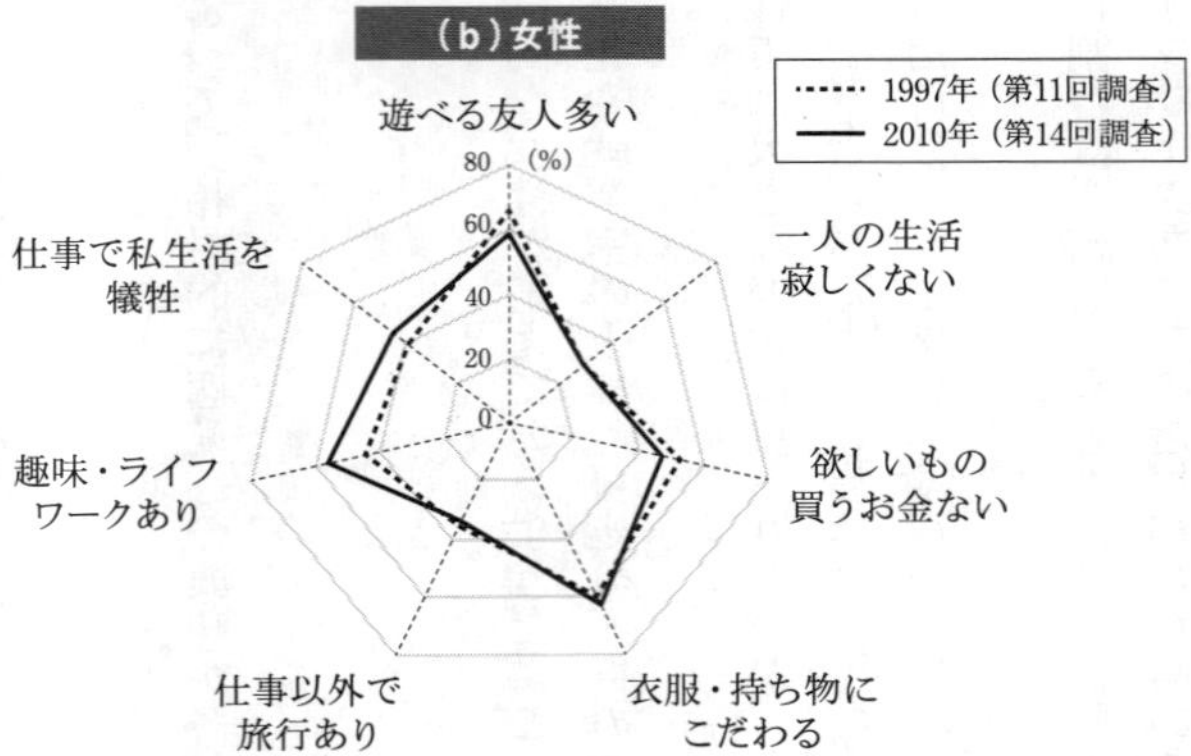

（資料）国立社会保障・人口問題研究所「第14回出生動向基本調査」より筆者作成

女性では逆に結婚の意思が弱いほど高い（図表92）。

結婚願望が弱く、自分の軸となるような趣味やライフワークを持っている「自立系女子」の増加が、女性における異性との交際の消極化の背景にあるのではないだろうか。

図表92　結婚の意思別に見た未婚者（18～34歳）の「趣味・ライフワークあり」の選択割合

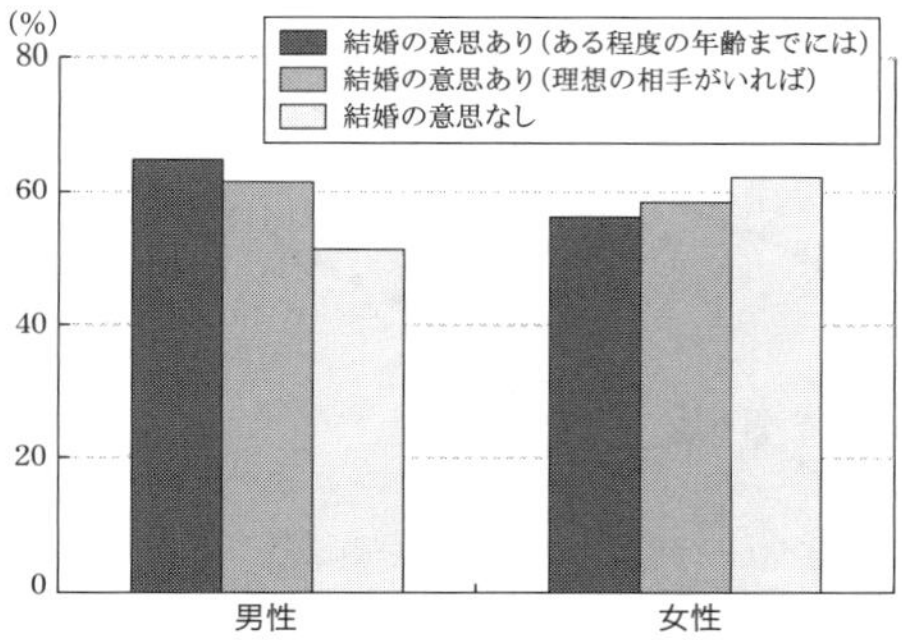

（資料）国立社会保障・人口問題研究所「第14回出生動向基本調査」より筆者作成

女性の高学歴化と就業率の上昇

自立系女子が増えている背景として、これまでに述べた通り、高学歴化と就業率の上昇、可処分所得の増加がある。今一度、女性の高学歴化と就業率の上昇について確認したい。

大学進学率の推移を見ると、女性では95年までは短大進学率が大学進学率を上回っていたが、96年に逆転し、13年には大学進学率は半数近くにまで上昇している（図表93）。なお、大学進学率は長らく上昇傾向が続いていたが、最近では男女とも頭打ちの傾向にある。

また、女性の就業率は30歳前後で大きく上昇し、

図表93　大学・短大進学率の推移

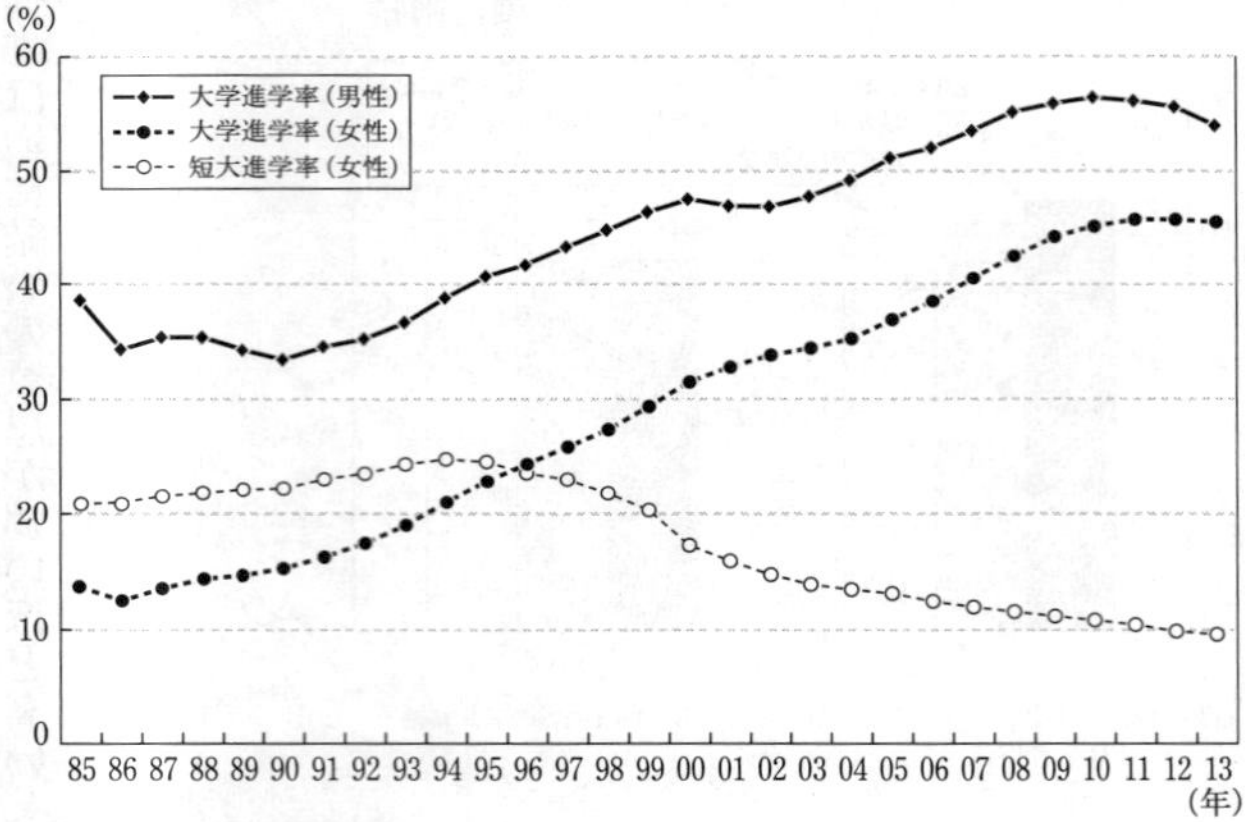

（資料）文部科学省「学校基本調査」より筆者作成

03年から13年にかけて、30〜34歳の就業率は1割程度上昇している（図表94 a）。なお、日本では縦軸に就業率、横軸に年齢をとると、結婚・出産年齢付近の就業率が下がり「M字カーブ」を描くことが長年の課題となっている。しかし、この10年でM字カーブの底は上がっている。

配偶関係別に女性の就業率を見ると、未婚者の就業率は以前から高水準だが、有配偶者の就業率が30歳前後で上昇している（図表94 b・c）。

「M字カーブ」が解消傾向にある背景には、未婚化の進行で、もともと就業率が高水準の未婚女性が増えたほか、既婚女性の就業率が上昇したことがある。

依然として低い出産後の就業継続率

最近の女性は結婚しても仕事を辞めないが、依然として、出産による離職者は多い。
内閣府「平成25年版男女共同参画白書」にて、子どもの出生年別に第1子出産前後の妻の就業経歴を見ると、就業継続率（出産前有職者のうち、出産後も有職である割合）は直近でも4割弱であり、働いている女性の6割は出産で退職している（図表95）。

図表94　女性の就業率の変化（図表5・6再掲）

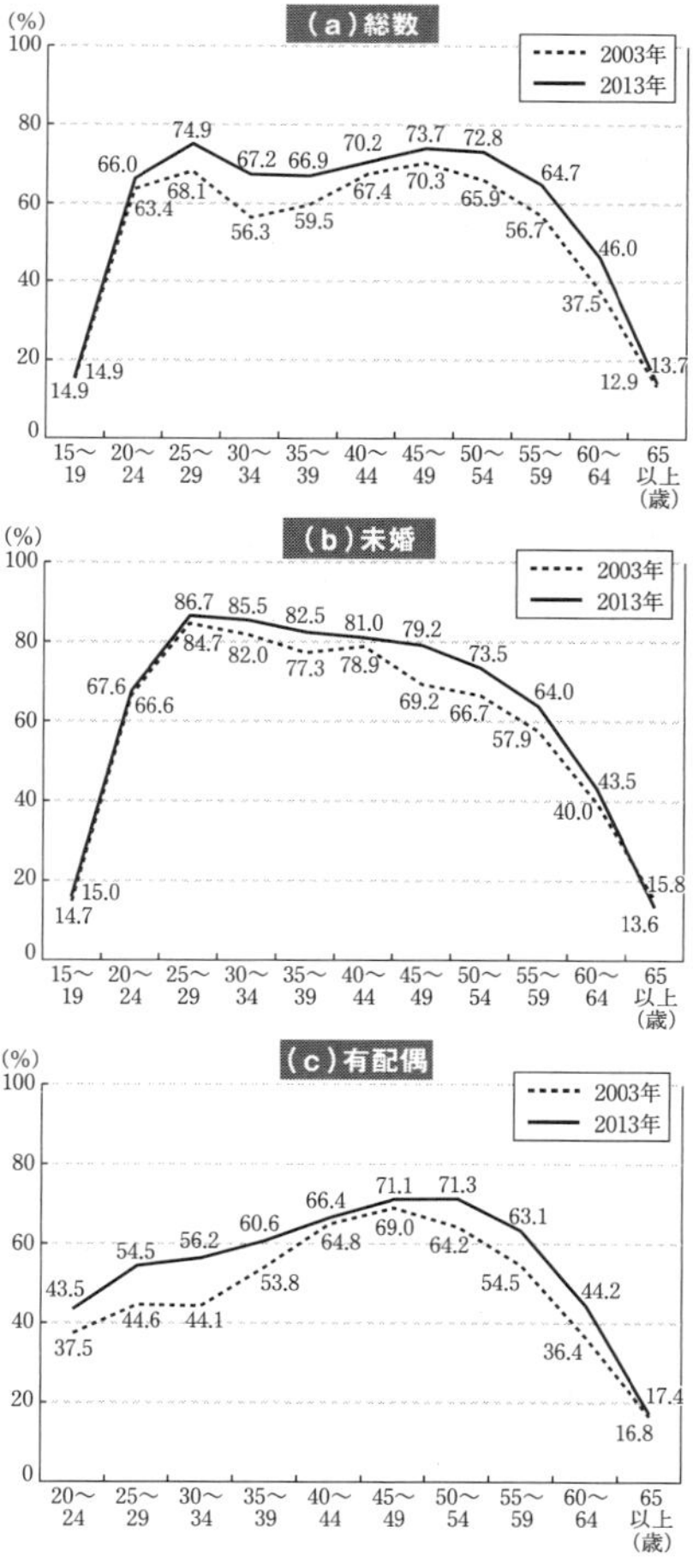

（資料）総務省「労働力調査」より筆者作成

図表95　子どもの出生年別に見た第1子出産前後の妻の就業経歴

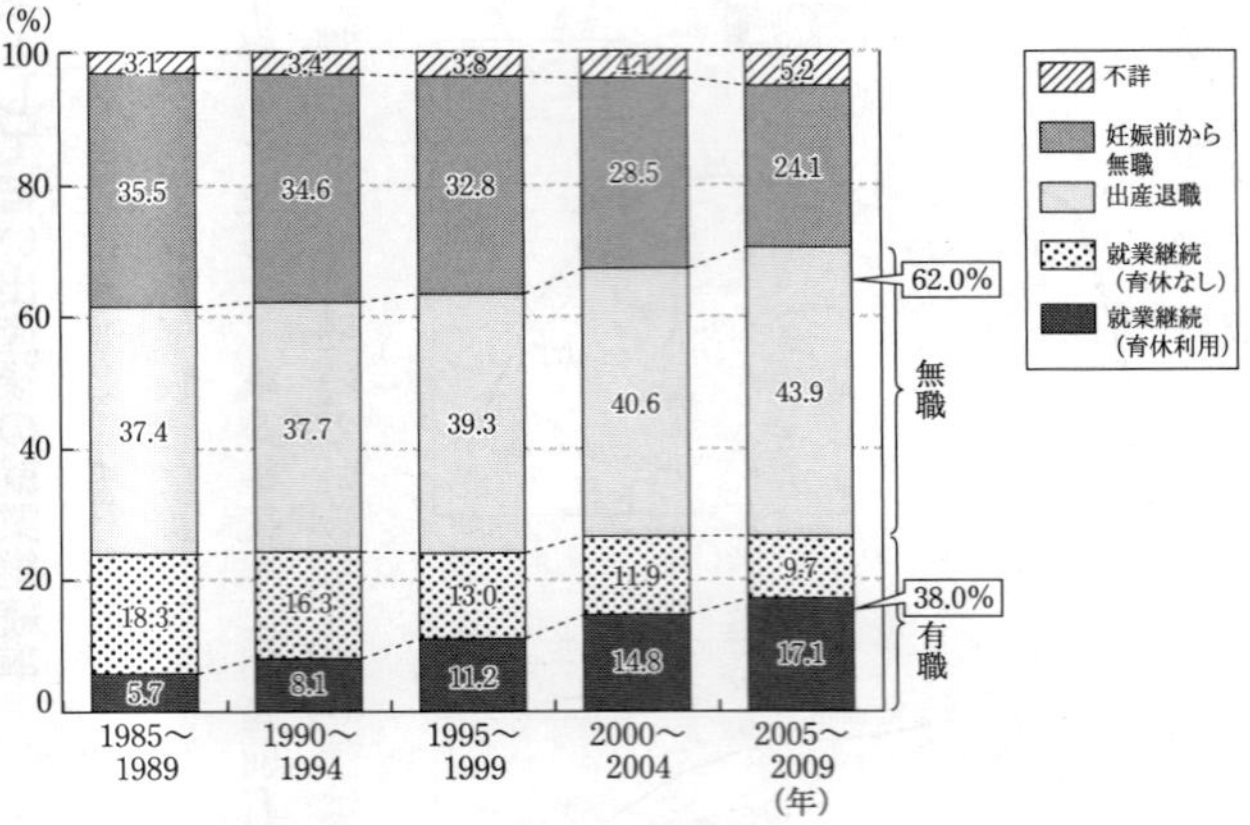

（資料）内閣府「平成25年版男女共同参画白書」より筆者作成

また、働く女性が増えているために、**出産後も有職である女性が占める割合はやや上昇傾向にあるが、実は就業継続率は上昇していない。**

この様子は、出産前に有職であった女性のみで計算し直すとよく分かる。この条件で就業継続率を計算し直すと、子どもの出生年が85～89年の頃から横ばいで推移しており、直近の05～09年では、むしろ若干低下している(図表96)。この背景には、家族における夫婦の役割分担に関する固定観念が根強く残っていることや(前述の通り、むしろ若者では伝統回帰している)、育児休業など女性の就労環境の整備が進んでいないことがあげられる。

後者の背景には、**出産年齢前後の女性では非正規雇用者が多いことがあるだろう**。総務

図表96　子どもの出生年別に見た第1子出産前後の妻の就業継続率（出産前有職者）

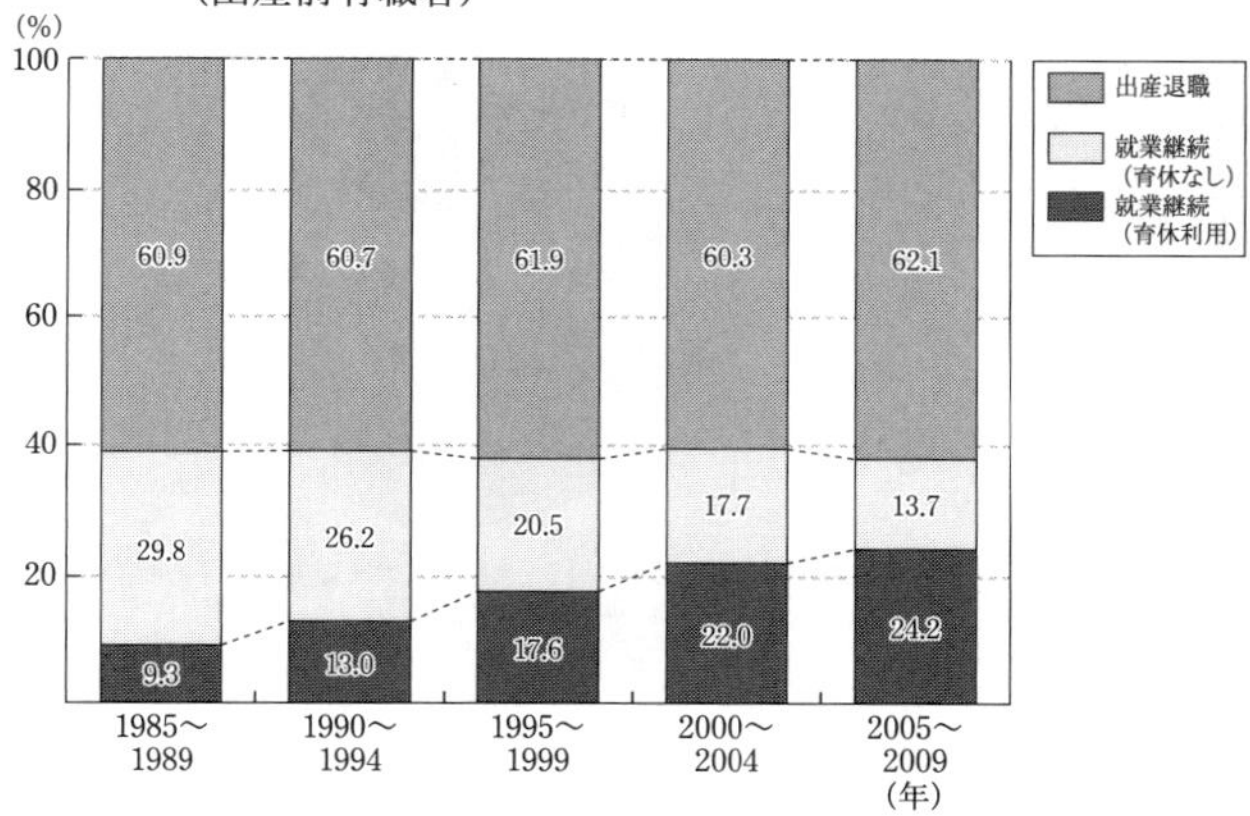

（資料）内閣府「平成25年版男女共同参画白書」より筆者作成

省「労働力調査」によると、現在、25～34歳の女性雇用者のうち4割が非正規雇用者である。

もちろん非正規雇用者でも育児休業は取得できる。厚生労働省「育児休業や介護休業をすることができる期間雇用者について」によると、育休を取得するには3つの条件をクリアしていればよい。①同一の事業主に引き続き1年以上雇用されていること、②子の1歳の誕生日以降も引き続き雇用されることが見込まれること、③子の2歳の誕生日の前々日までに労働契約の期間が満了しており、かつ、契約が更新されないことが明らかでないこと、がある。

①は過去の事実として明確に示すことができる。しかし、②や③は人材に余裕のない中

小・零細企業などでは確約することが難しい。このことが、就業継続に結びつきにくい要因となっているのではないだろうか。

草食系男子、絶食系男子の登場

恋愛に消極的な理由が男女で異なる背景を見るために、前項では、女性の状況を確認した。

男性では、恋愛マニュアルが分からずに恋愛に消極的な様子がうかがえた。今の独身男性には恋愛に積極的な肉食系は少なく、大半を恋愛に消極的な層が占める。しかも、最近では女性がいなくても人生を楽しめる「**絶食系男子**」なるものも存在する。

図表97　独身男性(25～34歳)の恋愛タイプ別の割合

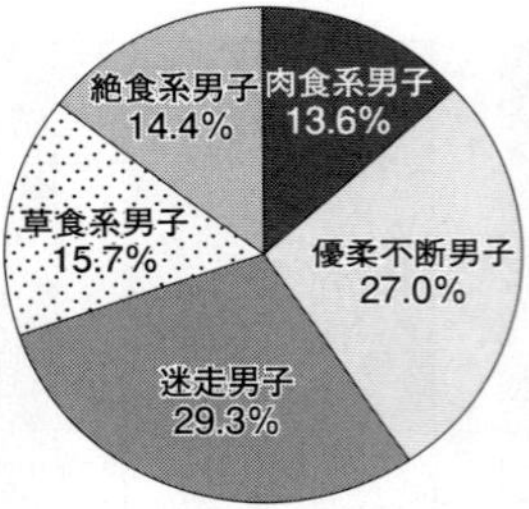

(資料) 株式会社オーネット「独身男性の交際経験と結婚願望に関する意識調査」より筆者作成

結婚相談サービスを運営する株式会社オーネットの「独身男性の交際経験と結婚願望に関する意識調査」によると、25～34歳の独身男性で最も多いのは「迷走男子：恋愛に興味はあるが、交際経験も乏しくさまよい続ける」であり、僅差で「優柔不断男子：恋愛に興味はあるが、女性に積極的になれない」が続く（図表97）。この「迷走男子」と「優柔不断男子」

をあわせると、全体の6割程度となる。先の調査で、未婚男性が異性と交際する上での不安として、恋愛マニュアルが分からないといった様子がうかがえたが、その正体は「迷走男子」と「優柔不断男子」のようだ。

これらに次いで多いのは「草食系男子：恋愛にガツガツせず、心優しいが女性が苦手」と「絶食系男子：恋愛に興味はなく、女性無しで人生を楽しめる」である。この女性に興味のない「草食系男子」と「絶食系男子」をあわせると3割であり、先の「出生動向基本調査」で、未婚男性のうち異性との交際を望んでいない割合は3割程度であったことと一致する。「絶食系男子」という定義は非常にユニークで驚きも感じるが、現実の世界よりもネットやゲームなどのバーチャル空間に傾倒する若者を思い浮かべると納得感もある。

なお、恋愛に意欲的な「肉食系男子」は最も少なく、少数派である。

異性との交際より女子会、男子会

最近の若者では男同士、女同士のコミュニケーションが増える中で、「女子会」や「男子会」といったキーワードも目につく。

「女子会」は10年の新語・流行語大賞のトップテンにもノミネートされ、当時、飲食業界や宿泊業界を中心に「女子会」と銘打ったプランが多く提供された。「女子会」は今ではすっかり定着している印象がある。

「女子会」ブームに乗じて、「男子会」プランを提供する事業者もあらわれている。例えば、飲食店情報サイト「ぐるなび」で「男子会」というキーワードでプランを検索すると266件ヒットし（14年4月）、旅行情報サイト「じゃらん」では95件ヒットする（14年4月）。

なお、男性同士の集まりは昔からあったが、今の若者の「男子会」は従来と内容も変わっているようだ。昔の男性同士の集まりと言えば、居酒屋での飲み会や麻雀、ゴルフなどが主流だったろうが、今の若い男性は、エステを楽しめる旅行へ行くこともあるほか、女性のようにカフェでスイーツを食べたり、映画を観に行ったりする層も案外多いようだ。

若年層の調査分析をしているM1・F1総研によると、東京近辺の20～34歳の男性のうち、男同士でカフェでお茶をすると回答した割合は41・2％であり、男同士で映画を観ることがあると答えた割合は31・6％である。[*8] つまり、従来はデートや女性同士で行われていた行動が、今は男性同士で行われている。M1・F1総研では、このような男性たちの変化を中性化と表現しているが、中性化している男性は年齢が若いほど多い。先に異性の交際相手がいない未婚者・交際を望んでいない未婚者は年齢が低いほど多いことを示したが、この結果と一致している。

＊8　M1・F1総研「若者の〝中性化〟傾向」（10／3）

「恋愛離れ」と異性の友人の減少

これまでは異性の交際相手がいない未婚者の増加に注目し、その背景を見てきたが、最近では異性の交際相手がいる未婚者の状況も変化しているようだ。国立社会保障・人口問題研究所「出生動向基本調査」では「異性の交際相手」を恋人だけでなく友人も含めて調べているが、最近では異性の「友人」を持つ若者が減っている。

これまでに見たように、異性の交際相手がいる未婚者は減少傾向にあるが、異性の交際相手について、「婚約者」、「恋人」、「友人」と分けると、それぞれの推移は異なる。

「婚約者」は、男女とも2～3％前後、「恋人」は男性では2割前後、女性では3割前後を推移しており、さほど大きな変化はない（図表98）。つまり、**異性の交際相手がいない未婚者は増加しているが、決まった相手のいる未婚者は特に減っていない**。

しかし、「友人」については状況が異なる。異性の友人がいる割合は男女とも低下傾向にあり、10年では男女とも2割台から1割前後へと低下し半分以下となっている。なお、この傾向は男女とも年齢が低いほど顕著である。

つまり、**異性との交際が消極化している背景には、異性との友人としての付き合いが減っていることがあり、年齢が低いほどその傾向が強いようだ**。

図表98　未婚者（18〜34歳）の異性との交際状況の推移

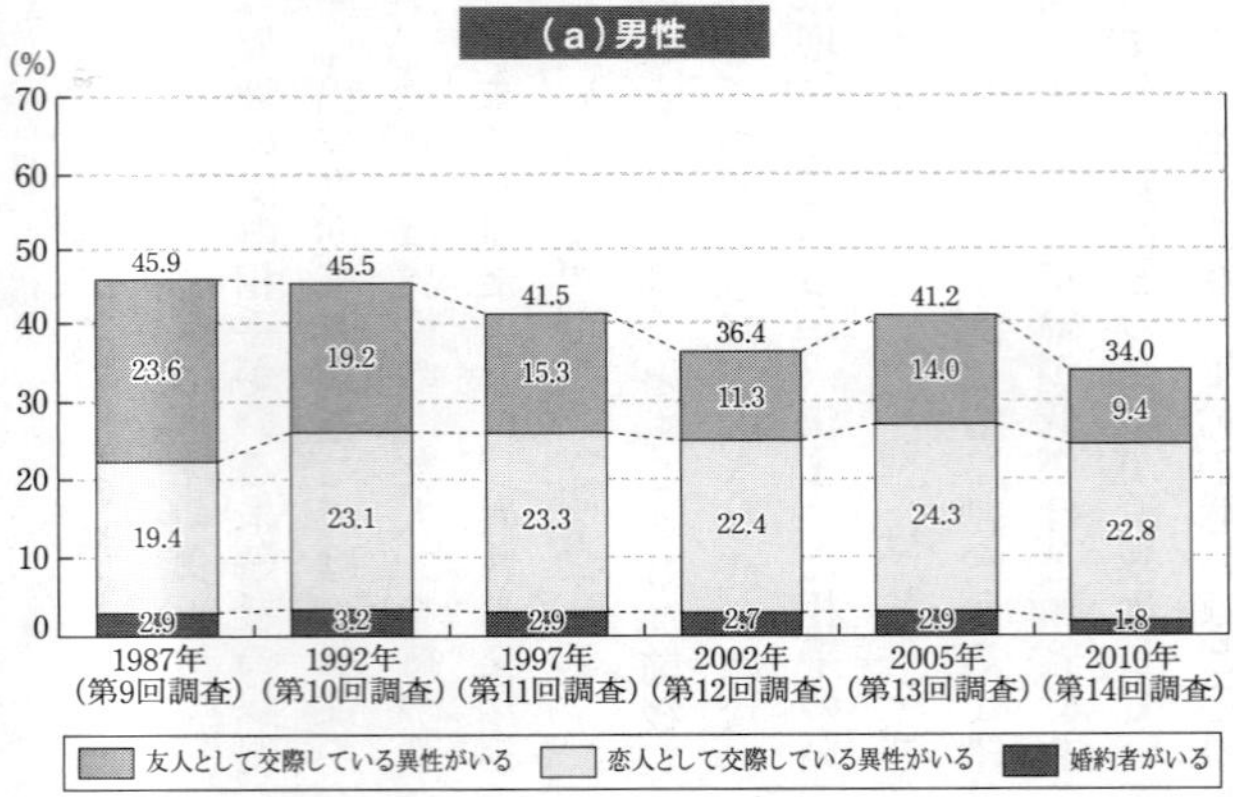

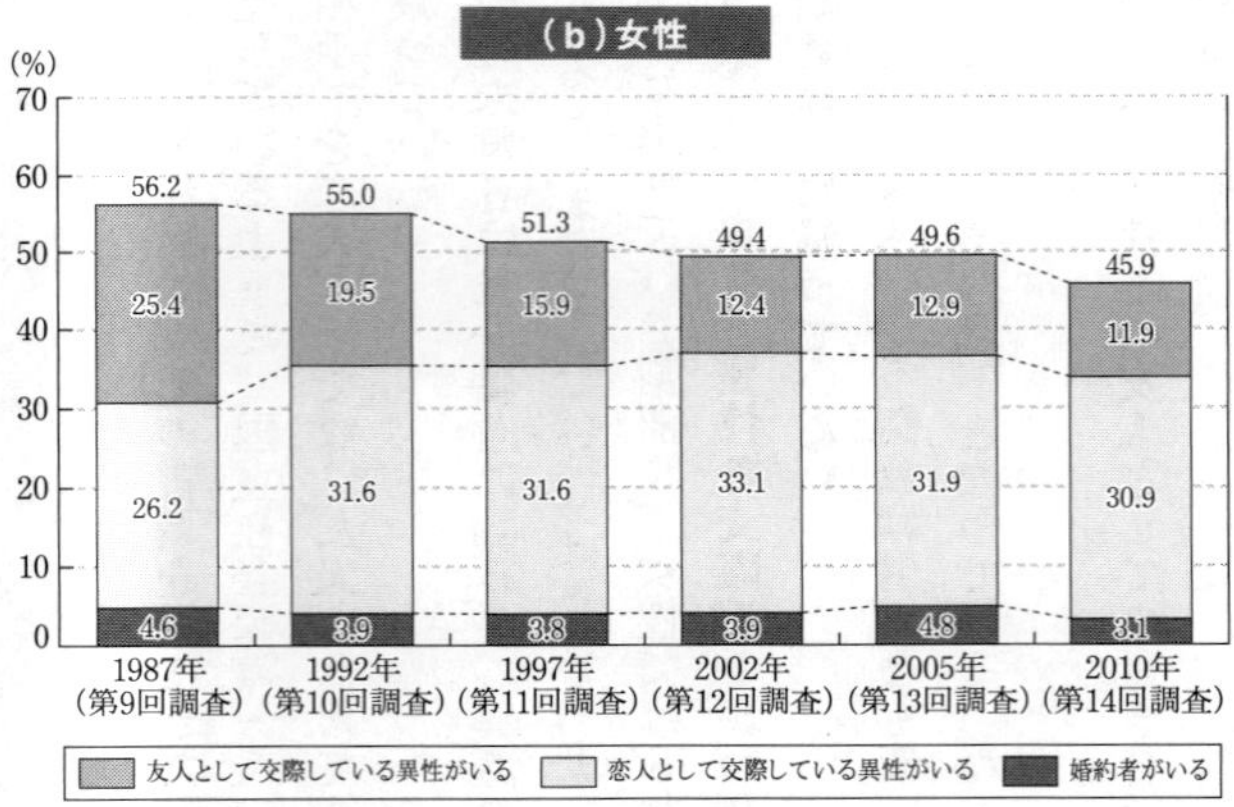

（注）設問は「あなたには現在、交際している異性がいますか」、選択肢は図中の3種類のほか「交際している異性はいない」。

（資料）国立社会保障・人口問題研究所「第14回出生動向基本調査」より筆者作成

異性との友人付き合いの中には、例えば、サークル仲間など純粋な意味での友人も多いだろうが、まだ恋人とは言えないけれど定期的に会っているなど、友達以上恋人未満というグレーゾーンも混ざってくるだろう。純粋な意味での友人であっても、これから恋愛に発展する可能性はある。異性の友人が減っているということは、恋愛につながる可能性のあるグレーゾーンが減り、日々、ある種、楽な男同士、女同士のコミュニケーションが増えているということである。このような状況から、「草食系男子」や「絶食系男子」の存在が目立ち、「女子会」に注目が集まるようになったのかもしれない。

前述の通り、職場という見合いシステムの代わりに、近年、増加傾向にある友達や兄弟姉妹を通じた友縁結婚に活路がある。見合い結婚が多かった過去と比べて、友縁結婚は増えているが、若年層で異性の友人が減っている現状をあわせると、友縁結婚に活路を見出《みいだ》すのも難しい状況なのかもしれない。**未婚者が結婚しない主な理由は出会いがないことだが、異性の友人の減少も、出会いのなさにつながっているのではないだろうか。**

結婚で気になるのは「ライフスタイル」・「時間」・「お金」の自由さ

ここまで、未婚者が結婚しない理由に、出会いがないことがあがることに着目し、最近の恋愛状況などについて詳しく見てきた。ここからは、未婚者が実際に結婚をイメージした場

図表99　結婚する意思のある未婚者（18～34歳）が結婚を考えたとき気になること

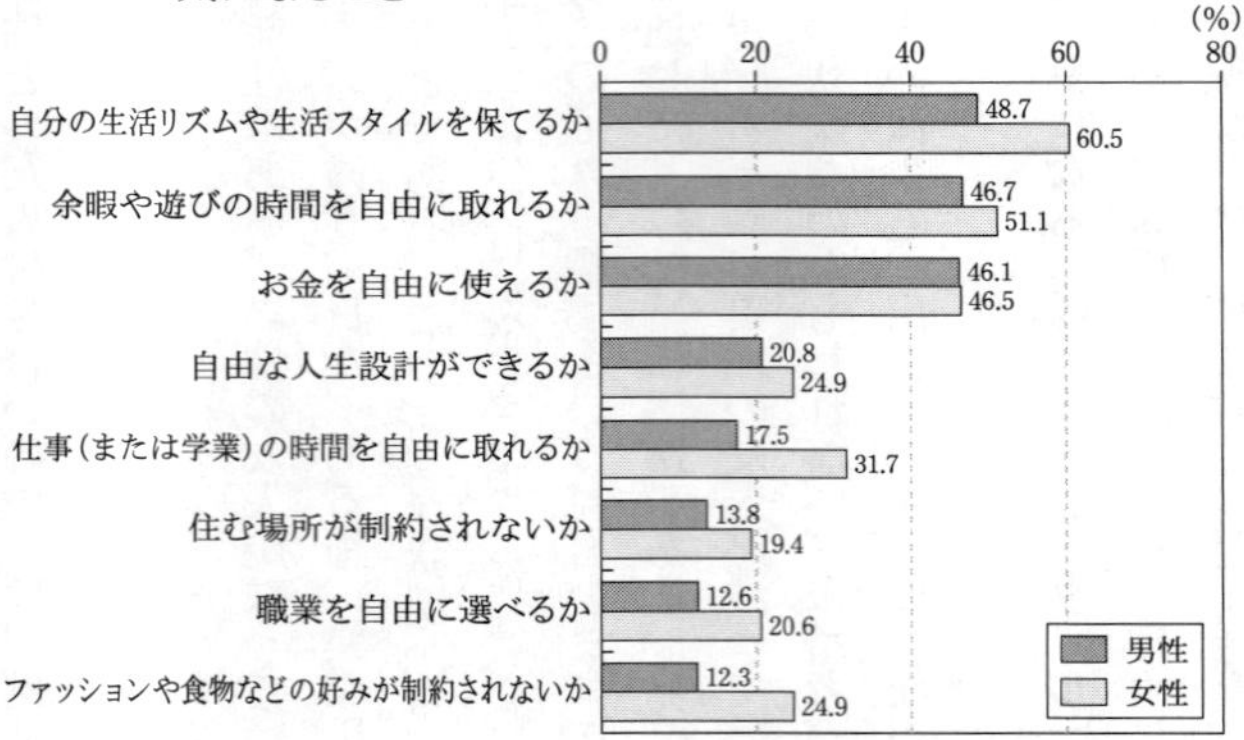

（注）上から男性で多かった順。
（資料）国立社会保障・人口問題研究所「第14回出生動向基本調査」より筆者作成

合の懸念事項を、具体的にとらえていきたい。

今の若年未婚者が結婚を考えたときに気になるのは、「ライフスタイル」や「時間」、「お金」の自由度のようだ。

結婚意思のある未婚者が結婚を考えたときに気になることとして、男女とも圧倒的に「自分の生活リズムや生活スタイルを保てるか」、「余暇や遊びの時間を自由に取れるか」、「お金を自由に使えるか」が上位にあがる（図表99）。また、いずれの項目でも男性より女性の選択割合の方が高く、特に「仕事（または学業）の時間を自由に取れるか」、「ファッションや食物などの好みが制約されないか」、「自分の生活リズムや生活スタイルを保てるか」で女性の選択割合の高さが目立つ。やはり、男性より女性の方が結婚に伴う様々

図表100　未婚者（18～34歳）が考える1年以内に結婚をするとしたら障壁になるもの

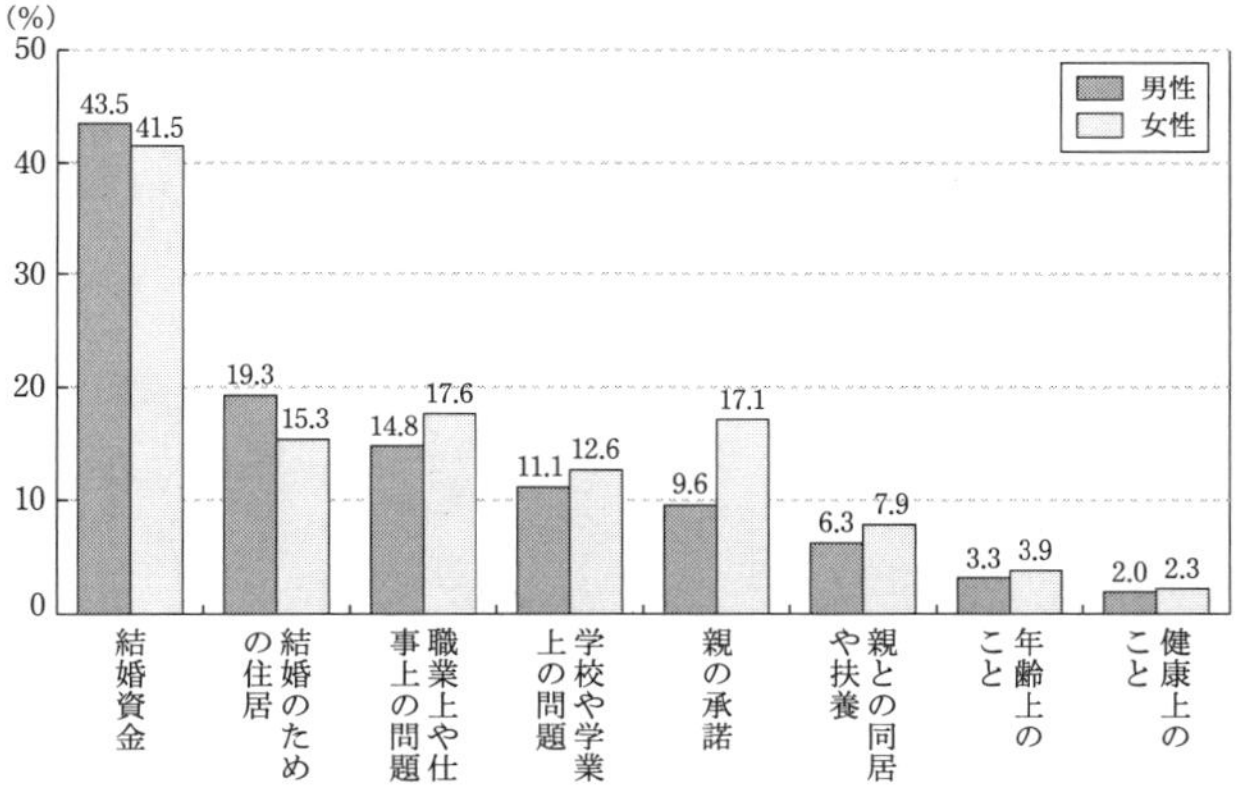

（資料）国立社会保障・人口問題研究所「第14回出生動向基本調査」より筆者作成

な制約を懸念している。

すぐに結婚を考えたときの障壁は「結婚資金」

未婚男女は結婚について、お金や時間、ライフスタイルなど生活各面の自由度を気にしている。しかし、すぐに（1年以内に）結婚を考えたときの障壁は、今も昔も変わらず経済的な問題だ。

結婚意思のある未婚男女に対して、1年以内に結婚するとしたら何が障壁となるかをたずねると、男女とも圧倒的に「結婚資金」が首位にあがる（図表100）。実は、この結果は87年調査でも10年の直近調査でも変わらない。つまり、バブル景気の頃でも、バブル崩壊後の景気低迷期でも、すぐに結婚を考えた場合の最大の障壁は経済的な問題ということになる。

なお、バブル景気の頃の平均初婚年齢は、男性28歳、女性25歳である。好景気を体感しているバブル期の若者と、景気低迷の中で育ってきた現在の若者では、将来の経済的な見通しはだいぶ異なるだろう。しかし、いずれにしろ、結婚のための十分な資金が手元にないということは、時代によらず共通の問題のようだ。

このほか興味深い変化としては、特に女性で「親の承諾」と「親との同居や扶養」が減少し、「職業上や仕事上の問題」が増加していることがある。女性の社会進出が進む中で、親の命令よりも自分自身の意思を主張する、あるいは主張できるように女性の生き方が変わってきた様子がうかがえる。

結婚には年収300万円の壁

結婚適齢期の未婚男性が未婚にとどまる理由では、「結婚資金が足りない」が上位にあがることが特徴的だった。また、すぐに結婚を考えた場合の障壁も、男女とも「結婚資金」である。実は、男性の年収と既婚率は比例しており、**結婚には「年収300万円の壁」が存在する。**

内閣府「平成23年版 子ども・子育て白書」にて、年収別に20～30代の男性の既婚率を見ると、年収の増加に伴って既婚率は上昇している（図表101）。20代では、高年収層で逆に既

図表101　男性の既婚率と年収の関係

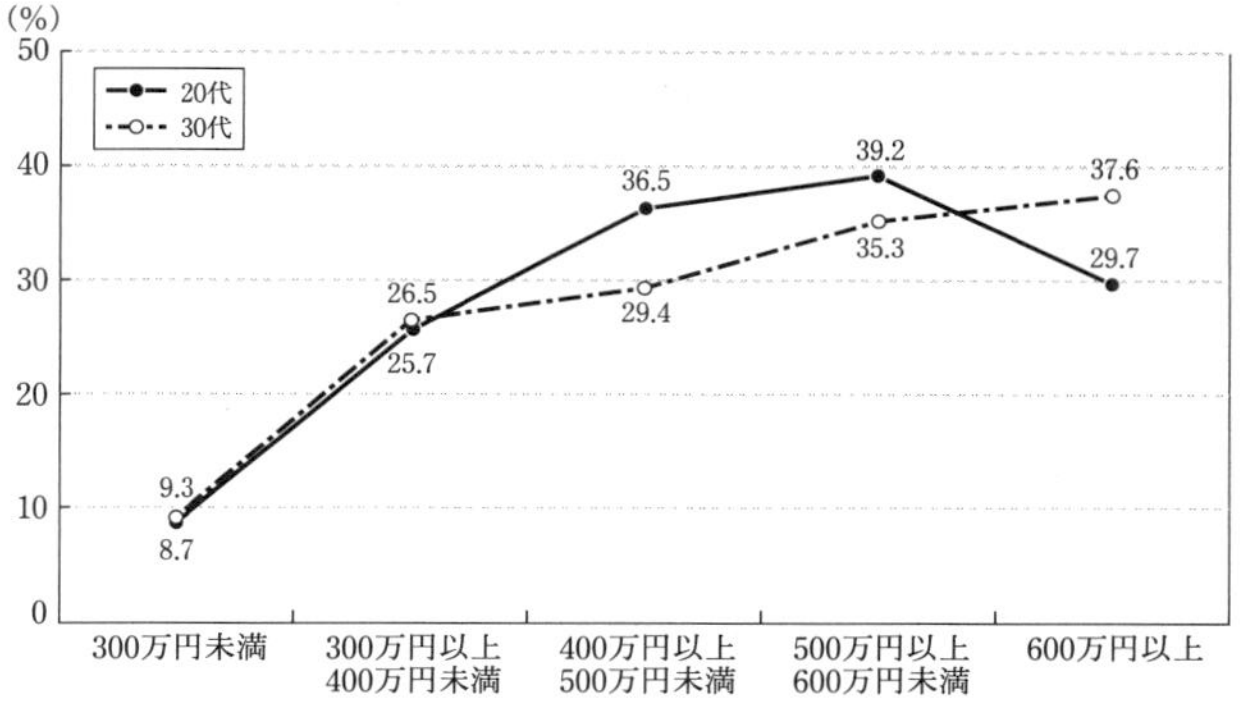

（注）20～30代男女、かつ既婚者は結婚3年以内の者を調査対象としたもの。性・年代・未既婚については、総務省「平成17年国勢調査」をもとにウェイトバック集計し、「300万円未満」には「収入なし」も含んだもの。

（資料）内閣府「平成23年版子ども・子育て白書」

婚率が下がっているが、これは労働時間が長く忙しいということや、高年収の男性では相手を選ぶ余裕があるということかもしれない。**労働時間は、年収水準の高い正規雇用者の方が、非正規雇用者より長い傾向がある。**

　ところで、ここで注目すべきは年収300万円未満の層である。年収300万円未満の既婚率は20代でも30代でも1割に満たない。しかし、次の年収階層である300万～400万円未満では、既婚率は3倍に上昇する。つまり、**年収300万円を超えると一気に既婚率は上昇する。**結婚には「年収300万円の壁」が存在しているようだ。

非正規雇用者の増加

　これまで各所で述べてきた通り、近年、若

図表102　若年雇用者に占める非正規雇用者の割合の推移

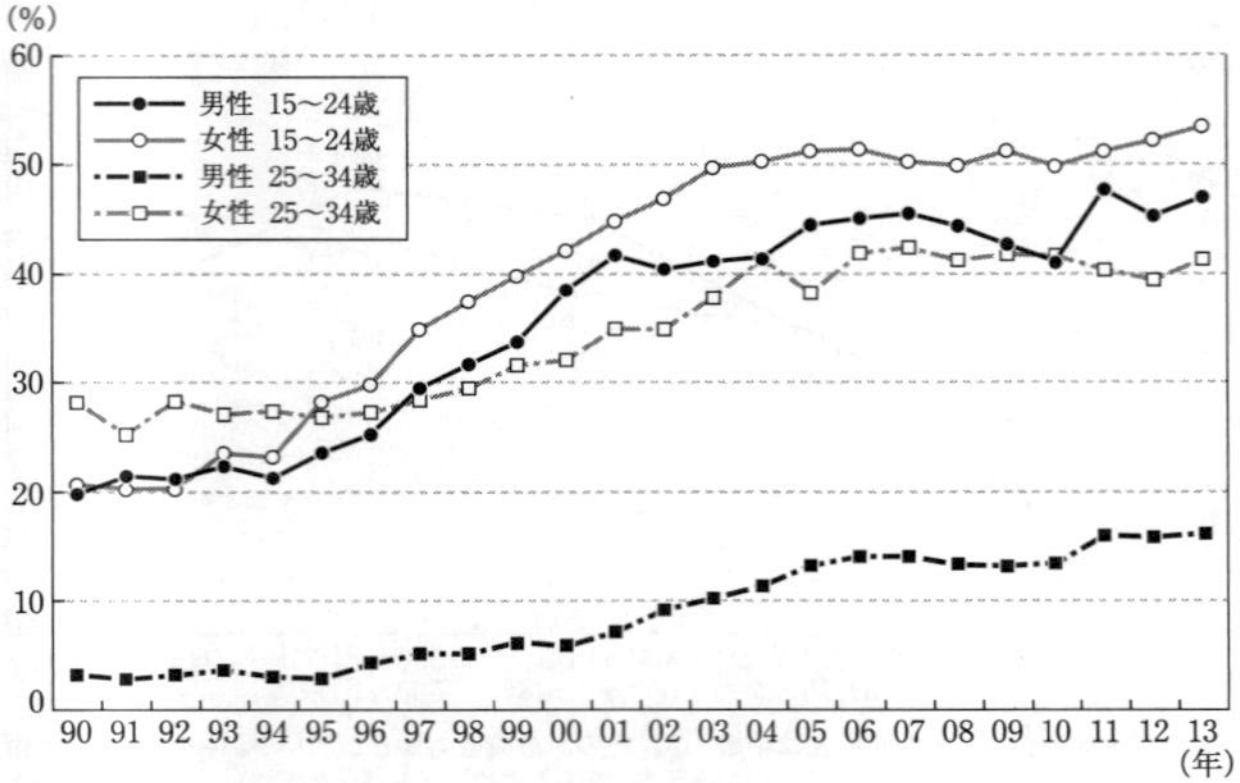

（注）2001年までは各年2月、2002年以降は1～3月平均値。
（資料）総務省「労働力調査」より筆者作成

年層では非正規雇用者が増加している。

雇用者に占める非正規雇用者の割合は上昇しており、20代の半数程度は非正規雇用者として不安定な立場で働いている（図表102）。図の中では、25～34歳の男性の非正規雇用者率は比較的低いが、それでも15年前と比べると3倍に上昇している。

若年層の非正規雇用者率は90年代後半から上昇している。この背景には、長らく続く景気低迷のほか、労働者派遣法の改正やＩＴ化の進展などがある。

労働者派遣法は86年に施行された。当初、適用対象業務は、通訳・翻訳などの専門性の高い13業務に限られていた。しかし、90年代後半の度重なる法改正による規制緩和で、適用対象業務が拡大した。96年には研究開発などを含む26業務が適用対象となった。99年には原則自由化され、港湾運送などを除く多くの業務で、派遣労働者が受け入れ可能となった。若年層の非正規雇用者率は、これらのタイミングで上昇している。

また、90年代後半はマイクロソフト社のＷｉｎｄｏｗｓ95が発売され、オフィスのＩＴ化が進んだ時期である。オフィスのＩＴ化によって、従来、女性を中心とした事務職が担当していた業務がＩＴに代替されはじめ、女性事務職の雇用の非正規化に影響を及ぼした可能性がある。

ところで、非正規雇用には自ら希望して非正規で働いている者と、不本意ながら非正規で働いている者が存在する。前者は昔から女性で多く、既婚者で夫の扶養控除枠内に収入をおさめたい女性などが該当する。一方、後者は若者に多い印象が強い。就職氷河期で正規雇用の求人が減少したために、正規雇用を希望していたにもかかわらず、やむを得ず非正規雇用者として働きはじめたというケースだ。最近では、最初から正規雇用の職をあきらめて、自ら非正規雇用を選択するような状況もあるようだ。

厚生労働省「就業形態の多様化に関する総合実態調査」によると、非正社員が現在の就業形態を選択した理由は、20代では「自分の都合のよい時間に働けるから」の割合が上昇しており、特に20〜24歳での上昇が目立つ（図表103）。また、20〜24歳では「簡単な仕事で責任

図表103　若年非正社員の現在の就業形態を選択した理由の変化

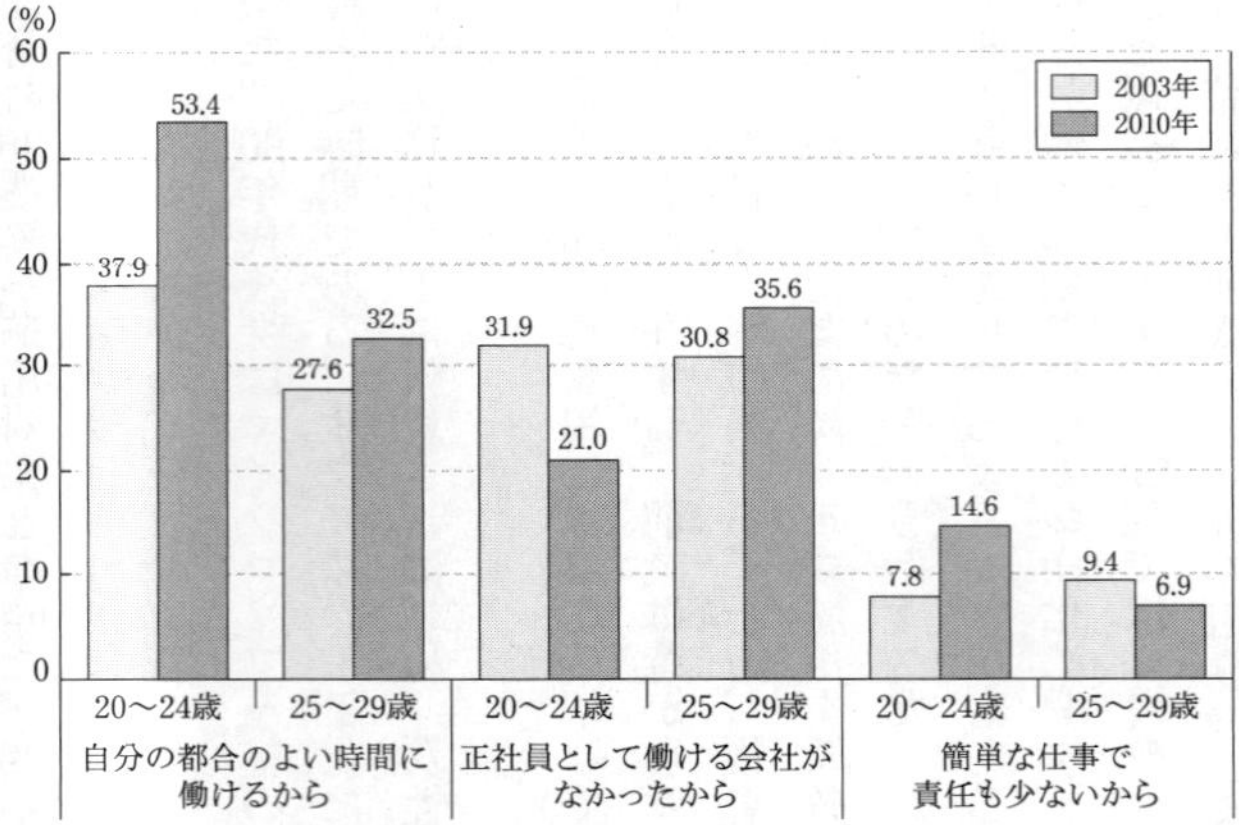

（資料）厚生労働省「雇用構造調査（就業形態に関する総合実態調査2010年）」より筆者作成

も少ないから」も上昇している。一方、「正社員として働ける会社がなかったから」は1割近くも低下している。

この現象について、**昨今の就職活動が若者たちに非常な労力を強いる割に、正規雇用のベネフィットが小さいため、若年層で積極的に非正規雇用を選択する者が増えている**という分析がある。[*9]

正規雇用では、長時間労働が強いられる割に給与は少ない。中高年になると、正規雇用者と非正規雇用者の所得格差は大きく開くが、若年層ではその差は小さい。若年層では非正規雇用者の収入でも1人で暮らしていけるために、積極的に非正規雇用を選択する若者が増えているという。

しかし、「正社員として働ける会社がなか

ったから」の低下については、昨今の厳しい雇用情勢によって、そもそも正規雇用職をあきらめている層の増加もその一端を担っている可能性があるのではないだろうか。

＊９　阿部正浩（２０１０）「非正規雇用増加の背景とその政策対応」「バブル／デフレ期の日本経済と経済政策」第６巻『労働市場と所得分配』内閣府経済社会総合研究所、pp.439-468.

正規・非正規の年収格差

正規雇用者と非正規雇用者では年収水準が異なる。若いうちは比較的差が小さいが、年齢とともにその差は拡大していく。

厚生労働省「平成25年賃金構造基本統計調査」を用いて、年代別に正規雇用者と非正規雇用者の年収を推計すると、正規雇用者は年齢とともに年収があがるが、非正規雇用者は年齢があがっても年収はあがらない（図表104）。詳しく見ると、30代にかけてわずかに増加しているが、その増加幅は50万円にも満たない。また、40代では逆に減少している。

このことによって、年齢とともに両者の年収差は拡大していく。

これは特に男性で顕著であり、20〜24歳では両者の年収差は72・6万円だが、40〜44歳では非正規雇用者の年収は正規雇用者の年収の半分程度となる。

なお、非正規雇用者では、いずれの年齢階層でも、平均年収は300万円に満たない。よって、

図表104　正規雇用者・非正規雇用者の年収

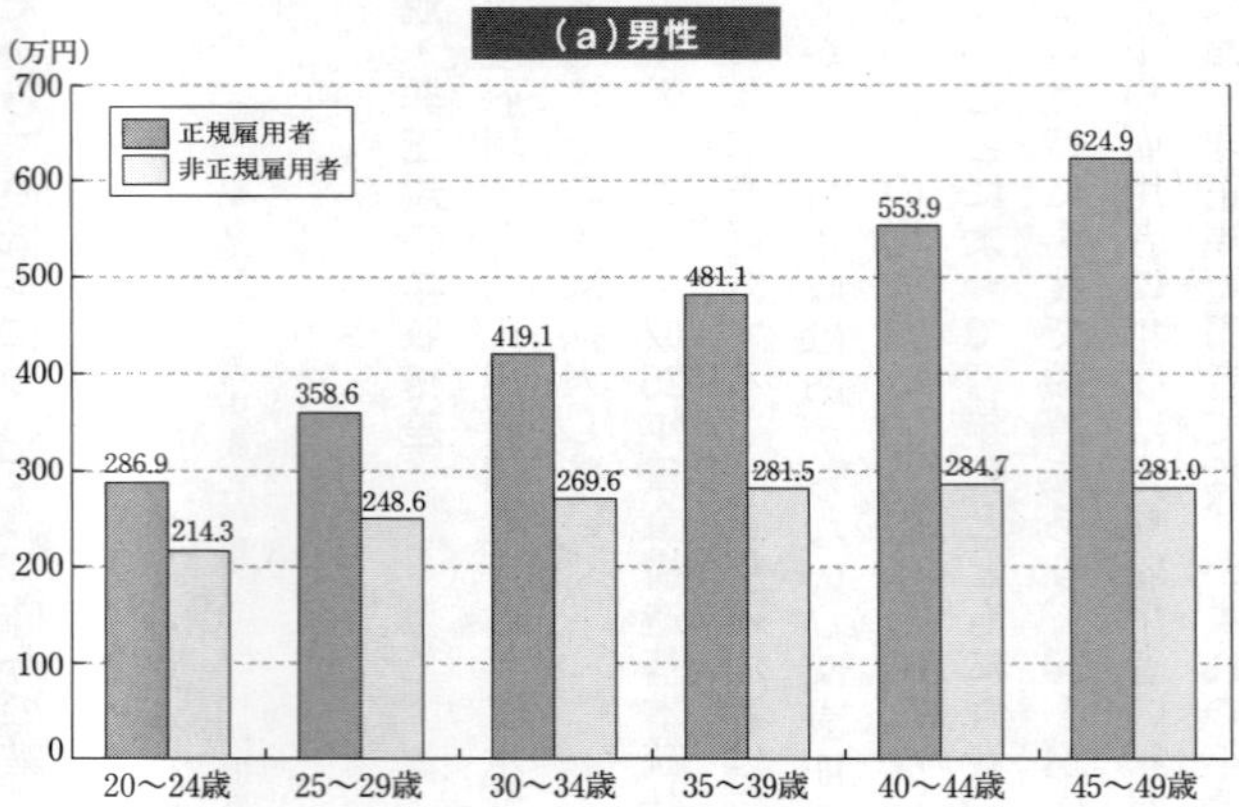

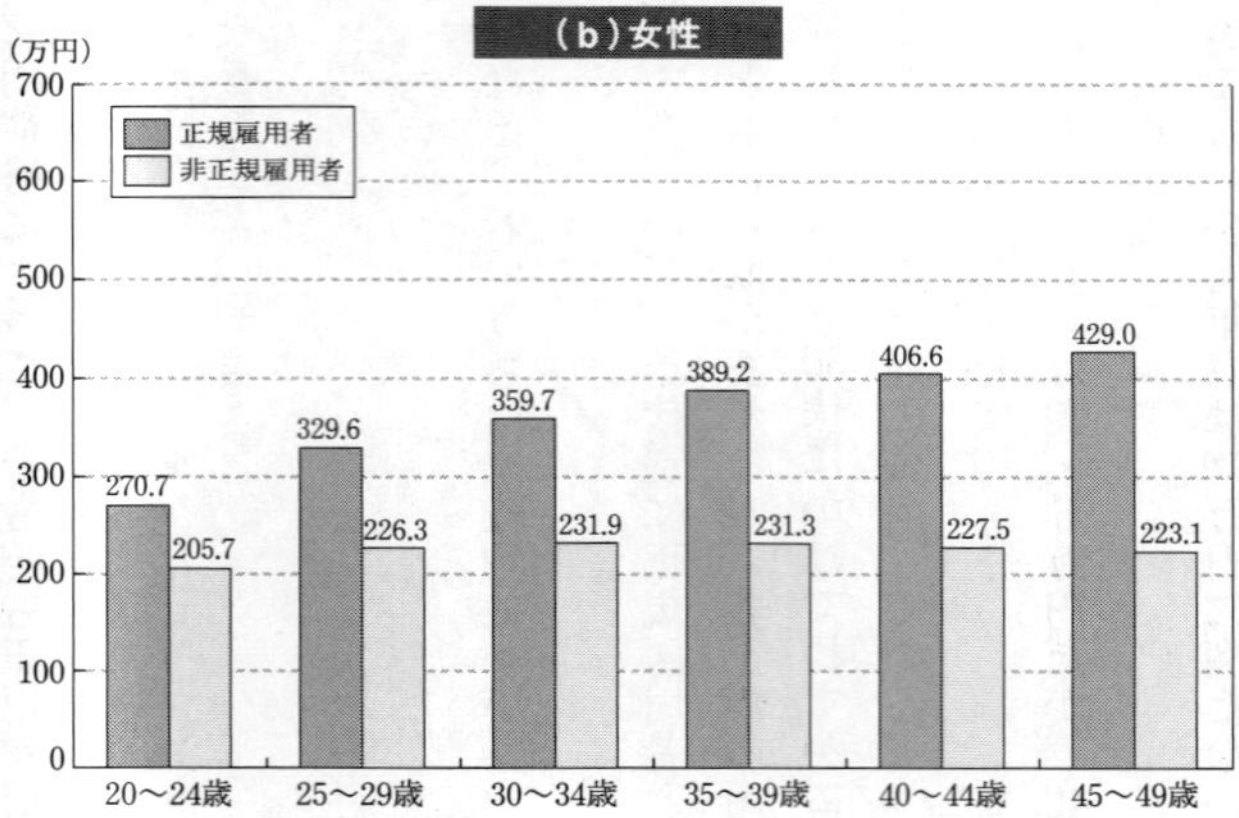

(注) 正規雇用者は正社員・正職員、非正規雇用者は正社員・正職員以外の者、年収は「所定内給与額」および「年間賞与その他特別給与額」から推計。中学卒や高校卒、高専・短大卒、大学・大学院卒の全ての学歴をあわせて推計。

(資料) 厚生労働省「平成25年賃金構造基本統計調査」より筆者作成

図表101の年収と既婚率の関係で、年収300万円未満では既婚率が1割を切っていたことをあわせると、**非正規雇用者の多くは未婚**ということになる。

20〜30代男性の既婚率は、年収300万円以上400万円未満にあがると一気に3倍に跳ね上がるが、これは金額の問題だけでなく、雇用形態の問題もあるだろう。例えば、年収280万円と年収300万円では、金額だけを見ると20万円の違いであり、この差が結婚に大きな影響を及ぼすとは考えにくい。しかし、年収200万円台と年収300万円台では、非正規雇用者と正規雇用者の割合が異なる。つまり年収金額そのものだけでなく、**雇用の安定性も既婚率に影響を与えているの**だろう。

このような状況を踏まえ、内閣府「平成23年版 子ども・子育て白書」には、「結婚に対する個人の希望を実現できる社会に向け、若者に対する就労支援が求められている」と記載されている。

非正規雇用者では、1人で年収300万円を超えるのは難しいケースも多いかもしれないが、2人あわせれば300万円を優に超える。30〜34歳の男女の平均値を合計すると500万円を超え、結婚して子どもを持つことも十分可能だ。**少子化対策には、若者に対する就労支援に加えて、非正規雇用の女性でも出産後に就労継続しやすい環境の整備も必要**だろう。非正規雇用者では育休取得が難しく、保育所の利用などにおいても不利になる傾向があるからだ。

正規雇用者でも年収カーブは低下

では、正規雇用者であれば安心できるのかというと、そうではないのが今の世の中だ。景気低迷や高年齢者雇用安定法の整備によって、**正規雇用者の賃金カーブは低下している。**

正規雇用者の中でも年収水準の高い「標準労働者」の年収を推計し、過去と比較してみたい。なお、「標準労働者」とは、厚生労働省の定義によると、学校卒業後ただちに就職し同一企業に続けて勤務している者をあらわす。つまり、終身雇用制が色濃い日本では最も年収水準の高い層となる。

この標準労働者の年収の変化を見ると、01年から13年にかけて全ての年齢階層で減少している（図表105）。特に年収水準の高い男性の50代後半の年収は、01年の8割程度にまで減少している。

また、**賃金カーブのピーク年齢も変わっている。** 01年では男女とも50代後半まで年収は増加し続けていたが、13年では50代前半に前倒しされている。

なお、女性については統計データの解釈に注意が必要である。01年でも13年でも50代は男女雇用機会均等法以前の世代であり、標準労働者自体がごく少数だからだ。よって、年収の分散が大きいことも考慮すべきだろう。

図表105　大卒標準労働者の年収の変化

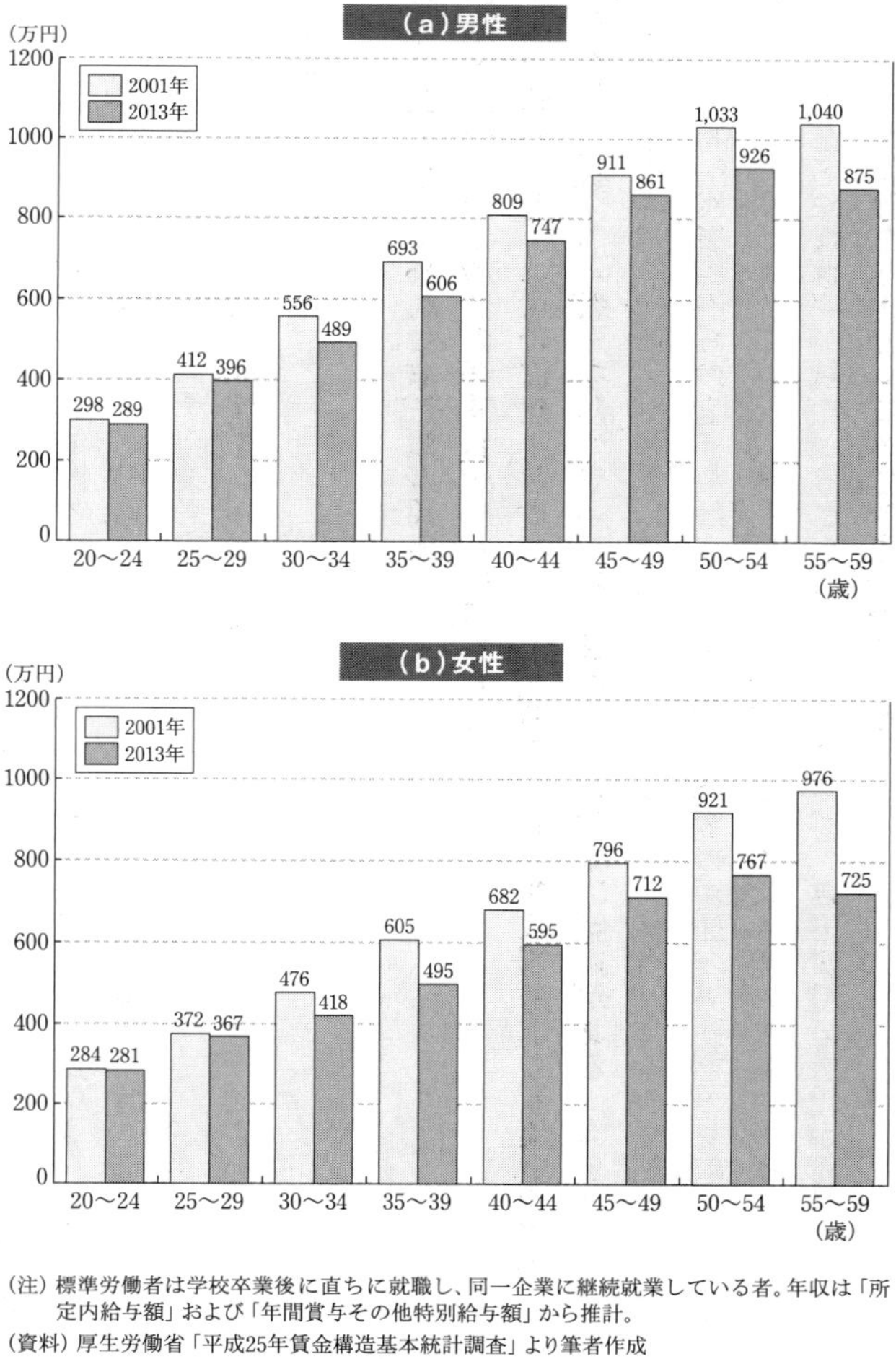

(注) 標準労働者は学校卒業後に直ちに就職し、同一企業に継続就業している者。年収は「所定内給与額」および「年間賞与その他特別給与額」から推計。

(資料) 厚生労働省「平成25年賃金構造基本統計調査」より筆者作成

このように標準労働者の賃金カーブが低下している背景には、景気低迷による企業の業績悪化のほか、第2章で述べた高年齢者雇用安定法の整備があるだろう。13年4月から企業には、希望者に対する65歳までの雇用義務が課せられた。そのため、就業期間の延長とともに30〜40代の賃金カーブを見直す企業も出はじめている。

よって、**今の若者は正規雇用者であっても、ひと昔前のように将来の経済状況について明るい見通しを持ちにくい。**

異性との交際にも消極的な非正規雇用者

雇用形態の違いは若者の恋愛状況にも影響を及ぼす。

雇用形態別に20〜30代の婚姻・恋愛の状況を見ると、**非正規雇用者より正規雇用者の方が「恋人あり」が多く、「恋人なし」や「交際経験なし」が少ない傾向がある**（図表106）。

非正規雇用者は90年代後半から著しく増えている。また、未婚者で異性の交際相手を持たない割合も90年代後半からの上昇が目立つ。非正規雇用者の増加と異性との交際の消極化は、ほぼ同じ時期にはじまっている。非正規雇用者は正規雇用者より若い年齢層で構成されているため、交際率や既婚率が低くなることは考慮すべきだが、**雇用環境の悪化が異性との交際の消極化にも影響を与えているのではないだろうか。**

図表106　雇用形態別に見た20～30代の婚姻・交際状況

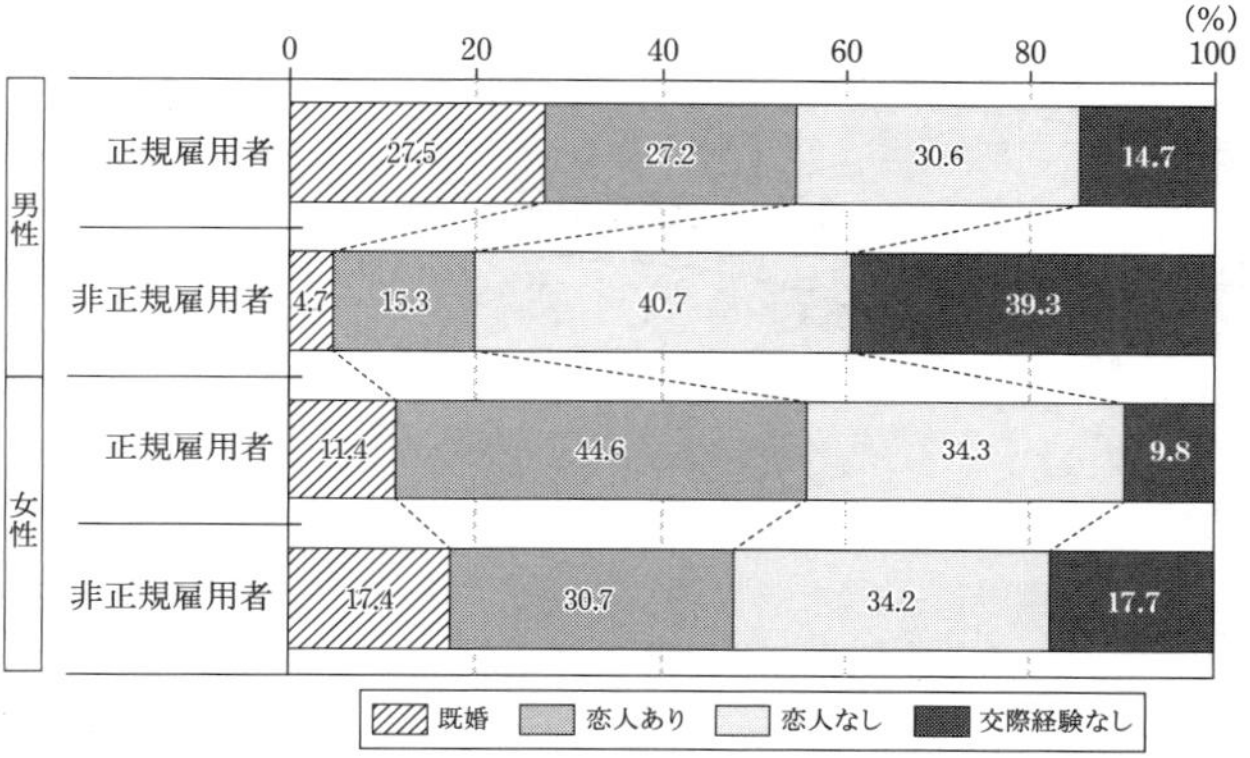

（注）20代・30代で分けても同様の傾向。
（資料）内閣府「平成22年度結婚・家族形成に関する調査」より筆者作成

親元同居率の上昇

若年層の雇用情勢が厳しくなる中で、親元で暮らす若者が増えている。親元同居率は上昇しており、特に非正規雇用者で高い。

総務省「親と同居の若年未婚者の最近の状況」によると、親と同居している20～34歳の未婚者の割合は上昇している（図表107）。12年では男女とも半数程度を占めており、女性の上昇幅の方が大きい。この背景には、男性より女性の方が、平均初婚年齢の上昇幅が大きいことがあるだろう。また、80年から12年まで、男性より女性の方が親元同居率は低いが、これは男性より女性の未婚率が低いことがあるだろう。

ところで、図の統計データは20～34歳全体

図表107　親と同居の若年未婚者（20～34歳）の割合の推移

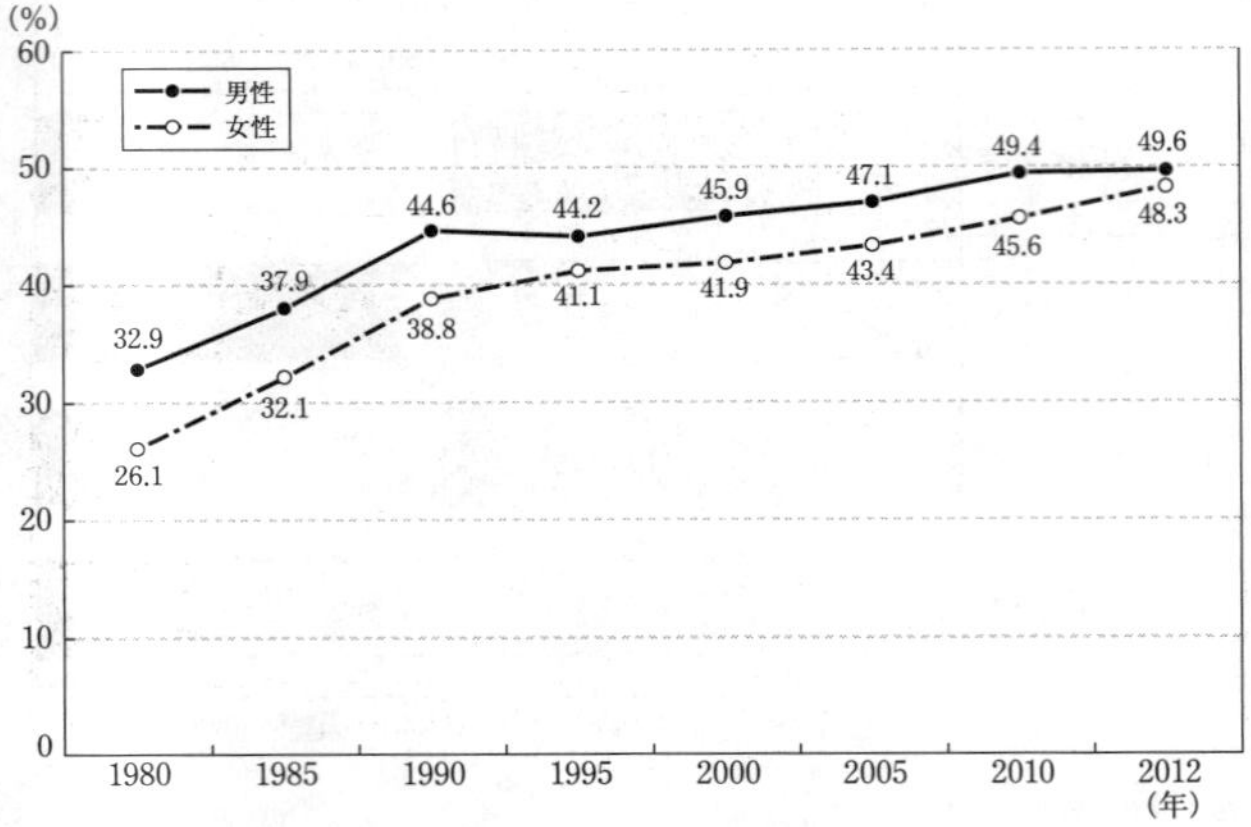

（資料）総務省「親と同居の若年未婚者の最近の状況」より筆者作成

に占める親元同居の未婚者の割合だが、未婚者の中で親元に同居している者の割合を計算すると、男性では73・8%、女性では78・8%となる（いずれも10年）。

若年層では非正規雇用者が増えているが、やはり親元に同居する若年未婚者に占める非正規雇用者の割合も上昇している。20～34歳全体と、親元同居者に占める臨時雇・日雇の割合の推移を見ると、全て上昇している（図表108）。特に親元同居の未婚者での上昇幅が大きく、80年から12年にかけて男女とも数%から2割近くに上昇している。

なお、男性では、以前から臨時雇・日雇の割合は、全体に比べて親元同居の未婚者の方が高かったが、その差は大きなものではなかった。しかし、最近では、その差は拡大して

図表108　20～34歳の臨時雇・日雇が占める割合の推移

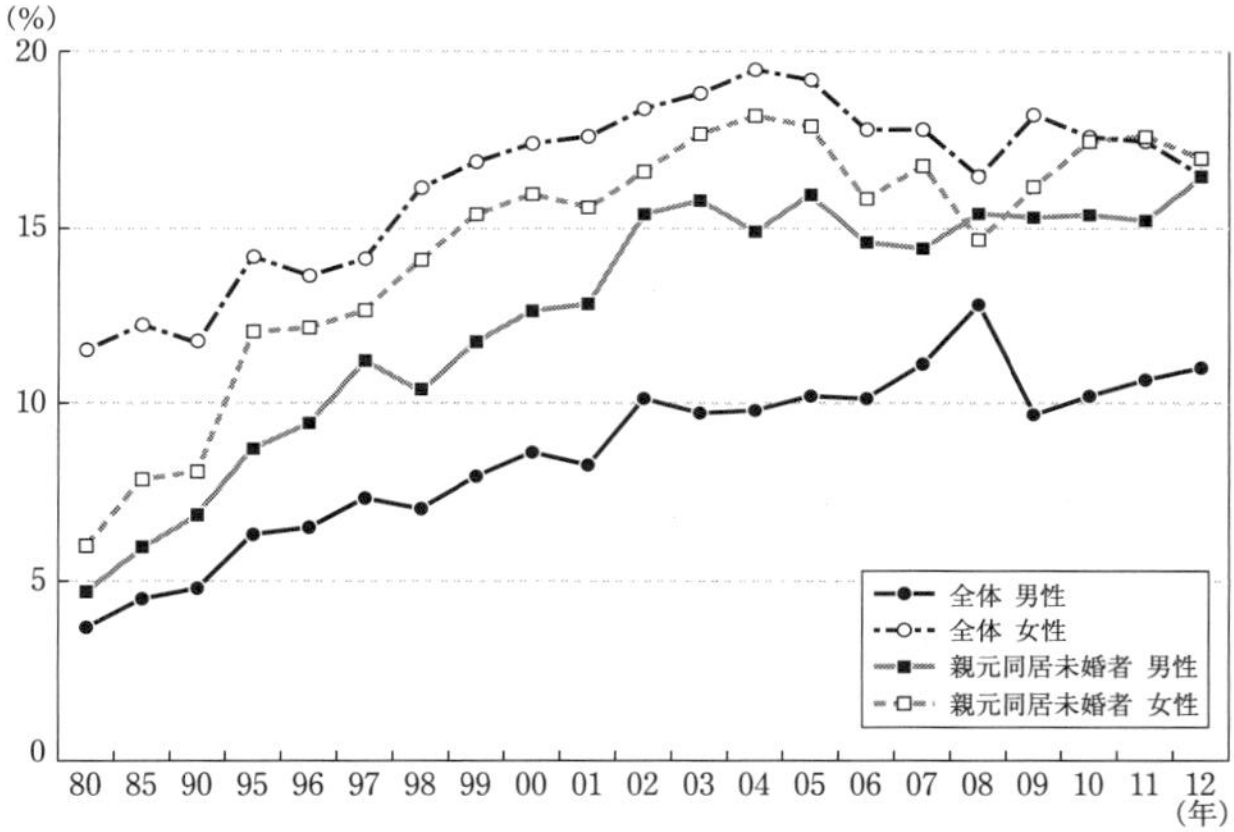

（資料）総務省「親と同居の若年未婚者の最近の状況」より筆者作成

いる。

一方、女性では、以前は親元同居の未婚者より全体の方が臨時雇・日雇の割合が高かったが、近年は逆転し、女性でも男性同様、親元同居の未婚者の方が、全体に比べて臨時雇・日雇の割合が高い。

つまり現在は、男女とも親元同居の未婚者では不安定な雇用形態の若者が多い。言い換えると、経済状況の厳しさから親元に同居する若者が増えているようだ。

同様の状況は20～34歳の若年未婚者だけでなく、35～44歳の壮年未婚者でも見られる（図表109）。

35～44歳の親元同居率は、80年では男女ともわずか数％に過ぎなかったが、12年では男性は2割、女性は1割強まで上昇している。

図表109　親と同居の壮年未婚者(35〜44歳)の割合の推移

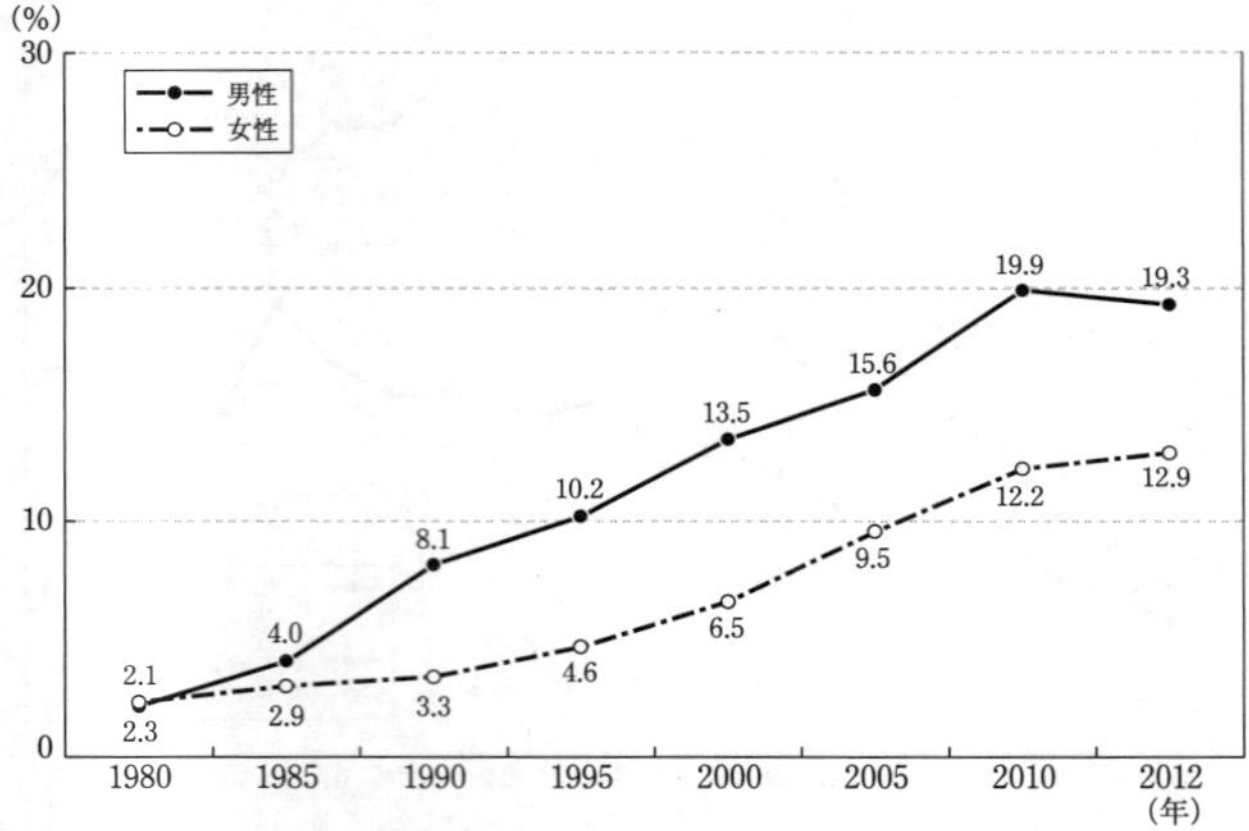

(資料) 総務省「親と同居の若年未婚者の最近の状況」より筆者作成

また、35〜44歳の未婚者に占める親元同居率は男性では63・0%、女性では60・9%であり(10年)、壮年未婚者でも多くは親元に同居している。なお、壮年未婚者でも親元同居者に占める臨時雇・日雇の割合は上昇している。

独身モラトリアムの中での幸せ

本章で見てきた通り、未婚化・晩婚化、少子化が進行しているが、大半の若者には結婚願望がある。また、結婚に対する先延ばし意識も薄らいでいる。未婚でいる理由には出会いがないことが大きく、この背景には、現在の社会では職場結婚などの見合いシステムがなくなったことがあった。また、出会いの前段階として、そもそも恋愛に消極的な様子もうかがえた。その理由は男女で異なり、男性は恋愛マニュアルが分からずに消極的になり、女性は自立的な層が増えていることが恋愛の消極化につながっているようだ。

一方、すぐに結婚を考えた場合は、経済的な問題が障壁であった。経済的な問題は、実は若者の間ではバブル期から変わらずにあるようだが、現在では非正規雇用者が増え、結婚に必要な年収300万円の壁を超えられない若者も多い。また、正規雇用者でも賃金カーブの低下により将来の経済状況に対して明るい見通しを持ちにくい。

また、雇用形態により、若者の婚姻・交際状況は大きく異なっていた。一見、未婚でいる理由は、出会いがないことやライフスタイルの変化による自らの選択にも見えるが、やはり若者を取り巻く厳しい経済状況の影響が大きい。

本書の前半では、今の若者は生活満足度が高く、その背景には未婚者が多く、時間や所得の自由度の高さがあることを示してきた。今の若者は経済状況は厳しくても、消費社会の成熟化や技術進化の恩恵を受けて、「現在の独りの生活」ではそこそこ楽しめる環境にある。しかし、この前提は「未婚」であることであり、家族を持つ「将来の生活」には不安も大きい。

本章で見た通り、やはり「将来の結婚生活」には経済的な問題が大きな影響を与えている。現在の若者は目先の生活、所得には満足しているようだが、それは未来永劫《えいごう》続くものではなく、若者自身もそれを分かっているのだろう。それが不安感の強まりとしてあらわれ、様々な社会変化もありながら、婚姻・交際状況にも影響を及ぼしている。

今の若者は、**独身生活というモラトリアムの中にいる限りは満足度の高い生活を送れるが、そこから一歩出ると、幸せをつかむことは難しい**ようだ。

第7章　若者の働くことに対する意識

これまでに見てきた通り、経済状況は若者の生活満足度や将来の生活設計に大きな影響を与える。「現在の独りの生活」で今の若者の生活満足度が高い背景には、案外手元にお金を持っていることがある。しかし、独りではなく家族を持つ「将来の結婚生活」では、収入や雇用形態によって、婚姻や交際の状況に大きな違いがある。

働き方は若者の将来設計に大きな影響を与える。どんな働き方を選択しているか、働くことに対してどんな意識を持っているかには、若者の将来観が映し出される。

本書では最後に、若者の働くことに対する意識について見ていきたい。

「就社」から「就職」へ、強まる個人意識

今の若者は、どのような視点で就職先を選んでいるのだろうか。バブル期のモーレツ社員

図表110　新入社員の会社の選択基準の推移

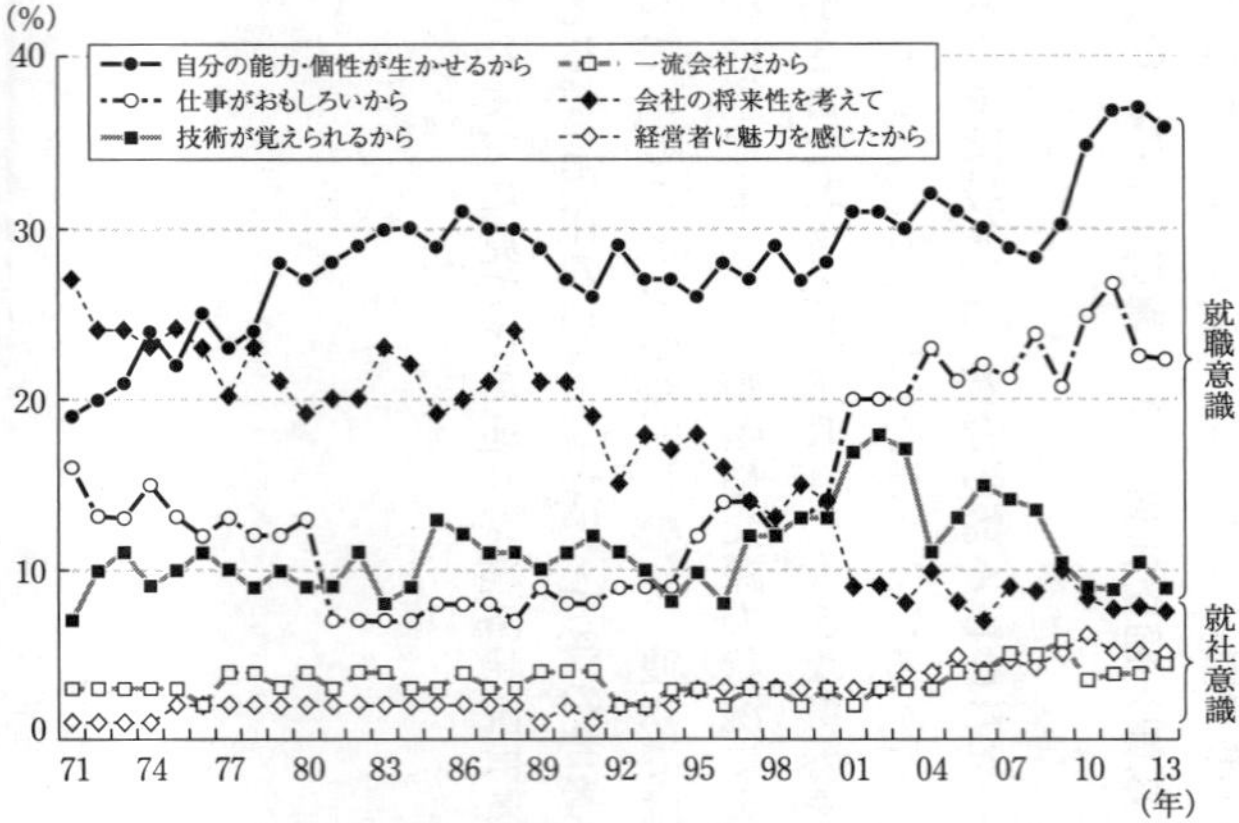

（資料）公益財団法人日本生産性本部「新入社員『働くことの意識』調査」より筆者作成

では、個人を犠牲にして会社や組織に貢献する姿も見られたようだが、今の若者は、**あくまでも「個人」が主体**のようだ。

公益財団法人日本生産性本部「新入社員『働くことの意識』調査」によると、新入社員が就職先を選ぶ際に重視したことは、1970年頃は「会社の将来性を考えて」が最も多かった（図表110）。しかし、近年は低下し、代わりに「自分の能力・個性が生かせるから」や「仕事がおもしろいから」が上昇している。つまり、会社というよりも、自分の意識を優先するように変わってきている。

この様子を内閣府「平成19年版 国民生活白書」では、「新入社員の入社意識は『就社』から『就職』へと変化」と述べている。バブル崩壊後の景気低迷により大企業神話などが崩れたことで、バブル期は絶対的だった会社の将来に対する安心感や会社に対する期待感が薄れ、どんな会社で働くかということよりも、どんな仕事で働くかという意識が強まっている。このような変化の背景には非正規雇用者の増加もあるだろう。

安定志向の高い企業選び

今の若者の会社に対する期待感は薄まっているが、企業選びにおいては、逆に**国内志向や安定志向が強まっている。**近年、日本経済の低迷や少子・高齢化により国内市場が縮小する一方、新興国では経済発展が著しく進んでいるため、グローバル化の必要性が、企業戦略や人材育成など様々な領域で言われている。しかし、「就職人気企業ランキング」を眺めると、伝統的な日本企業がずらっと並んでいる。

毎年２月頃に様々な媒体で、次年度の就職活動予定者を対象とした「就職人気企業ランキング」が発表される。

例えば、13年の日本経済新聞の就職人気企業ランキングは、１位「日本生命保険」、２位「東京海上日動火災保険」、３位「第一生命保険」、４位「三菱東京ＵＦＪ銀行」、５位「三井住友海上火災保険」であり、**国内の伝統的な金融機関がずらっと並ぶ**（図表111）。６位以降や、性別、文系・理系別のランキングを見ても、国内の金融機関をはじめとした伝統的な企

図表111　日経就職ナビによる就職人気企業ランキング

	総合		男性		女性		文系		理系	
1位	日本生命保険	3407	日本生命保険	1939	東京海上日動火災保険	1578	日本生命保険	3250	東日本旅客鉄道	302
2位	東京海上日動火災保険	2829	第一生命保険	1252	日本生命保険	1468	東京海上日動火災保険	2669	NTTデータ	192
3位	第一生命保険	2485	東京海上日動火災保険	1251	三菱東京UFJ銀行	1280	第一生命保険	2307	サントリーホールディングス	181
4位	三菱東京UFJ銀行	2434	三菱東京UFJ銀行	1154	第一生命保険	1233	三菱東京UFJ銀行	2289	第一生命保険	178
5位	三井住友海上火災保険	1832	三菱UFJ信託銀行	821	三井住友海上火災保険	1024	三井住友海上火災保険	1746	ANAグループ	172
6位	三菱UFJ信託銀行	1733	三井住友海上火災保険	808	三菱UFJ信託銀行	912	三菱UFJ信託銀行	1609	三菱重工業	161
7位	みずほフィナンシャルグループ	1569	みずほフィナンシャルグループ	773	みずほフィナンシャルグループ	796	みずほフィナンシャルグループ	1488	東京海上日動火災保険	159
8位	三井住友銀行	1483	三井住友銀行	741	三井住友銀行	742	三井住友銀行	1400	日本生命保険	152
9位	三井住友信託銀行	1317	明治安田生命保険	737	ANAグループ	717	明治安田生命保険	1213	三菱電機	147
10位	明治安田生命保険	1287	東日本旅客鉄道	665	三井住友信託銀行	696	三井住友信託銀行	1195	東芝	144
									三菱東京UFJ銀行	144

（注）調査期間：2012年12月2日～2013年1月27日。
調査対象：「日経就職ナビ2014」会員のうち、調査対象大学に在籍する大学3年生・修士課1年生。
調査方法：インターネット調査にて、就職希望企業先を5社まで選択の上、1位5点、2位4点、3位3点、4位2点、5位1点として順位を決定（表中の数値）。
有効回答数：7,402サンプル（男子＝3,470、女子＝3,932、文系＝6,004、理系＝1,380、その他＝18）。
（資料）日本経済新聞社「日経就職ナビ」より筆者作成

業が名を連ねている。

なお、就職人気企業ランキングには、それぞれの媒体の特徴が出る。それは、ランキングを作成するための調査対象が、各媒体を利用している就職活動中の学生によるためだ。例えば、日本経済新聞のランキングでは文系学生が理系学生の４倍以上も多い（表注記の調査対象参照）。よって、総合ランキングには自ずと文系学生の志向が反映されやすくなる。また、日本経済新聞を読んで就職活動をする学生には、比較的、経済知識を必要とする業種を目指す者が多い印象もある。こういった志向が、ランキング上位に金融機関が多くあがることにつながっている可能性もある。

また、直近の業界動向も大きな影響を与える。日本経済新聞の13年のランキングでは、国内電機メーカーが前年より大きく順位を下げているが、この背景には12年の大手電機メーカーの赤字決算や人員削減などがあるだろう。

加えて、就職人気企業ランキングを見る際には、その媒体の特徴や前年の業界動向などを考慮すべきである。

しかし、**ランキング上位に国内の伝統的な企業が並び、グローバル化が叫ばれる中で外資系企業の姿が見えないという傾向は、どのランキングも共通のようだ**[*1]。もちろん、上位にあがった日系企業でも、積極的に海外戦略を展開し成功をおさめているところも多い。しかし、学生が各社を選んだ理由を見ると海外展開に関係するものは見あたらず、「規模が大きい」や「安定している」、「一流である」などが並ぶ。[*2] 今の学生の企業選びには、国内志向と安定志向が強い様子がうかがえる。

＊1　就職人気企業ランキングとして13年発表のダイヤモンド社「ダイヤモンド就活ナビ　人気企業ランキング」、株式会社マイナビ「マイナビ　大学生就職企業人気ランキング」、株式会社学情「学情ナビ　就職人気企業ランキング」、株式会社文化放送キャリアパートナーズ「就職ブランドランキング」、楽天株式会社「楽天　みんなの就職活動日記　２０１４年度卒新卒就職人気企業ランキング」、10年発表のリクナビ「就職人気ランキング」を確認。上位10位までにあらわれた外資系企業は1社（P&G Japan 株式会社）。

＊2　日本経済新聞　第二部「日経就職ナビ２０１３年　新卒広告特集～生損保など金融　上位に」（13／2／27）

終身雇用意識の強まり

若者の安定志向は企業選びだけでなく、働き方にもあらわれている。今の若者は転職志向が弱く、同一企業での終身雇用意識が強い。

公益財団法人日本生産性本部「２０１３年度　新入社員　春の意識調査」によると、転職についての考え方をたずねると、04年までは「今の会社に一生勤めようと思っている」よりも「きっかけ、チャンスがあれば、転職してもよい」が多かった（図表112）。しかし、07年に逆転し、13年には「今の会社に一生勤めたい」が過半数を占めるようになった。新入社員の転

図表112　新入社員の転職についての考え方の推移

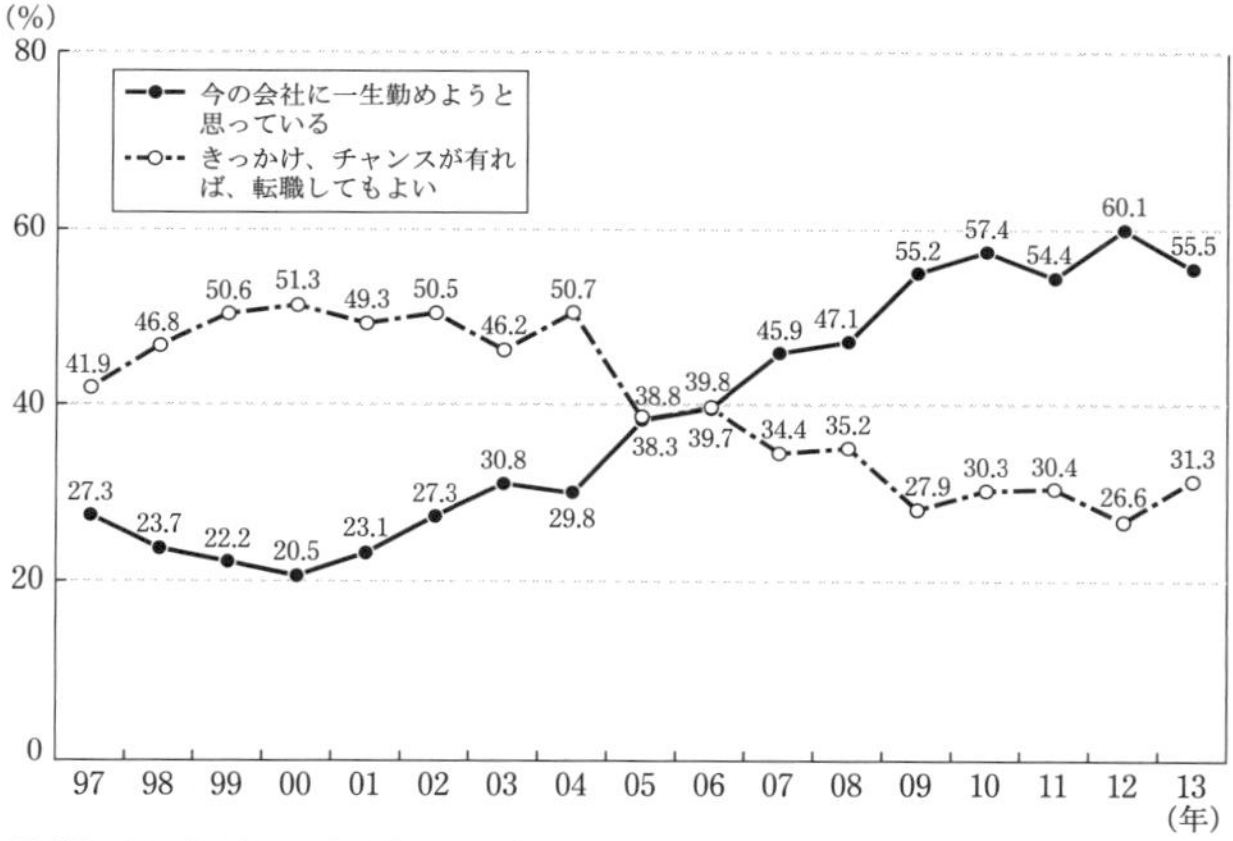

（資料）公益財団法人日本生産性本部「2013年度 新入社員 春の意識調査」より筆者作成

職志向は弱まり、終身雇用意識が強まっている。

また、定年まで働き続けたいという意識も強まっている。

以前は「定年まで働きたい」（2割前後）が「状況次第でかわる」（4割前後）を大きく下回っていた。しかし、2000年前後の就職氷河期の頃から前者が増え、12年では同程度（約3割）になった。[*3]

転職志向が弱まり終身雇用意識が強まる中で、**スペシャリストを目指すよりもジェネラリストを目指す意識も強まっている**（図表113）。新入社員の職場に対する意向について「スペシャリストとしてきたえられる場」と「ジェネラリストとしてきたえられる場」のどちらを求めるのかをたずねると、05年頃ま

図表113　新入社員の職場に対する意向の推移
(ジェネラリストとしてきたえる職場と
スペシャリストとしてきたえる職場のどちらを求めるか)

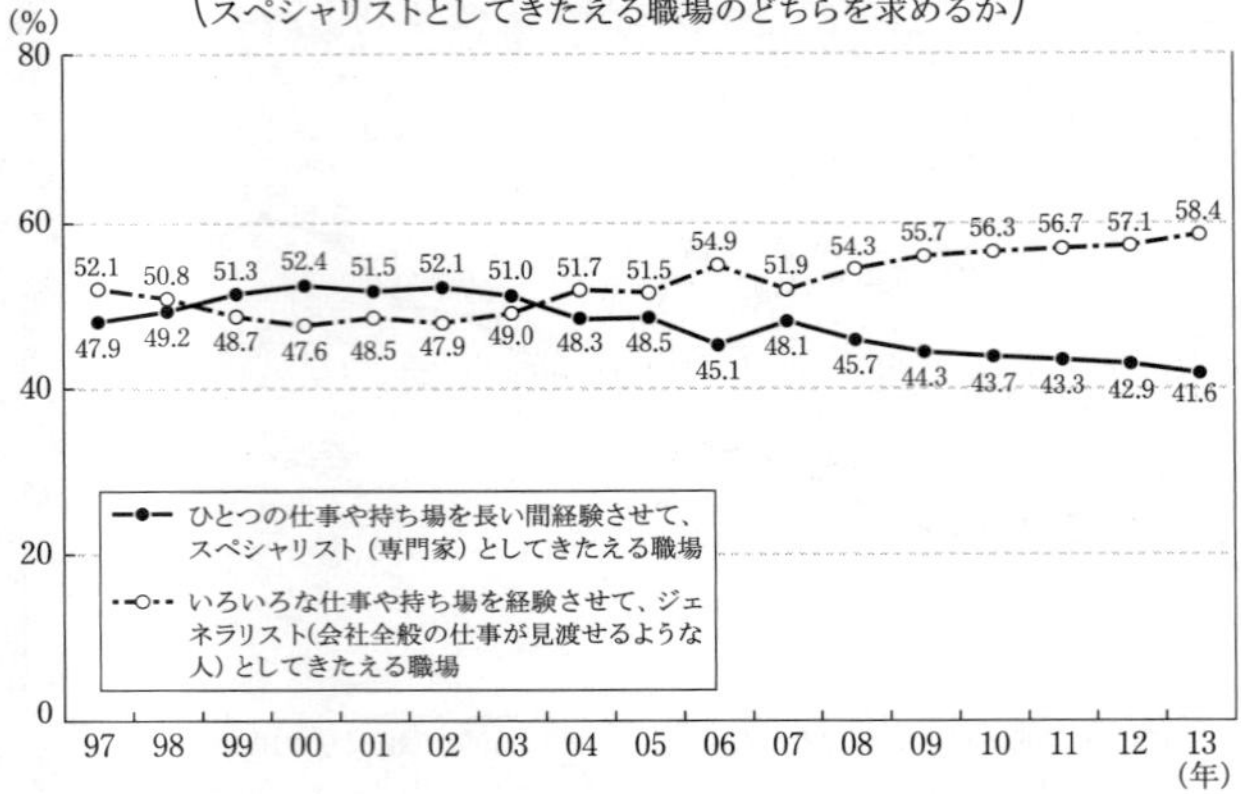

（資料）公益財団法人日本生産性本部「2013年度 新入社員 春の意識調査」より筆者作成

では両者の選択割合は同程度だったが、最近、「ジェネラリストとしてきたえられる場」がじわじわと増え、13年では6割近くに達している。同じ企業でずっと働き続けたいという意識が強まっているために、どんな会社でも通用するような専門性を持つスペシャリストよりも、社内で異動を重ねてもどんな部署でも通用するようなジェネラリストになりたいという意識が強まっているのだろう。

　このように、入社した会社に固執する傾向が強まっている背景には、やはり厳しい就職活動があるだろう。

　第2章冒頭で述べた通り、多くの企業で内定式が執り行われる10月1日時点の就職内定率は6割程度であり、残り4割は未定である。また、就職活動にかける労力は大きく、**1社**

の内定を得るためにエントリーする会社数は100社にものぼる。

「日経就職ナビ」によると、就職活動において大学生がエントリーする会社数は平均93・1社（前年は89・1社）であり、そのうちエントリーシートを提出する会社数は平均24・4社（同23・6社）、通過して筆記・Ｗｅｂ試験を受験する会社数は平均15・8社（同16・0社）、面接試験を受験する会社数は平均11・0社（同11・4社）、そして、10月1日時点の内定社数は平均2.0社（同1.9社）である。つまり、内定率はエントリー社数に対して2.1％、エントリーシート提出社数に対して8.2％である。[*4]

なお、日経就職ナビの就活学生の内定取得率は高い傾向にあるため、[*5]全体ではもっと厳しい状況だろう。

このような厳しい就職活動を経て、せっかく得られた就職先なのだから、そのまま働き続けたいという思いが、若者の転職志向の弱まりや終身雇用意識の強まりにつながるのだろう。なお、これまでの統計データは正規雇用の職に就いた若者のものであり、**非正規雇用者や、正規雇用者でも賃金面などの労働条件が厳しい層では、転職意向は強まっている。**

厚生労働省「平成21年　若年者雇用実態調査」によると、正社員でも賃金が15万円未満では、定年前に転職したいと思っている割合が3割を超える。また、その転職理由は「賃金の条件がよい会社にかわりたい」（46・7％）が目立って多い。このほか「仕事が自分に合った会社にかわりたい」（38・4％）や「労働時間・休日・休暇の条件がよい会社にかわりたい」（37・1％）なども比較的多い。

また、非正規雇用者については、将来の働き方について、女性では「今後も正社員以外の労働者として勤めたい」（34・7％）が多いが、男性では「現在の会社で正社員として勤めたい」（42・7％）が圧倒的に多い。ただし、賃金が15万円未満の層では「別の会社で正社員として勤めたい」（32・1％）が多く、賃金が15万円以上25万円未満の層や25万円以上の層では「現在の会社で正社員として勤めたい」（それぞれ37・8％、37・7％）が多い。

＊3　公益財団法人日本生産性本部「新入社員『働くことの意識』調査」
＊4　株式会社ディスコ「2014年度 日経就職ナビ 学生モニター調査結果（13年7月発行）」
＊5　株式会社ディスコ「2014年度 日経就職ナビ 学生モニター調査結果（13年10月1日発行）」より、10月1日時点の内定社率は86・2％であり、文部科学省「平成25年度大学等卒業予定者の就職内定状況調査（10月1日現在）」の大学（学部）の値（64・3％）より2割程度高い。

二極化する海外志向

今の若者は商社に入社したにもかかわらず海外へ行きたがらない、海外赴任を嫌がる、内向き志向だ、などという話を聞く。安定した環境で働き続けたいという志向は海外赴任にもあらわれている。調査結果を見ると、確かに20代の半数以上は海外赴任をしたがらない。し

図表114　20代の海外での就労意向

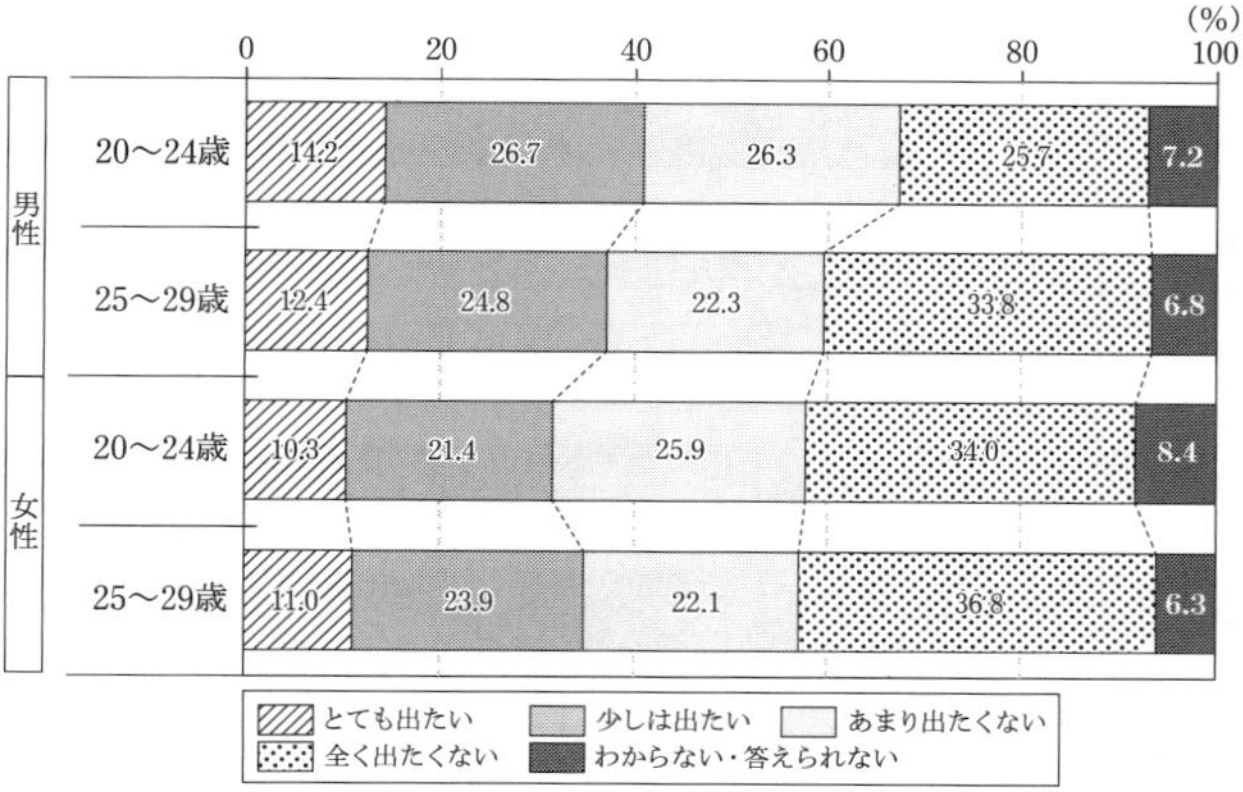

（資料）内閣府「平成23年度 若者の考え方についての調査（若者の仕事観や将来像と職業的自立、就労等支援等に関する調査）」より筆者作成

かし、もっと詳しく見ると、実は若者の海外志向は二極化している。

内閣府「平成23年度 若者の考え方についての調査」によると、20代の6割は海外へ出て働きたくないと答えており、男性より女性の方がその傾向は強い（図表114）。

また、学生や正規・非正規といった職業・雇用形態別に見ると、25～29歳で大学院に在学中の層のみ海外で働きたい意向が強いが（「出たい」合計が56・0％）、そのほかは、いずれも海外へ出たくない意向が強い。比較的キャリア志向が強そうな正規雇用者でも、20～24歳では61・7％、25～29歳では55・5％が「出たくない」と答えている。

産業能率大学「新入社員のグローバル意識調査」では、新入社員の海外での就労意向に

図表115　新入社員の海外での就労意向の推移

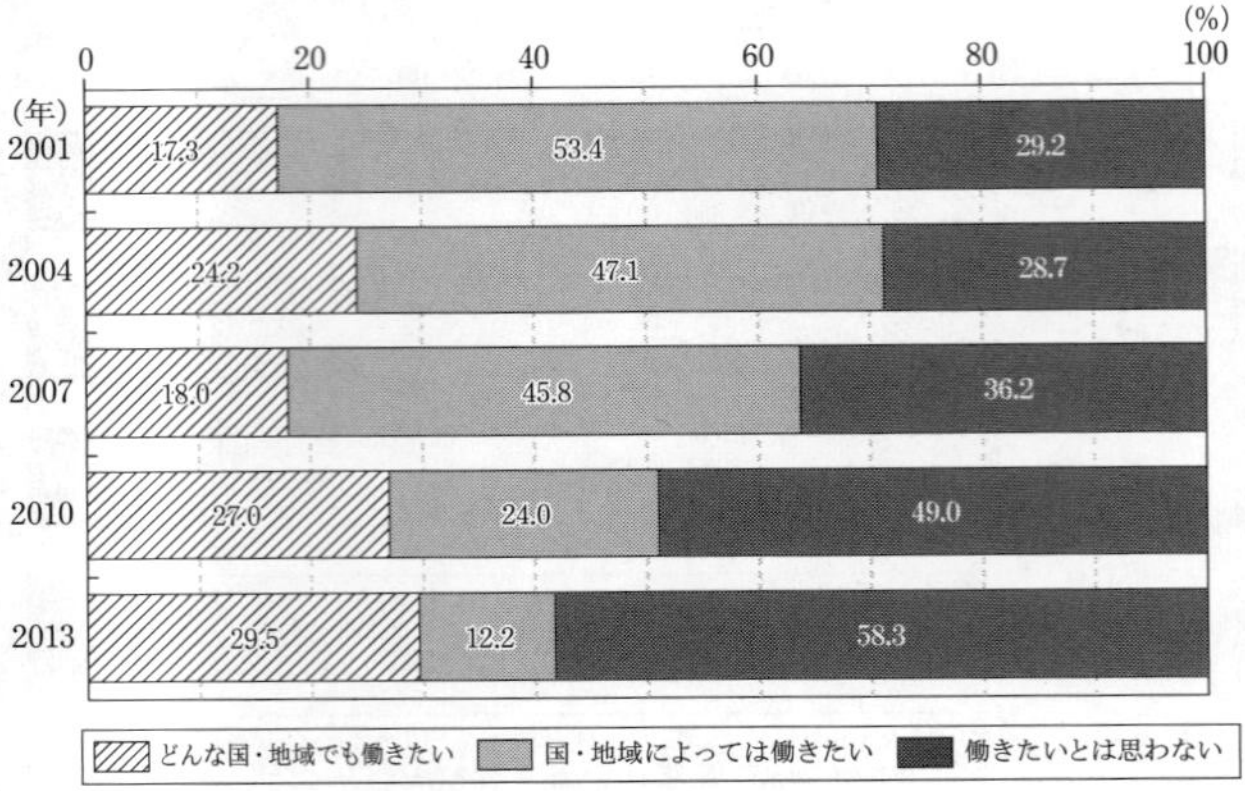

（注）2007年までは郵送調査、2010年からはインターネット調査。
（資料）産業能率大学「新入社員のグローバル意識調査」より筆者作成

ついて2001年からの推移をとらえている。実は、この10年間の変化を見ると、**若者の海外志向は二極化している。**

海外での就労意向について「どんな国・地域でも働きたい」、「国・地域によっては働きたい」、「働きたいとは思わない」の3択でたずねると、この10年で「働きたいとは思わない」の割合は倍増し、13年では6割近くにのぼる（図表115）。一方、「どんな国・地域でも働きたい」という強い海外志向を持つ割合も増加し、13年では3割近くに達する。

10年前は「国・地域によっては働きたい」という、ぼんやりとした海外志向が過半数を占めていたが、この10年で消極的な層と積極的な層に二極化している。なお、同調査でも**男性より女性の方が海外志向は弱い。**

先に示した通り、若者の海外出国者率や海外留学者率はおおむね上昇傾向にあり、バブル期よりも高水準にある。一方で、会社の選び方などを見ると国内志向や安定志向が強まっている。よって、現時点のみに注目すると、海外志向が弱い層が多くを占めることに注目してしまいがちだが、**経年変化をとらえると、出国者率や留学者率は上昇し積極層も増えている。**実は若者の海外赴任意向が二極化している様子がよく分かる。

なお、積極層が海外で働きたいと思う理由で最も多いのは「日本ではできない経験を積みたいから」（74・0％）であり、次いで「自分自身の視野を広げたいから」（65・6％）、「語学力を高めたいから」（47・7％）である。[*6]

一方、消極層が海外で働きたいと思わない理由で最も多いものは「自分の語学力に自信がないから」（65・2％）であり、次いで「海外勤務は生活面で不安だから」（50・4％）、「海外に魅力を感じないから」（35・5％）である。

＊6　産業能率大学「第5回　新入社員のグローバル意識調査」

飲みニュケーションは嫌いじゃない

若者の終身雇用意識の強まりは、職場でのコミュニケーションの取り方にもあらわれている。今の若者は周囲と円滑なコミュニケーションを取りたいという意識が強まっているよう

図表116　新入社員の職場の飲み会と友人との飲み会のどちらを優先するかの推移

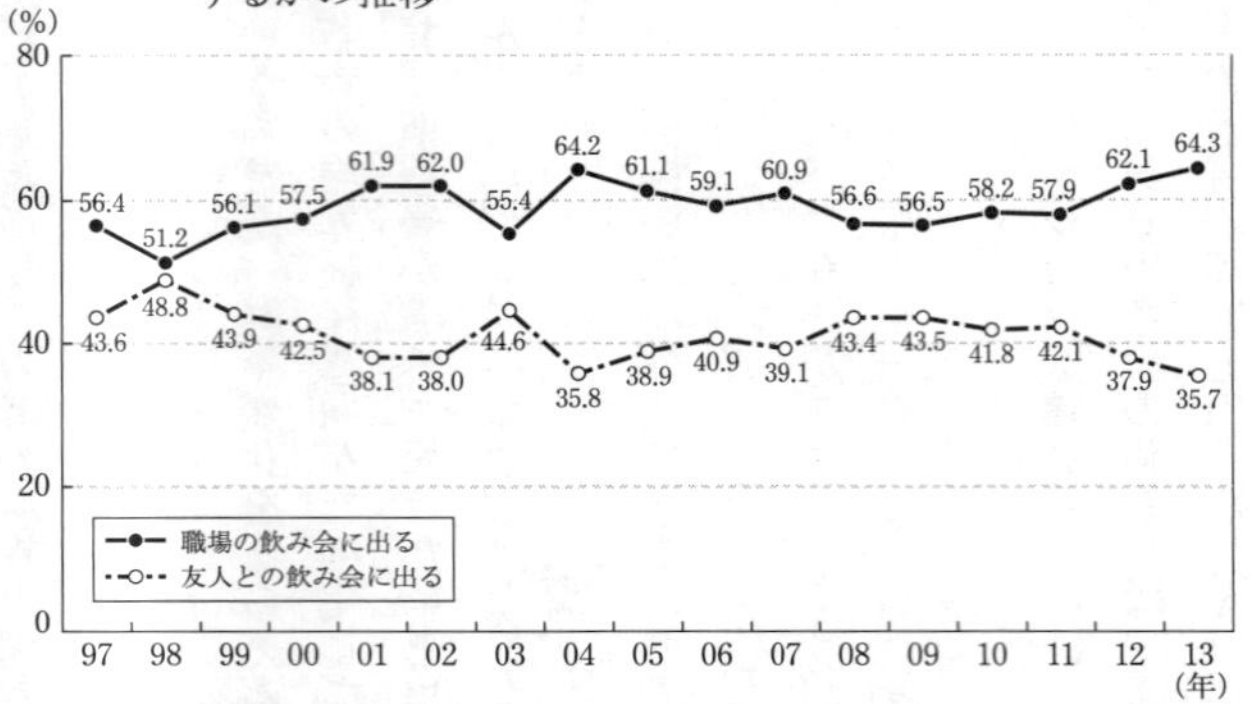

（注）設問は「職場の人たちで飲みに行くことになりました。そこでは職場のウラ情報が聞けそうです。しかし、あなたには今晩、学校時代の友人との先約があります。このときあなたは」で選択肢は図中の2つ。

（資料）公益財団法人日本生産性本部「2013年度 新入社員 春の意識調査」より筆者作成

だ。**友人との先約よりも職場での飲みニュケーションを優先する、上司に積極的に有益情報を提供するといった意識が強まっている。しかし、朝まで上司に付き合うといった、昔ながらの飲みニュケーションを求めているわけではない。**コストパフォーマンスを意識するといった今の若者らしい特徴がある。

新入社員が職場の飲み会と友人との先約のどちらを優先するかを見ると、「職場の飲み会」が増加傾向にあり、13年には6割を超えている（図表116）。しかも、この傾向は男性（62・4％）より女性（69・3％）の方が強い。

さらに、デートか残業かどちらを優先するかをたずねても、デートより残業を優先する**傾向が強まっている。**[*7] 90年頃は残業を優先する割合が6割程度だったが、13年では8割を超える（84・2％）。また、仕事を優先する傾向は、飲み会の設問よりもさらに男性（80・6％）より女性（90・7％）の方が強い。この背景には、これまで述べた通り、キャリアを重視する女性が増えていること、男性より女性の方が恋愛に対して興味が薄れていることがあるのだろう。

しかし、今の若者には「アルコール離れ」も見られるため、飲みニュケーション意識が強まっているというと、やや違和感がある。飲み会に関する調査を見ると、やはり昔とは志向が変わっている。**今の若者は「サクッとコスパよく」飲み会をすることを好んでいる。**

株式会社ネオマーケティング「今どき〝会社飲み〟実態調査」によると、20〜30代のビジネスパーソンの飲み会に対する考え方は、「あまり長居せずに帰りたい」や「ダラダラ飲み続けるのは格好悪いと思う」が、いずれも半数程度を占めている（「そう思う」「ややそう思う」計、図表117）。ひと昔前のように「朝まで付き合う」といった志向はあまり見られない。

また、「飲み代はできるだけ安く済ませたい」や「安いからといっておいしくないお酒はいやだ」が8割を超えており、**価格と質の両面を求める**様子もある。この背景には、第4章で見たように、現在の成熟した消費社会では安くて良質なものが多くあり、比較検討情報もネット上に流通しているために、何においてもコストパフォーマンスを意識する傾向が強いことがあるのだろう。

図表117　20〜30代ビジネスパーソンの飲みに行くことについての考え方

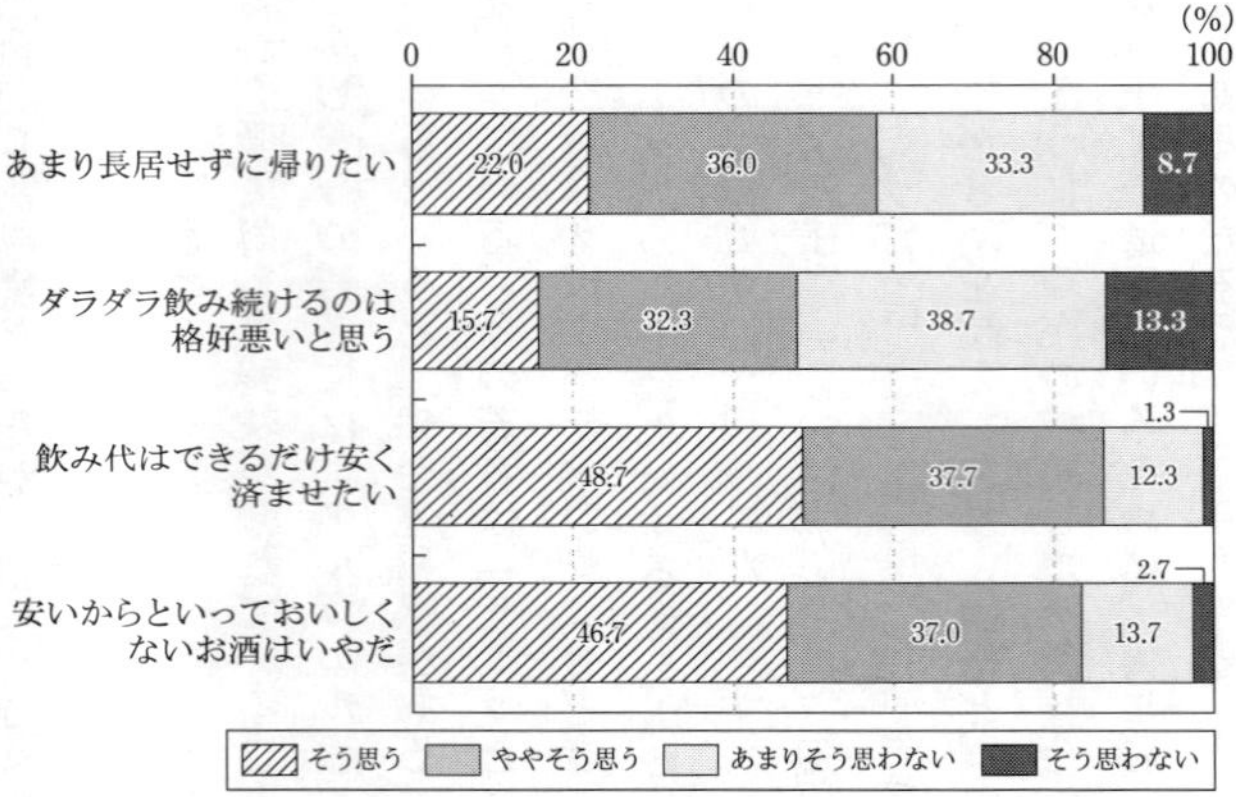

（資料）株式会社ネオマーケティング「今どき"会社飲み"実態調査（2013/7/3）」より筆者作成

なお、「コスト」にはお金だけでなく、時間や労力といった意味合いもある。今の若者はコスパ意識が高いために、飲み会に費やされる「時間」コストも冷静に見ているようだ。飲みニュケーション意識が高まっているとはいえ、上司のおごりで朝まで付き合うといった飲み方はコスパが良くないと判断され、逆効果になる可能性もある。今の若者と上手く飲みニュケーションするには、おいしい店で、かつ短時間で終わらせるといった工夫が必要なようだ。

　今の若者は飲み会だけでなく、実際に仕事をする上でも周囲とのコミュニケーションを大切にする意識が強まっている。

　ビジネス上の有益情報を入手した際、「周りの上司、先輩に対して、積極的に情報を提

図表118　新入社員のビジネス上の有益情報を入手した時の考え方の推移

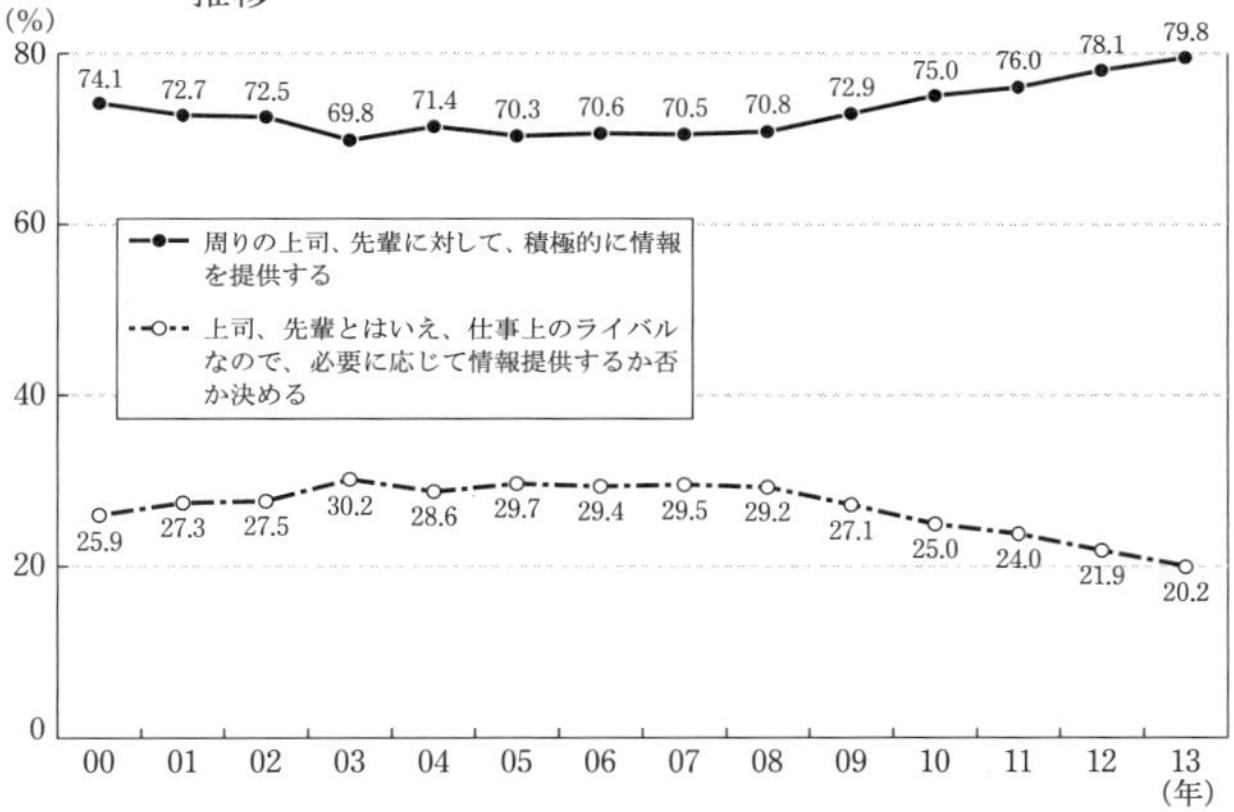

（資料）公益財団法人日本生産性本部「2013年度 新入社員 春の意識調査」より筆者作成

供する」が増加傾向にあり、「上司、先輩とはいえ、仕事上のライバルなので、必要に応じて情報提供するか否かを決める」が減少傾向にある（図表118）。

最近の新入社員はデジタル・ネイティブ世代であり、上司・先輩世代より情報収集能力が高いために、気前良く情報提供をするといった側面もあるのかもしれない。いずれにしろ、上司や先輩に対するライバル意識は薄まっており、周囲との円滑なコミュニケーションを求めているようだ。

さらに、成果と仕事についての考え方を見ても、今の若者は**周囲との和を重視している様子がうかがえる**。

新入社員の成果と仕事についての考え方を見ると、最近では「自分の個人的な努力が直

図表119　新入社員の成果と仕事についての考え方の推移

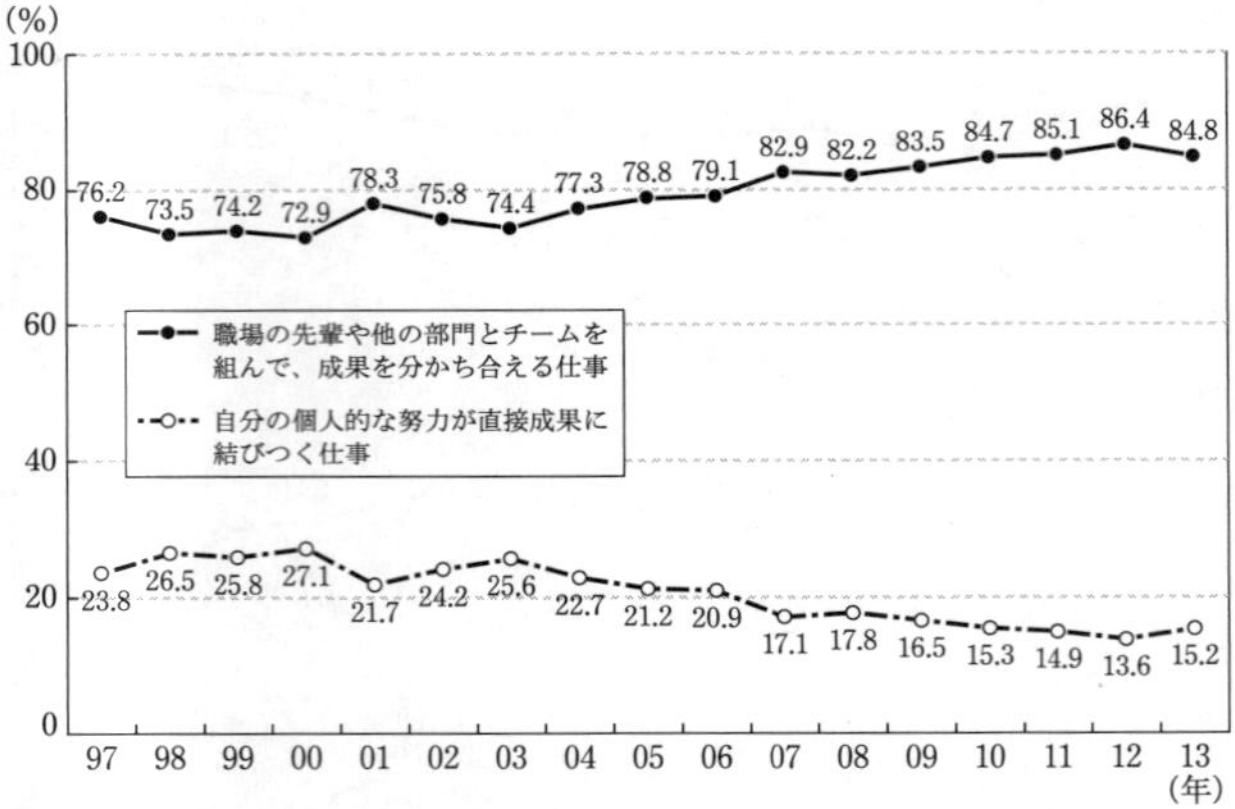

（資料）公益財団法人日本生産性本部「2013年度 新入社員 春の意識調査」より筆者作成

接成果に結びつく仕事」の選択割合が低下し、「職場の先輩や他の部門とチームを組んで、成果を分かち合える仕事」が上昇し、13年では8割を超えている（図表119）。後者の選択割合は以前から圧倒的に多いが、前述の通り、最近ではスペシャリストよりジェネラリスト志向が強まっているために、より周囲との成果の共有意識が高まっているのだろう。

また、今の若者が、職場で周囲との和を大切にし、情報や成果の共有意識が高い背景には、日常的なコミュニケーションに対する価値観も影響しているだろう。今の若者はSNSを介して常に誰かとゆるやかにつながっている。職場でも周囲とのつながり、そして、適度なコミュニケーションを求めているのかもしれない。

＊7　公益財団法人日本生産性本部「新入社員『働くことの意識』調査」

不安はやはり経済面

今の若者は将来に対する不安が強い。また、不安感の強さは景気と連動している。不安の内容は就職や結婚など将来の生活に関するものが大きい。働く上での不安を具体的に見ると、やはり**老後の生活をはじめとして将来的に十分な収入が得られるのかどうかについてのものが大きい。**

内閣府「平成23年度 若者の考え方についての調査」を見ると、働くことに関する不安で「とても不安」と「どちらかといえば不安」をあわせた不安計が最も多い項目は、「十分な収入が得られるか」（82・9％）である（図表120）。次いで、僅差で「老後の年金はどうなるか」（81・4％）、「きちんと仕事ができるか」（80・6％）、「社会の景気動向はどうか」（80・4％）が続く。いずれも選択割合が8割を超えており、不安感が強い。なお、「とても不安」に注目すると、最も高い項目は「老後の年金はどうなるか」であり、次いで「そもそも就職できるのか・仕事を続けられるのか」、「十分な収入が得られるか」があがる。

今の若者は、やはり将来の経済的な問題のほか、入り口である雇用そのものについて強い不安を感じていることが分かる。

図表120　働くことについての不安の度合い（15〜29歳）

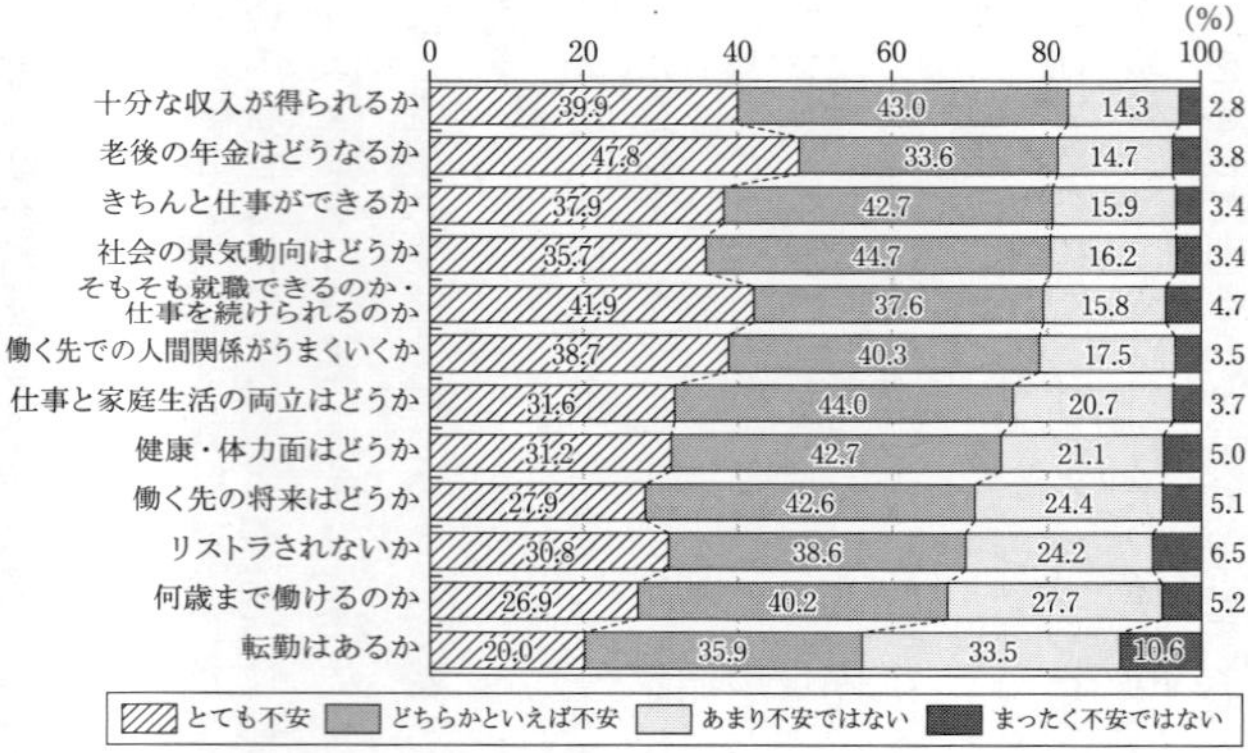

（注）上から「とても不安」と「どちらかといえば不安」の合計値が多かった順。
（資料）内閣府「平成23年度 若者の考え方についての調査（若者の仕事観や将来像と職業的自立、就労等支援等に関する調査）」より筆者作成

また男女別に、働く上での不安を見ると、**男性より女性の方がおおむね不安感は強い。**個別の項目では、男性では女性より若干「転勤はあるか」や「リストラされないか」、「働く先の将来はどうか（会社が倒産したりしないかなど）」が高い（図表121）。

一方、女性では男性より「仕事と家庭生活の両立はどうか」や「健康・体力面はどうか」、「そもそも就職できるのか・仕事を続けられるのか」、「老後の年金はどうなるか」、「働く先での人間関係がうまくいくか」が高い。

「内向き」や「保守的」は社会環境の影響

今の若者は職業選択において、安定志向や国内志向、終身雇用志向が強まっている。こ

図表121　男女別に見た、働くことについての不安度（15〜29歳）

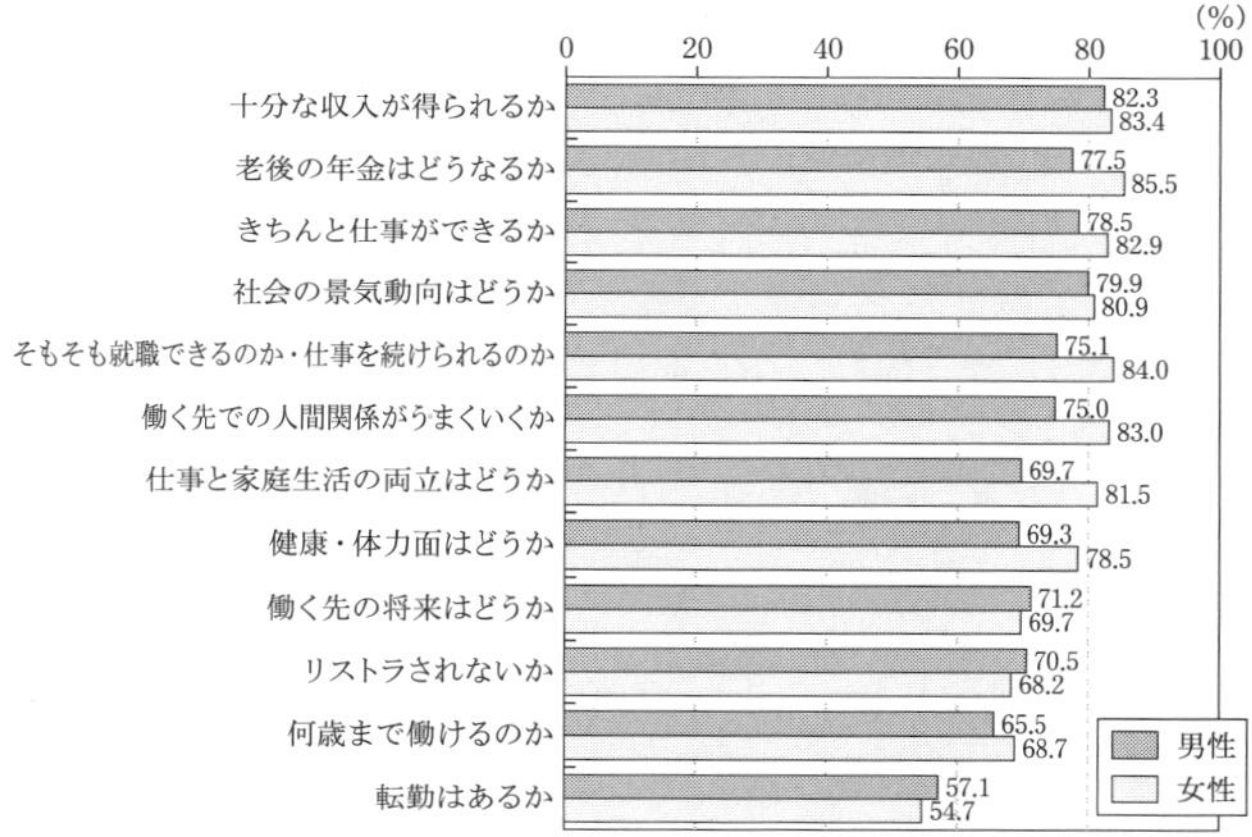

（注）上から全体で「とても不安」と「どちらかといえば不安」の合計値が多かった順。不安度は「とても不安」、「どちらかといえば不安」、「あまり不安ではない」、「まったく不安ではない」の4段階でたずねて得た結果のうち上位2つの合計値。

（資料）内閣府「平成23年度 若者の考え方についての調査（若者の仕事観や将来像と職業的自立、就労等支援等に関する調査）」より筆者作成

のような若者の志向に物足りなさを感じた中高年世代が「内向き志向」、「保守的」などと批判することも多いようだ。これから社会を背負っていく若者にチャレンジ精神やグローバル精神を期待したいのだろうが、**若者が保守的な考え方をするようになった背景には、やはり日本経済の低迷がある。若者たちの価値観や志向は、中高年世代が牽《けん》引《いん》してきた社会環境の影響が大きい。**若者にチャレンジ精神やグローバル精神を求めるのであれば、まず、社会を牽引している世代が、若者が活き活きとして、将来に夢を持つことができるような社会を創っていく必要がある。そういった姿を見せることで、保守的

になりがちな若者の志向にも変化があらわれるのではないだろうか。

おわりに

本書では、若者に関する多くの統計データを使って、その実態をとらえてきた。

基本的な統計データを読み解くだけで、世間で言われていることが必ずしも事実ではないことを、少しでも感じていただけたのではないだろうか。また、統計データにもとづいて事実を眺めると納得感が増すこと、そして、新たな事実が見えてくることも体感していただけたなら幸いだ。


統計データで見ると、今の若者は一概にお金がないとは言えない。一人暮らしの若者の所得はバブル期よりも増えている。若者を哀れんでいる現在の中高年の所得よりも多い。

また、若者は「海外離れ」や「留学離れ」をしているわけではない。「クルマ離れ」は一部で起きているが、一人暮らしの女性ではむしろ自動車保有率が高まっている。「アルコール離れ」は確かに20代で進んでいるが、若者だけの傾向ではない。

さらに、現在、日本では未婚化・晩婚化、少子化が進行しているが、実は若者の大半は結婚を望んでいる。結婚に対する先延ばし感も薄らいでいる。恋愛・結婚の状況は、正規・非正規の雇用形態によって異なり、結婚には年収300万円の壁があるようだ。経済問題がある一方、結婚適齢期の男女の未婚理由の第1位は適当な相手にめぐり会わないことであり、恋愛の消極化という現代の若者らしい状況もうかがえた。

また、統計データを使って事実を見つめると、若者の実態が明らかになるだけではなく、社会の新たな問題も浮き彫りになる。

第6章「若者は結婚したくないのか?」では、合計特殊出生率と夫婦の子ども数の推移から、少子化には未婚化の影響も大きいと述べた。しかし、現在、政府の少子化対策を見ると、その**大半は既婚の夫婦向けの施策である**。

内閣府「少子化社会対策白書」では「第2部 少子化社会対策の具体的実施状況」にて、第1章から5章にわたり、各面から少子化対策の実施状況を述べている。しかし、未婚化の解消に関わる対策は、第1章の一部のみである。[*1]

そのほかの章で述べられている少子化施策の主だったものを並べると、児童手当制度の施行、公立高校授業料無償化制度の施行、妊婦健診・出産費用の軽減、不妊治療費の軽減、保育所待機児童の解消、男性の育児休業の取得推進（パパ・ママ育休プラス）、育児休業制度その他両立支援制度の普及・定着などだ。いずれも、すでに結婚している夫婦に対しての子どもを持つための施策、あるいは、すでに子どもを持っている夫婦の負担を低減し、新たに子どもを生み育てやすくするための施策だ。

少子化の大きな要因が未婚化であるならば、**若者の雇用の安定化を図ることと、出会いの場を提供することが、より効果的な少子化対策になるのではないだろうか。**個人の人生設計に対して政府がどこまで介入する必要があるのかという議論もあるだろう。しかし、結婚につながる効果的な出会いの場が得られないことが、結婚の障壁となっているという現実もある。

また、少子化対策は、既婚夫婦であれば必ずその恩恵を受けられるというわけではなく、一部の夫婦しか対象になっていないものもある。

育休の普及・定着、パパ・ママ育休プラスなどの育休に関連するものは、**主に正規雇用者の夫婦を対象としたもので、非正規雇用者は恩恵を受けにくい。**しかし現在、その非正規雇用者が増加している。13年にも、成長戦略の中で、女性の活躍促進施策として「育休3年」が話題になったが、実は政府の少子化対策は既婚夫婦であっても、その恩恵を受けやすい層は限定的であり、しかもその対象層は減少傾向にある。

統計データから見た現実と政策のギャップが、女性の育休取得率が上昇している一方で、出産後の就業継続率はむしろ下がっているという現状を生み出しているのではないだろうか。

本書は、若者の実態と統計データの大切さをお伝えすることがテーマであり、女性についてはここでは多くは触れない。しかし、家族形成において依然として伝統的な価値観が根強い日本では、特に働く女性に関する実態には誤解が多く、統計データでその実態を読み解くと興味深い事実が眠っている印象がある。

統計データでものごとを見つめると、誤解を改め正しい理解に導くことができる。また、今まで見えなかった真実にも突きあたる。

本書の刊行にあたっては多くの方にお世話になった。

第1章の統計についての記述は、独立行政法人大学入試センターの大久保智哉先生に、ご多忙の中でご確認いただいた。心より御礼申し上げる。また、著者が在籍するニッセイ基礎研究所には、執筆活動において様々な面から支えていただいた。ここに記して厚く御礼申し上げたい。

本書は、光文社の三宅貴久氏が筆者のレポートに目をとめてくださったことでスタートした。三宅氏には執筆のきっかけをいただいただけでなく、執筆作業を通して多くの的確なアドバイスをいただいた。心から感謝の意を記したい。

＊1　「第1章　子どもの育ちを支え、若者が安心して成長できる社会へ」の「第2節 意欲を持って就業と自立

に向かえるように」にて、未婚化の大きな要因である若者の就労対策支援として非正規雇用対策などに触れている。しかし、非正規雇用対策は若年非正規雇用者に限った対策ではない。

久我尚子（くがなおこ）
2001年早稲田大学大学院理工学研究科修了（工学修士）、'07年東京工業大学大学院社会理工学研究科修了（学術修士）、'09年同大学院イノベーションマネジメント研究科修了（技術経営修士）。現在、同大学院社会理工学研究科博士課程在籍中。'01年株式会社NTTドコモ入社、'07年独立行政法人日本学術振興会特別研究員（統計科学）採用、'10年株式会社ニッセイ基礎研究所入社。現在、生活研究部准主任研究員。'13年内閣府統計委員会専門委員。専門は消費者行動、心理統計、金融マーケティング。

若者《わかもの》は本当《ほんとう》にお金《かね》がないのか？ 統計《とうけい》データが語《かた》る意外《いがい》な真実《しんじつ》

2014年6月20日初版1刷発行

著　者 ── 久我尚子
発行者 ── 駒井　稔
装　幀 ── アラン・チャン
印刷所 ── 萩原印刷
製本所 ── 榎本製本
発行所 ── 株式会社光文社
東京都文京区音羽1-16-6（〒112-8011）
http://www.kobunsha.com/
電　話 ── 編集部03(5395)8289 書籍販売部03(5395)8116
業務部03(5395)8125
メール ── sinsyo@kobunsha.com

 ISBN 978-4-334-03802-1

668
論理的に考え、書く力
芳沢光雄
クリエイティブな発想が求められる現代に欠かせない要素とは？　消費増税、経済成長率など、新鮮な題材を用いて、「これからの時代に必要な能力」を平易に伝える。
978-4-334-03771-0

669
消費増税は本当に必要なのか？
借金と歳出のムダから考える日本財政
上村敏之
どんどん膨れ上がる日本の借金。消費増税で本当に財政再建はできるのか？　税金、公債、歳出のムダなど喫緊の課題を手がかりに、〝国家の財布〟を見る目を鍛える。
978-4-334-03772-7

670
談志の十八番
必聴！　名演・名盤ガイド
広瀬和生
最晩年まで談志の高座を追いかけ続けた著者が、「入門者にお勧めしたい十八番演目」という切り口で贈る、CD・DVD・ネット配信コンテンツの名演ガイド決定版！
978-4-334-03773-4

671
就活のコノヤロー
ネット就活の限界。その先は？
石渡嶺司
『就活のバカヤロー』から6年で、何がどう変わったのか？　長年、就活の取材を続けてきた著者が、学生、企業、大学のホンネに迫りつつ、その最前線の取り組みをレポート。
978-4-334-03774-1

672
回避性愛着障害
絆が稀薄な人たち
岡田尊司
親密な関係が苦手、責任や束縛を嫌う、傷つくことに敏感、失敗を恐れる……。急増する回避型の愛着スタイルは、少子化・晩婚化の真の原因か？　現代人の壊れた愛着を考える。
978-4-334-03775-8

673
体内時計のふしぎ
明石真

あなたは「朝型人間」？「夜型人間」？ 近年、体内時計と病気の関係が次々と明らかにされている。現代人が心身の健康を保つ秘訣とは？「病気と予防の時間生物学」入門。

978-4-334-03776-5

674
色彩がわかれば絵画がわかる
布施英利

すべての色は三原色をもとにして作られる。これが、四色でも二色でもダメなのはなぜか。そもそも「色」とは何なのか。シンプルな色彩学の理論から、美術鑑賞の知性を養う一冊。

978-4-334-03777-2

675
税務署の正体
大村大次郎

半沢直樹〝黒崎査察官〟の正体とは、税務署員は「会社を潰して一人前」、調査官には課税ノルマがある、脱税請負人のほとんどは国税OB……元調査官が謎の組織の実態を暴く！

978-4-334-03778-9

676
君の働き方に未来はあるか？
労働法の限界と、これからの雇用社会
大内伸哉

「雇われて働く」とはどういうことか、労働法は今後も頼りになるか、プロとして働くとはどういうことか――。「これからの働き方・生き方」に迷っている人の指針を示す。

978-4-334-03779-6

677
TVニュースのタブー
特ダネ記者が見た報道現場の内幕
田中周紀

共同通信社からテレビ朝日に転職。社会部・経済部の記者、「ニュースステーション」「報道ステーション」のディレクターを務めた著者が、体験を基にテレビ報道の内情を明かす。

978-4-334-03780-2

678
背すじは伸ばすな！
姿勢・健康・美容の常識を覆す
山下久明

腰痛、肩こり、イビキにメタボ……。これらはみな「背すじ伸ばし」が原因だった!? 人類史と人体構造の考察を通して、美容と健康を維持する〝姿勢のカギ〟を導き出す。

978-4-334-03781-9

679
出世したけりゃ会計・財務は一緒に学べ！
西山茂

会社の数字とは接点がなかった現場社員が、経営幹部になるために最低限必要な会計と財務のポイントを解説。2分野のキモを一緒に押さえれば、誰でもトップ経営者になれる！

978-4-334-03782-6

680
なぜ僕は「炎上」を恐れないのか
年500万円稼ぐプロブロガーの仕事術
イケダハヤト

他人との衝突を恐れて、言いたいことを言えない人生はもったいない。年500万円を売り上げるプロブロガーが「炎上」をキーワードに、ストレスフリーな新しい生き方を指南。

978-4-334-03783-3

681
高学歴女子の貧困
女子は学歴で「幸せ」になれるか？
大理奈穂子
栗田隆子
大野左紀子
水月昭道監修

女子を貧困に追いやる社会構造のなかで、教育、キャリア、結婚、子育てをどう考えればいいのか？ 当事者が自らの境遇と客観的なデータをもとにその実態を明らかにする。

978-4-334-03784-0

682
迫りくる「息子介護」の時代
28人の現場から
平山亮
解説 上野千鶴子

嫁でも娘でも妻でもなく「息子が親の介護」という異常事態!?を機に表出する、男社会の息苦しさ、男社会のあるあるとは。男性介護者の思いを丁寧に描き出す、もう一つの「男性学」。

978-4-334-03785-7

683
なぜ、あなたの薬は効かないのか？
薬剤師しか知らない薬の真実
深井良祐
日々の生活と切っても切れない関係にある薬。しかし、私たちは薬の基本的な性質を知っているでしょうか？「自分の健康は自分で守る時代」に必要な考え方を、この一冊で学ぶ。
978-4-334-03786-4

684
弁護士が教える
分かりやすい「所得税法」の授業
木山泰嗣
給与所得や源泉徴収など身近でありながら、実にややこしいのが所得税法。本書は、初学者から実務者までを対象に、所得税法の基本ポイントをわかりやすく解説する。
978-4-334-03787-1

685
ヤクザ式　相手を制す最強の「怒り方」
向谷匡史
怒りは、ぶちまけても抑えすぎても害をもたらす〝負の感情〟。それを無敵の武器に変え、交渉を制する技術をヤクザから盗め！　取材経験の豊富な著者が「怒りの極意」を伝授。
978-4-334-03788-8

686
生殖医療はヒトを幸せにするのか
生命倫理から考える
小林亜津子
生みどきが来るまで「卵子凍結」、遺伝子解析技術で「生み分け」、提供精子でみずから「シングルマザー」に……。さまざまな生殖医療技術が人間観、家族観に与える影響とは何か。
978-4-334-03789-5

687
日本の居酒屋文化
赤提灯の魅力を探る
マイク・モラスキー
人は何を求め、居酒屋に足を運ぶのか？　40年近い居酒屋経験を誇る著者が、北海道から沖縄まで、角打ちから割烹まで具体的なお店（120軒）を紹介しながら、その秘密に迫る。
978-4-334-03790-1

688
がんに不安を感じたら読む本
本荘そのこ
中村清吾 監修

がん治療は、患者ひとりひとりにあったオーダーメード医療といわれる時代に突入している。2人に1人は生涯にがんに罹患するいま、大切な心がまえとは何か。そのヒントを示す。

978-4-334-03791-8

689
プロ野球の名脇役
二宮清純

大記録の陰に名脇役あり。エースや4番の活躍だけが野球じゃない！　長年野球を見てきたジャーナリストが、脇役たちの物語に光を当て、プロ野球のもう一つの楽しみ方を伝授！

978-4-334-03792-5

690
違和感から始まる社会学
日常性のフィールドワークへの招待
好井裕明

日常の小さな亀裂から問題を発見し、読み解く力とセンスとは？　思いこみ、決めつけの知に囚われている自分自身を振り返り、日常を〝異なるもの〟として見直す。

978-4-334-03793-2

691
ホテルに騙されるな！
プロが教える絶対失敗しない選び方
瀧澤信秋

どうすれば安く、賢く泊まれるのか？　年間200泊を超えるホテル評論家が、一般利用者でもすぐに使える知識を徹底指南。あくまでも〝宿泊者目線〟を貫いた画期的な一冊。

978-4-334-03794-9

692
テキヤはどこからやってくるのか？
露店商いの近現代を辿る
厚　香苗

「陽のあたる場所から、ちょっと引っ込んでいるような社会的ポジション」を保ってきた日本の露店商。彼らはどのように生き、商売をしているのか――。その仕事と伝承を考察。

978-4-334-03795-6

693
10日もあれば世界一周
吉田友和

「世界一周航空券」の登場により、夢のような旅だった世界一周がどんどんお手軽になっていく。どの国を、どんな順番で回るか。仕事を辞めず、短い休みで実現する方法を教える。

978-4-334-03796-3

694
なぜ、あの人の話に耳を傾けてしまうのか？
「公的言語」トレーニング
東　照二

性格を変える必要はなく、ベラベラと話す必要もなく、「外向的」である必要もない。大事なのは「聞き手」中心の話し方。これから必要な「コミュニケーション能力」を考える。

978-4-334-03797-0

695
メディアの苦悩
28人の証言
長澤秀行編著

「マスゴミ」「オワコン」と言われる新聞・テレビと、炎上などの社会問題を引き起こすネットメディア。苦悩を続けるトップたちにこれからの「メディアの役割」をインタビュー。

978-4-334-03798-7

696
警視庁捜査一課長の「人を見抜く」極意
久保正行

第62代警視庁捜査第一課長は、41年間にわたる警察官生活の中で、どのようにして犯人のウソを見抜き、群衆の中から不審者を発見してきたか？　プロならではの視点が満載。

978-4-334-03799-4

697
文章ベタな人のための論文・レポートの授業
古郡廷治

文章で伝える力は、学生だけでなく多くの社会人にとって必要不可欠。その基本はすべて論文・レポートの作法にある。学生が書いた豊富な文例をもとに、一生モノの文章力を養う。

978-4-334-03800-7

698
知性を磨く
「スーパージェネラリスト」の時代
田坂広志

なぜ、高学歴の人物が、深い知性を感じさせないのか？　なぜ、博識が、知性とは関係ないのか？　目の前の現実を変革する「知の力」＝「知性」を磨くための田坂流知性論。

978-4-334-03801-4

699
若者は本当にお金がないのか？
統計データが語る意外な真実
久我尚子

「クルマ離れ」「高級ブランド品離れ」「海外旅行離れ」は本当か？　統計のプロフェッショナルによる画期的な現代若者論。統計の入門書、若者に関するデータ集としても最適な一冊。

978-4-334-03802-1

700
35歳のチェックリスト
齋藤孝

35歳の今を見つめ直すことで、50歳までの15年間を人生の収穫期にできる。仕事、結婚、お金、恋愛……今まで先延ばしにしてきた諸問題に、齋藤孝先生がスパッとアドバイス。

978-4-334-03803-8

701
現代アート経済学
宮津大輔

アートは経済や政治と密接に関係している――。20年間、現代アートのコレクターとして活動してきた著者が、豊富なデータや証言から「現在進行形・アートの見方」を示す。

978-4-334-03805-2

702
頭が良くなる文化人類学
「人・社会・自分」――人類最大の謎を探検する
斗鬼正一

人類最大の謎は、実は最も身近に存在する「人・社会・自分」だ。文化人類学的視点から、その裏にひそむ「仕掛け」を明らかにすれば、世界観が変わる、確実に頭が良くなる！

978-4-334-03806-9